"Rehab Nazzal's *Driving in Palestine* takes us on a powerful journey of the Palestinian landscape, the land scarred with Israeli colonies, checkpoints, walls, surveillance outposts, and all sorts of military structures. Most brilliantly, Nazzal's images, taken from a moving car, appear to us in a still black-and-white form that makes us forget the motion from which the images were taken. But there are small reminders throughout the book that these images are taken in motion, are of motion. Thus, the stillness of an image that is in fact rooted in motion allows us to sense and feel, albeit transiently, the Palestinian experience of movement, not as free, smooth, and open but rather brutally and by Israeli design as restrictive, stifling, still, and suffocating. Combining images with texts from a variety of perspectives and positionalities, this is a book that presents a penetrating method of capturing and communicating this inhumane experience of movement that Palestinians endure. It also critically accentuates Palestinian resistance and insistence on seeing, living, and experiencing Palestinian lands as whole and free."

—**M. Muhannad Ayyash**, Mount Royal University, Calgary

"Nazzal's photography book, *Driving in Palestine*, presents a vivid and powerful account of the infrastructures that segregate, surveil, and suppress Palestinian movement—checkpoints, watchtowers, illegal colonies, and the expansive Apartheid Wall. The images and accompanying testimonies capture how Israel's occupation continues to fracture and militarize the ever-shrinking landscape of Palestine. And while the camera's lens is a window to the architecture of colonization and mobility control, it also offers an aperture into the courage—and even defiance—that marks a Palestinian's daily travel."

—**Norma Rantisi**, Concordia University, Montreal

"Rehab Nazzal's *Driving in Palestine* traces her itinerary across a landscape fractured by the mundane and militarized structures of settler colonialism. The photographs she takes along the way document the texture and imposition of Israel's colonial impediments while clearly asserting the power of the watched who are always watching back. Alongside the photos, Nazzal weaves in narrative reflections on her images from several writers/intellectuals/activists. The result is a visual symphony that evinces what Mohammed El-Kurd in his contribution calls, 'the dignity of negating the cement.'"

—**Maryam S. Griffin**, University of Washington, Bothell

"In *Driving in Palestine*, Rehab Nazal takes readers on a sojourn across the prison-like landscape of the Palestinian West Bank, captured in a collection of haunting black-and-white photographs. Images of guard towers, razor-wire fencing, and concrete walls dominate the monochromatic hues in these photos, providing a stark visual testament to a journey across a carceral geography. What is particularly compelling is how the book conveys this visual sense of territorial confinement. All the photos were taken by the author in vehicles moving along roads in various districts of this barrier-laden and surveillance-stricken land. It's a wonderfully successful and original idea for conveying the ground-level atmospherics of the confined and fractured West Bank landscape. There are many works that enlist photo imagery to represent the carceral character imposed on the Palestinian West Bank by the State of Israel, but I am not aware of any book that has used the car as a vantage to recreate the sensory experience of confinement in the way *Driving in Palestine* does. It is a truly ground-breaking tour of a land that has endured suffering far too long."

—**Gary Fields**, University of California, San Diego

التحرّك في فلسطين
Driving in Palestine

رحاب نزال

REHAB NAZZAL

Fernwood Publishing
Halifax & Winnipeg

Development editing: Fiona Jeffries
Cover design: Jess Koroscil
Copyediting: Dalaala Translation Collective
Interior design: Zainab's Echo

Printed and bound in the UK

Published by Fernwood Publishing
2970 Oxford Street, Halifax, Nova Scotia, B3L 2W4
and 748 Broadway Avenue, Winnipeg, Manitoba, R3G 0X3

fernwoodpublishing.ca

Fernwood Publishing Company Limited gratefully acknowledges the financial support
of the Government of Canada, the Canada Council for the Arts, the Manitoba Department of
Culture, Heritage and Tourism under the Manitoba Publishers Marketing Assistance Program and
the Province of Manitoba, through the Book Publishing Tax Credit, for our publishing program.
We are pleased to work in partnership with the Province of Nova Scotia to develop
and promote our creative industries for the benefit of all Nova Scotians.

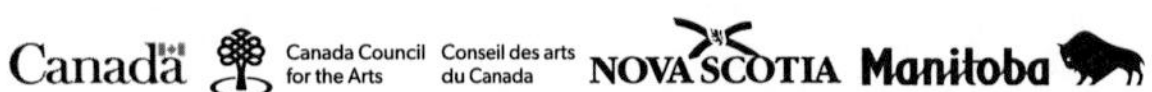

Library and Archives Canada Cataloguing in Publication
Title: Driving in Palestine / Rehab Nazzal.
Names: Nazzal, Rehab, author, photographer.
Container of (work): Nazzal, Rehab. Driving in Palestine.
Container of (expression): Nazzal, Rehab. Driving in Palestine. Arabic.
Description: Title and statement of responsibility also appears in Arabic characters.
Text in English and Arabic.
Identifiers: Canadiana (print) 20220498105 | Canadiana (ebook) 20220498199
ISBN 9781773635934 (softcover) | ISBN 9781773636221 (PDF)
Subjects: LCSH: Street photography—West Bank. | LCSH: Street photography—Palestine.
LCSH: Photography, Artistic. | LCSH: West Bank—Pictorial works.
LCSH: Palestine—Pictorial works. | LCGFT: Illustrated works.
Classification: LCC TR659.8 .N39 2023 | DDC 779/.9956942—dc23

Table of Contents

Nyla Matuk | نائلة معتوق

Acknowledgements

The work on *Driving in Palestine* began during the outbreak of the Covid-19 pandemic, when the world's population experienced collective isolation and new restrictions on freedom of movement. While incomparable to the obstructions to movement imposed on the Palestinians by Israel's apartheid, military occupation and settler colonialism for over seven decades, the pandemic restrictions revealed widely what it means to be unable to move, work, obtain essential services, travel, and unite with loved ones freely. Within these conditions, this book came to life. The list of people who made this project possible is long, but I would like to particularly express my gratitude to the contributors, Christina Battle, Ahlam Bsharat, Rana Nazzal Hamadeh, Yasmeen Abu Laban, Nyla Matuk, Mohammed el-Kurd, and Stephen Sheehi, whose thoughtful words frame the photographs and stitch together their visual narrative.

I am grateful to my friends and colleagues, Lorraine Gilbert, Justin Wonnacott, Jayce Salloum, Wanda Nanibush, and Stefan St- Laurent, whose support and critical feedback helped shape this work. I would like to express my deepest appreciation to Ali Mawasi, Timothy Pearson, Nihad Abu Gosh, Serene Husni, and Yasmine Haj for their exceptional editorial skills, which allowed the delivery of a cohesive message in two languages. The support of the Montréal, arts interculturels (MAI), Or Gallery, and the Polygon Gallery, is much appreciated. I am grateful to the support and relentless work of the team of Fernwood Publishing. My gratitude goes to my daughter Rana and my sons Khalid and Zeid, whose love made life's difficulties bearable and to my friend Lama Rahman for her hospitality that eased the covid quarantine. Finally, I would like to acknowledge the support of the Canada Council for the Arts, without which this project would not have been possible.

كلمة شكر

تم بدء العمل على كتاب "التحرك في فلسطين" خلال تفشي جائحة كوفيد 19، بينما كان يخضع سكّان العالم لحجر جماعي ولقيود إضافية فرضت على حرية الحركة. في حين أن تجربة الحجر الصحي لا تقارن بالقيود التي فرضها الاحتلال الاستعماري الاستيطاني ونظام الفصل العنصري الإسرائيلي على الفلسطينيين لأكثر من سبعة عقود، إلا أنها كشفت على نطاق واسع آثار عدم القدرة على التنقل والعمل والحصول على الخدمات الأساسّية والسّفر والتواصل مع أحبائنا بحرية. جاء هذا الكتاب إلى الحياة ضمن هذه الظروف. ان قائمة الأفراد الذين جعلوا هذا المشروع ممكنا طويلة، ولكني اود بشكل خاص أن أعرب عن شكري للمساهمين كريستينا باتل، أحلام بشارات، رنا نزال حمادة، ياسمين أبو لبن، نايلة معتوق، محمد الكرد، واسطفان شيحا، الذين ساهمت كلماتهم في تأطير الصور الفوتوغرافية وحياكة سردها البصري. أنّي ممتنة لأصدقائي وزملائي لورين جلبرت، جستين وناكوت، جيس سلوم، واندا نانيبوش، وستيفان سانت لوران، الذين ساهمت ملاحظاتهم النقدية في إنجاز هذا العمل. أعبر عن عمق تقديري إلى علي مواسي، تيموثي بيرسون، نهاد أبو غوش، سيرين أحمد، وياسمين حاج، لمهاراتهم الاستثنائية في تحرير النصّ والتي مكّنت من إيصال رسالة مترابطة بلغتين. إن دعم جاليري أور، بوليغون ومركز مونتريال للفنون بين الثقافات، كان هاما جدا لإنجاز هذا المشروع. أودُّ ان أعرب عن عمق تقديري لابنتي رنا واولادي خالد وزيد لمحبتهم التي جعلت من صعوبات الحياة محتملة ولصديقتي لما رحمن لِحسن ضيافتها التي خففت من آثار حجر كوفيد. أني مُمتنّة لدعم وجهد فريق العمل في دار فيرنوود للنشر. وأخيرا، أود أن أنوه بدعم المجلس الكندي للفنون والذي بدونه لما كان هذا المشروع ممكنا.

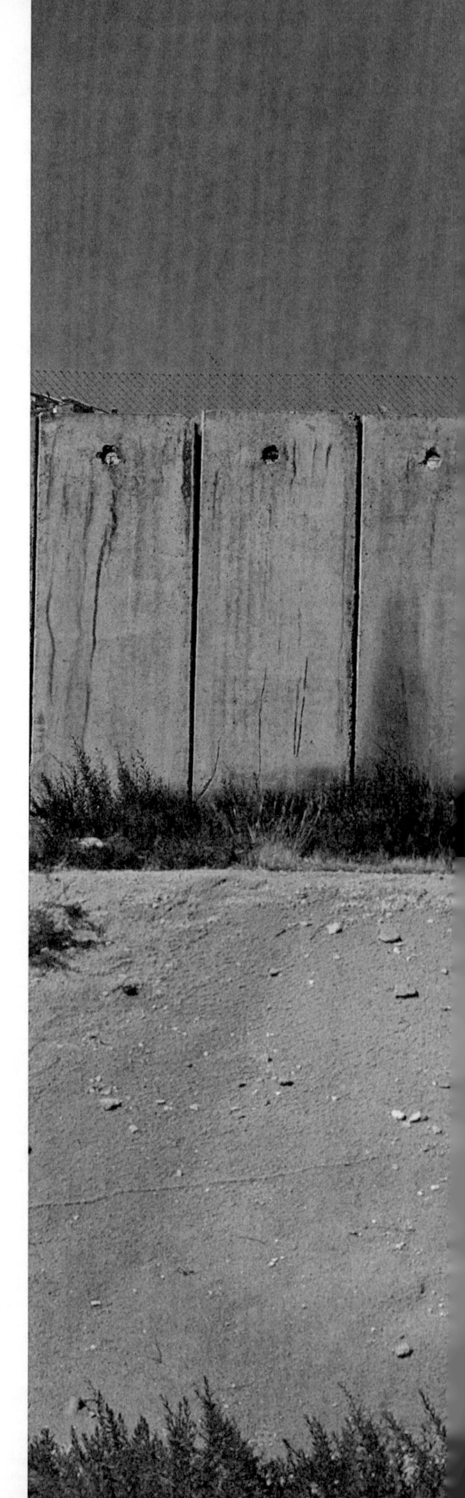

Driving to Bethlehem from Ramallah, 2017

على طريق بيت لحم من رام الله، 2017

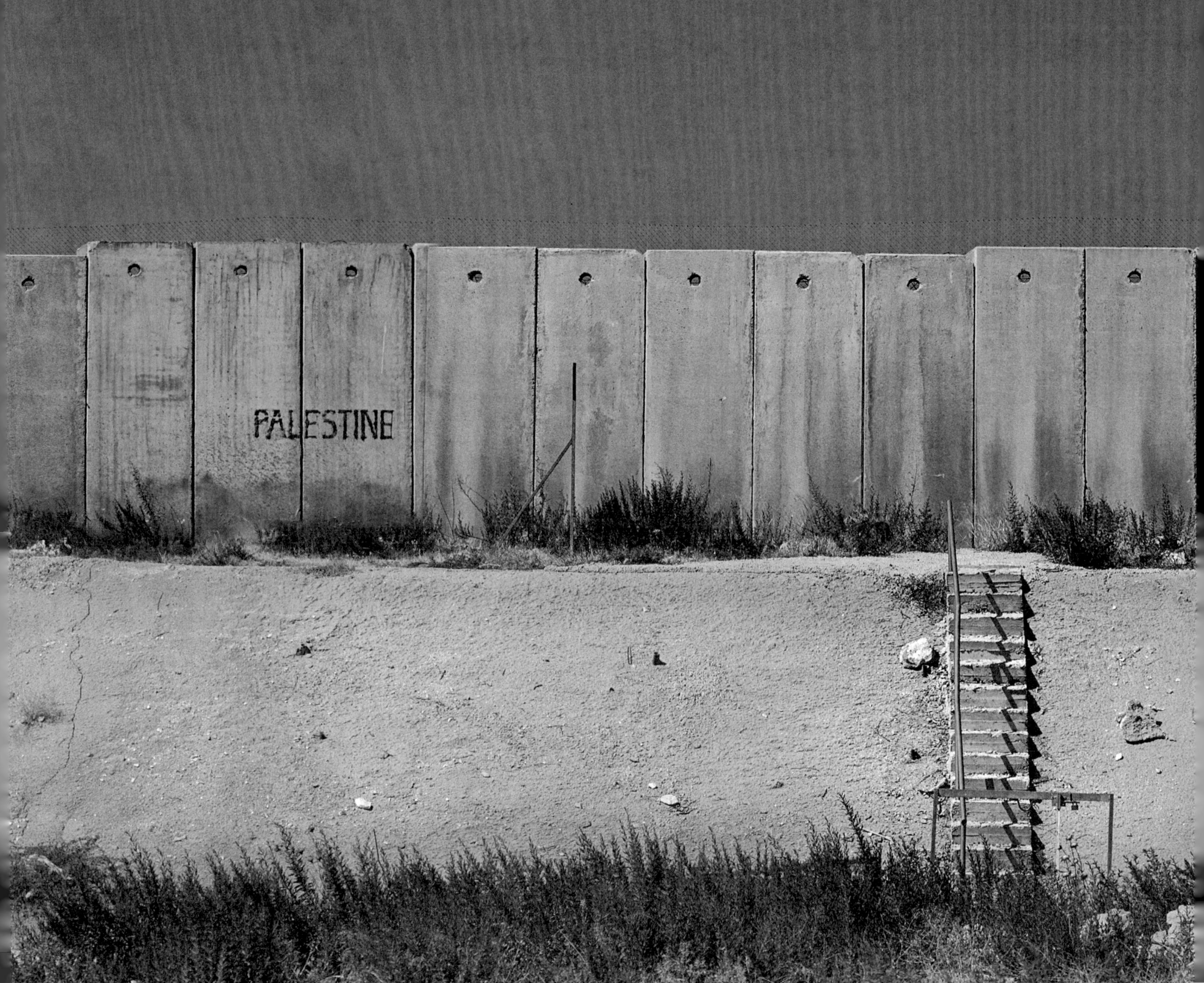
PALESTINE

Introduction
Rehab Nazzal

Driving in Palestine presents a visual account of my movements in Palestine between 2010 and 2020. It examines obstacles and restrictions to movement and the surveillance apparatuses imposed on Palestinians by the settler colonial state of Israel. All the photographs in the book were captured in motion, from moving vehicles, on the roads between the various governorates of the Palestinian territories, excluding Gaza and East Jerusalem and the sites of Imwas, Yalu, and Beit Nuba (where Canada Park was established over the ruins of three Palestinian villages after the 1967 Israeli occupation of the West Bank). The photographs also exclude the Palestinian territories occupied in 1948 and the segregated, Jewish settler-only colonies and roads within the West Bank, as these are forbidden to Palestinians from the West Bank and Gaza.

The map drawn on page 7 of the book illustrates the two main routes I photographed, mainly while travelling from my workplace in Bethlehem to my family home in Jenin between 2015 and 2020, and during short visits I made to Palestine from Canada in previous years. The first route extends from Bethlehem through Jericho and Tubas to Jenin. The second route spans Bethlehem, Ramallah, Nablus, and Jenin. Each cuts through dozens of villages. The map also includes the governorates of Salfit, Tulkarim, and Hebron, which I visited multiple times. The second map shows the natural borders of Palestine as part of Bilad Al-Sham (Syria, Lebanon, Jordan, Palestine, and parts of Iraq) before Western colonial powers colonized and divided these territories after the First World War, drawing borders between them.

Before Zionist ventures in Palestine, Palestinians were free to travel across their homeland from Tibrias and Nazareth in the north, through Haifa and Yafa on the coast of the Mediterranean Sea in the west, to the Dead Sea in the east and Gaza and Beir Al-Saba Desert (known today as Naqab Desert) in the south. They used to drive freely to Amman, Damascus, Beirut, Cairo, and Bagdad, places with which they shared significant connections and continue to share social and cultural relations. This freedom of movement ended after the 1948 Nakba, catastrophe, that befell the Palestinians—their forced expulsion and dispossession and the establishment of the state of Israel over three-fourth of their homes and lands.

The first restriction of movement imposed on Palestinians by the newly established state of Israel targeted the refugees. After their dispossession and expulsion in 1948, the refugees who were expelled to the surrounding Arab countries were not only prevented from returning to their homes and lands (to this day) but also were prohibited from entering the country at all. Palestinians, who remained within the 1948 borders, were subjected to Israeli military rule and barred from connectivity with the rest of the Palestinians until 1967 when Israel occupied the remaining Palestinian land. Then the entire country fell under Israeli settler colonial control. After the 1993 "Oslo Accords" were signed between the Palestinian Liberation Organization and Israel, the occupation authorities banned Palestinians from the West Bank and Gaza from entering the 1948 territories without individual permits, and gradually imposed a brutal blockade on Gaza turning it into the largest collective prison on earth.

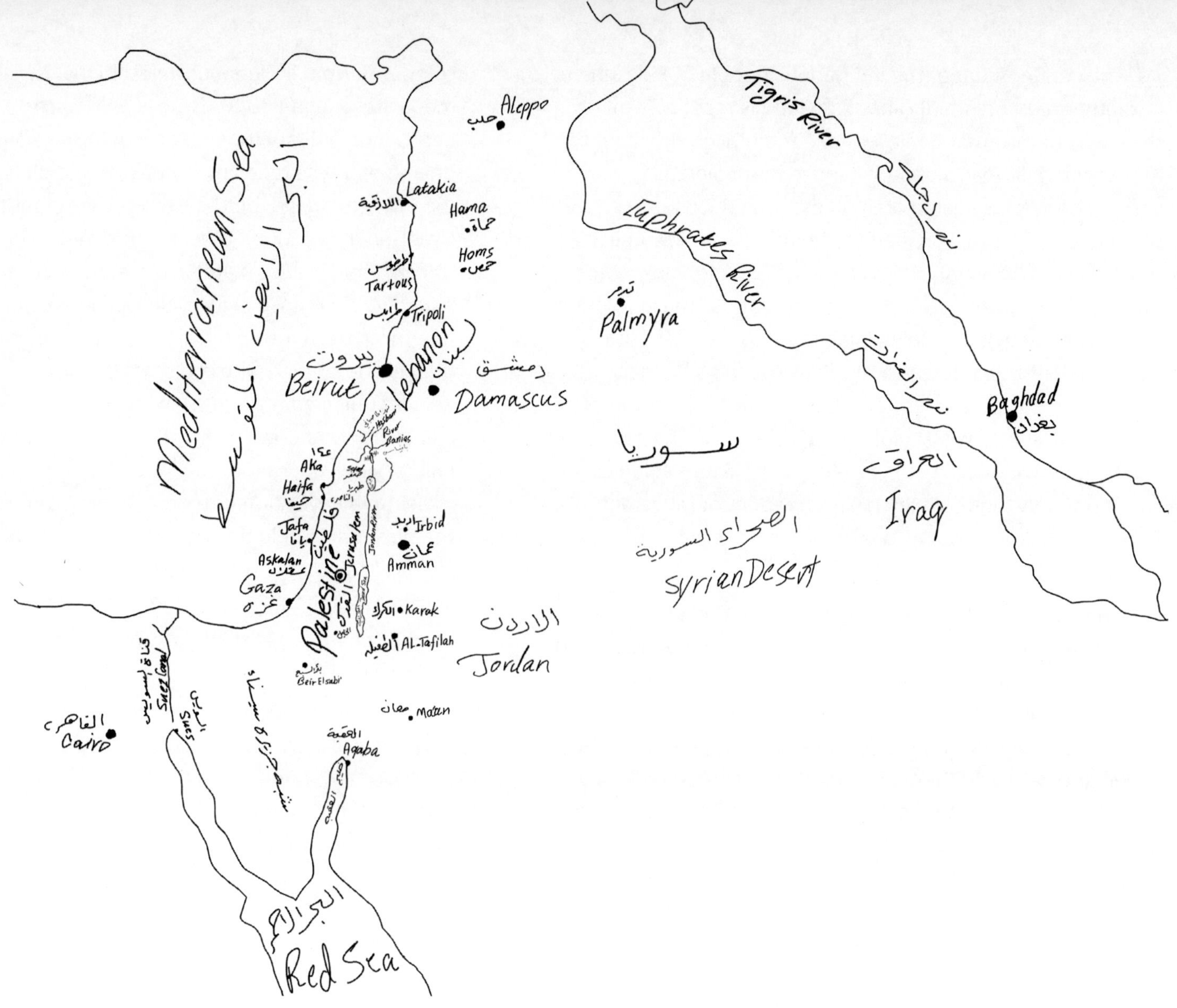

Map of Palestine with its natural borders as part of Bilad Al-Sham (Syria, Lebanon, Palestine, Jordan and parts of Iraq)

خارطة لفلسطين بحدودها الطبيعية كجزء من بلاد الشام

The confinement of the indigenous people of Palestine to a fragmented and rapidly shrinking land is most evident on the roads of the West Bank, where a multifaceted system of Apartheid, military occupation, and settler colonialism converge. The West Bank (an area of less than 6000 km2 with a population of 3.5 million, half made up of Nakba refugees) is riddled with 250 Jewish-only colonies and Israeli-only roads built on illegally confiscated Palestinian lands. These colonies and roads fracture the Palestinian land, sometimes cutting through Palestinian towns and villages such as Beit Jala, where a major Israeli segregated road bisects the town, or the city of Al-Khalil where a Jewish colony is established in the city centre, shutting down its main street Al-Shuhada. These colonies and roads not only hinder Palestinians' freedom of movement within their own spaces but also make their daily lives a constant struggle.

The Apartheid Wall is another manifestation impeding Palestinian mobility. This nine-meter-high, concrete wall along with electric fence spans over 800 km, zigzagging deep into the West Bank, annexing agricultural land and water resources, confining and isolating Palestinian communities from each other, and depriving them of essential services. In addition to the Apartheid Wall and segregated settler colonies and roads, there are over 593 obstacles to Palestinians' freedom of movement within the West Bank as of January 2020. These obstacles included: 171 checkpoints, 154 road gates, 68 roadblocks, 109 earthbound walls and trenches, 49 road barriers, and 34 barbed wire fences (The United Nations Office for the Coordination of Humanitarian Affairs, occupied Palestinian territories, June 2020 report).

The roads in the West Bank are segregated and governed by a colour-coded license plate system that separates the colonizers from indigenous Palestinians. Israeli expansive roads are designated for Israelis only, particularly serving the occupation military forces. Palestinians are prohibited from driving on these roads by military orders. Palestinian roads, on the other hand, are old—in some cases older than the state of Israel—narrow, winding, and sometimes dangerous. Palestinian ID cards and license plates are green, while Israeli ID cards are blue and the license plates yellow. These colour-coding systems not only determine who has the right to drive on a given road, but also determine who can cross checkpoints unchecked and who is subjected to inspection, delay, and sometimes loss of life. Military checkpoints are designed to humiliate and control Palestinians, their time, and indeed their lives. At checkpoints, Israeli soldiers—sometimes teenagers—control the roads in the West Bank, holding travellers for hours, or preventing them from reaching their workplaces, schools, relatives, or health facilities. Additionally, commuters may be stopped at a "flying checkpoint", a temporary military checkpoint intended to ambush and arrest individuals or search vehicles.

These impediments to movement in Palestine are accompanied by physical and electronic surveillance systems that function side-by-side with the notorious permit system. Across the West Bank, hundreds of panopticon-style watchtowers (a British invention) are built along roads, at the entrances to, or within the hearts of cities, refugee camps and villages, and on agricultural lands and mountains. These watchtowers surveille Palestinians in their daily activities and during their commutes, as well as surveille the water resources and land to prevent Palestinians from its cultivation. Some of these watchtowers are unmanned, but all of them are equipped with surveillance cameras to make Palestinians feel that they are constantly being watched.

Israeli forces dominate Palestinian mobility not only within the occupied territories, but also into and out of Palestine. Israel's Apartheid system further manifest at two entry border checkpoints. The first, is the border crossing with Jordan—the Al Karameh Bridge—which Palestinians from the West Bank use to travel to the outside world. The second, is the Beit Hanoun (Erez) checkpoint between the West Bank and Gaza, which isolates the Palestinians in Gaza and controls who and what enters and exists besieged Gaza. As for the Palestinians in the 1948 territories, they can use Lydd airport or Sheikh Hussein Bridge at the borders with Jordan.

The photographs in this book offer visual glimpses of my movement on the roads of the occupied West Bank over the past ten years. My intention is to shed light on the structures and systems of movement obstructions and surveillance established by the settler colonial state of Israel and imposed on the Palestinians and their land and natural resources in the occupied West. At the same time, I intend to document the resilience of the Palestinians who withstand these systems that make their daily life a constant struggle.

Map of the two routes I have taken during my movement in the West Bank (2010-2020)

خارطة تبيّن المسارين الذين اتخذتهما خلال تحرّكي في الضفّة الغربيّة (2010-2020)

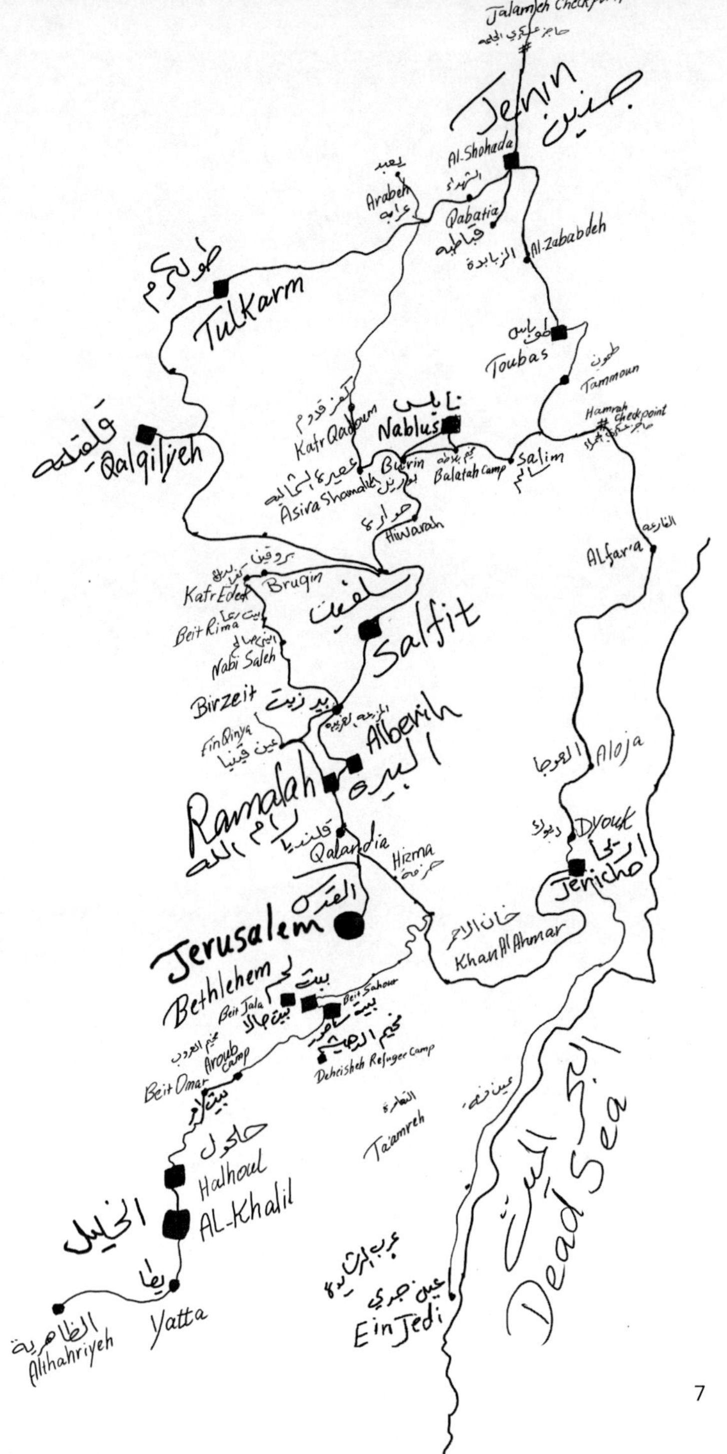

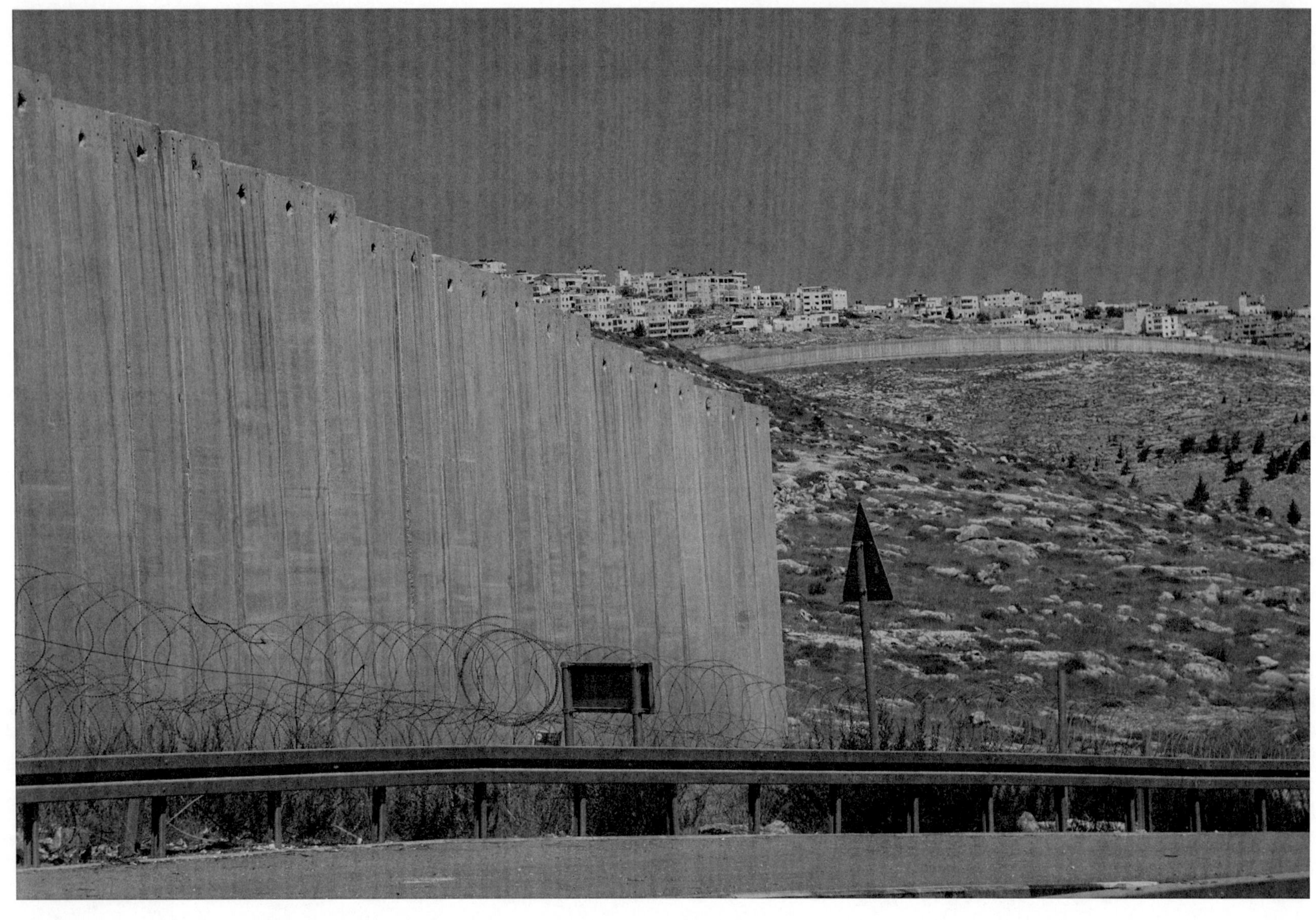

Israel's Apartheid Wall surrounding Jerusalem, 2018

جدار الفصل العنصري الإسرائيلي محاصرًا القدس، 2018

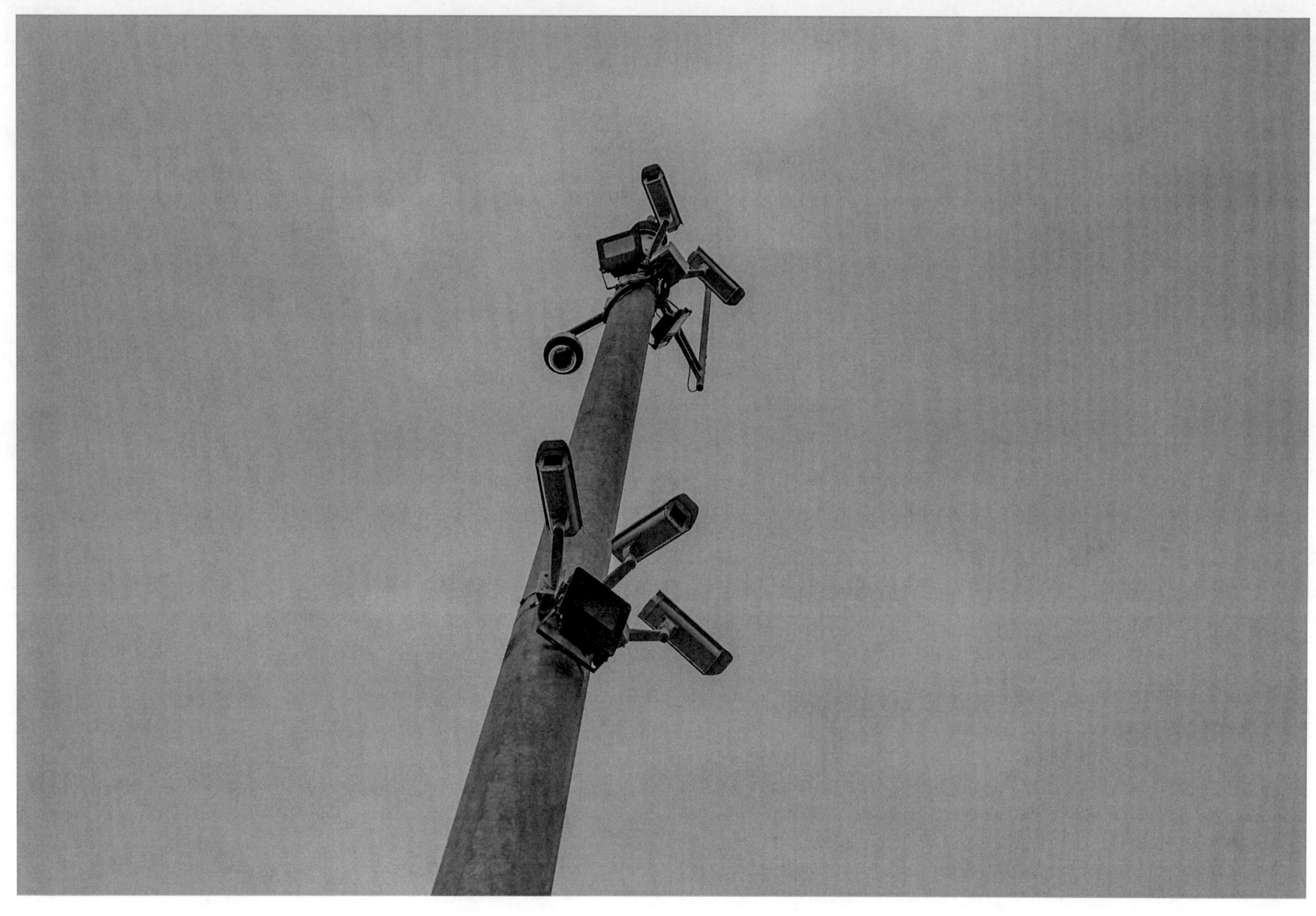

Surveillance cameras installed by the occupation forces in 2019 in Cremisan, Beit Jala, 2019

كاميرات مراقبة تمّ تركيبها من قبل قوات الاحتلال الإسرائيلي في كرمزان بيت جالا، 2019

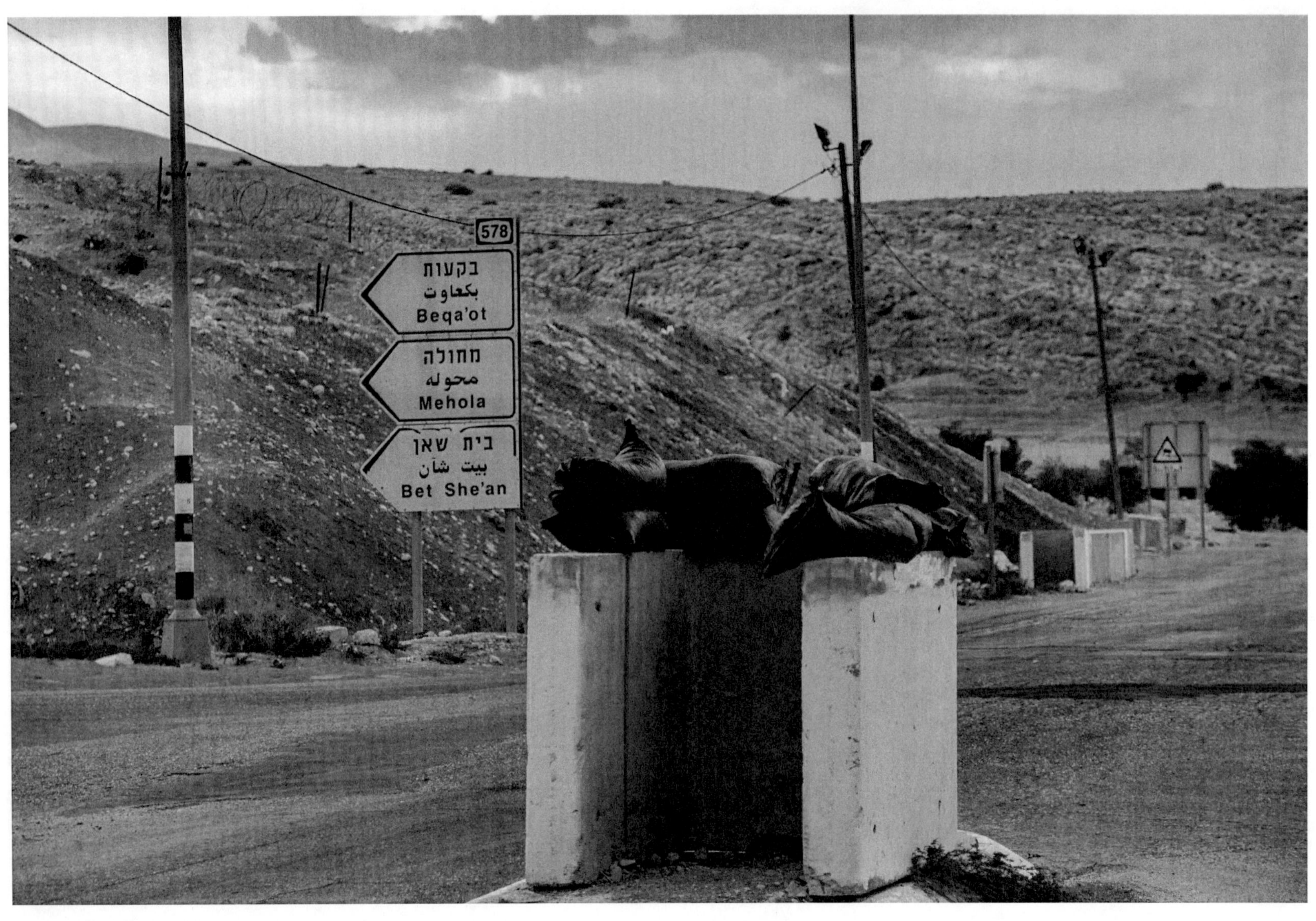

Near Alhamra military checkpoint, on the road to Jenin from the King Hussein (Al-Karameh Bridge)/border crossing with Jordan, 2013

بالقرب من حاجز الحمرا العسكري، في الطريق إلى جنين من جسر الملك حسين (جسر الكرامة)/ الحدود مع الأردن، 2013

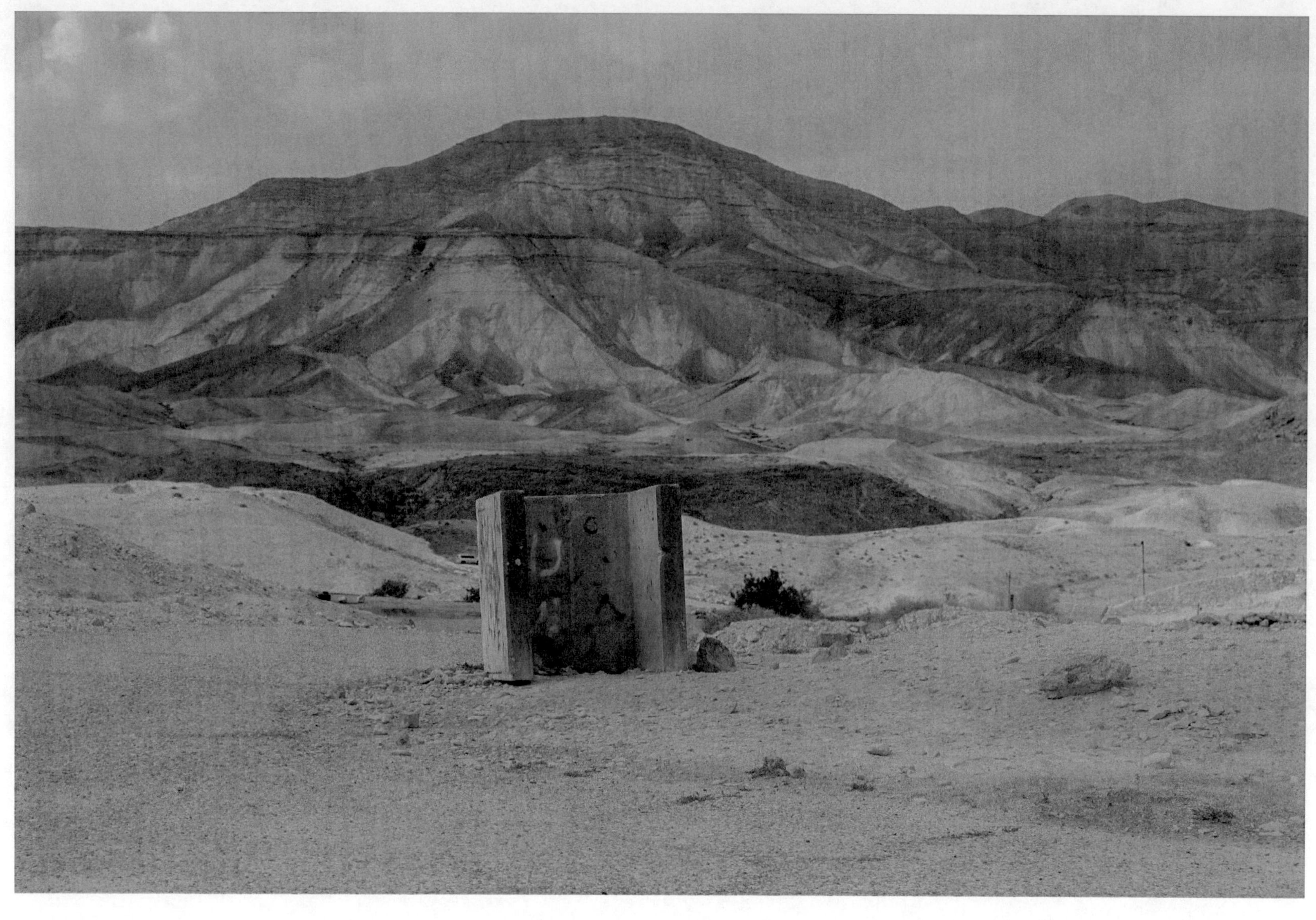

In the Jordan Valley, on the hills facing the Dead Sea in the West Bank, 2020

في وادي الأردن، على التلال المواجهة للبحر الميّت في الضفّة الغربيّة، 2020

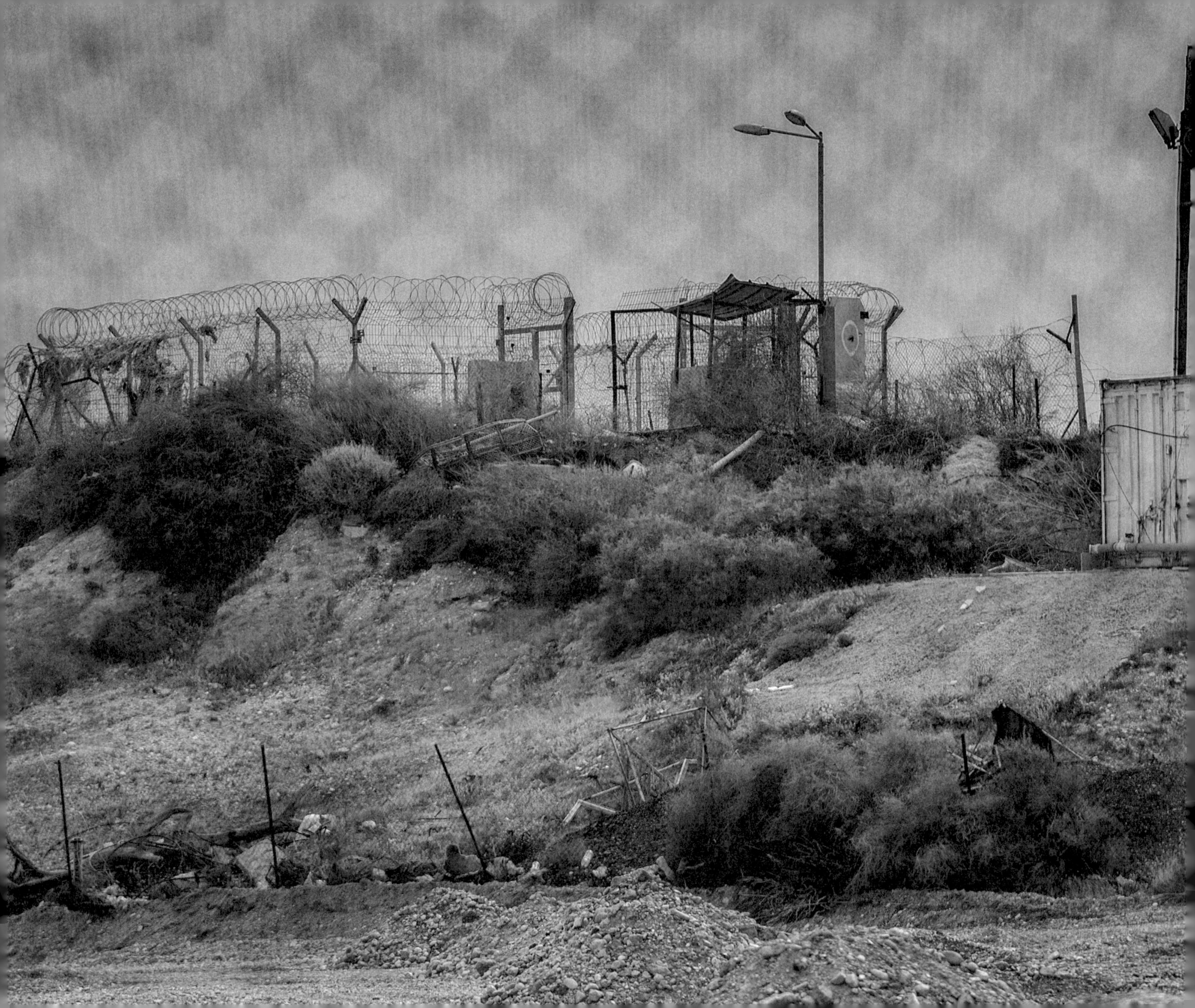

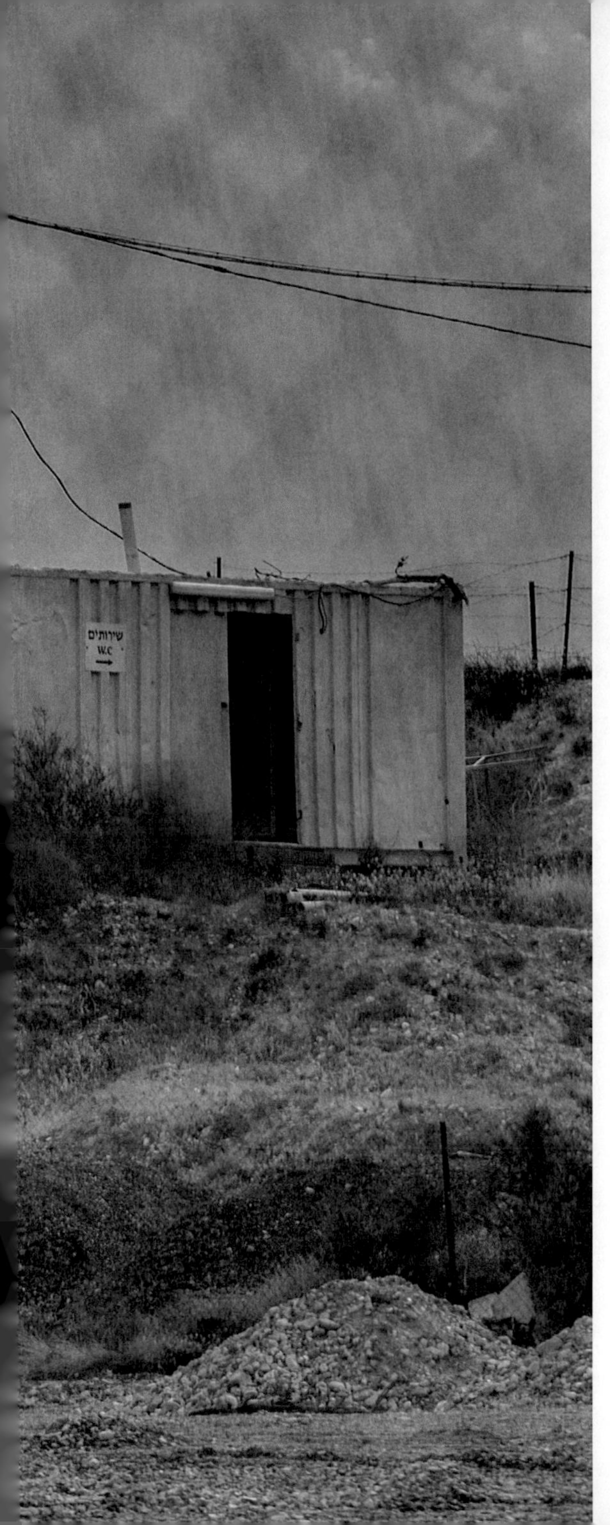

Military post at the shores of the Dead Sea in the West Bank, 2020

نقطة عسكريّة على شاطئ البحر الميّت في الضفّة الغربيّة، 2020

الإسرائيليّة صفراء. إن نظام التّشفير بالألوان هذا لا يتحّكم بمَنْ لديه حق القيادة على طريق دون غيره، بل يتحكّم أيضًا بمَنْ يُسْمَح له العبور عبر الحواجز العسكريّة من دون إيقاف أو تأخير، ومَنْ يخضع للتّفتيش والاستجواب والإذلال وحتى التعرض للقتل.

إنّ نقاط التّفتيش العسكريّة مُصمّمة لإذلال الفلسطينيّين والسيطرة على أجسادهم وعلى وقتهم وعلى أدقّ تفاصيل حياتهم. عند نقاط التفتيش، يسيطر جنود يافعون في بعض الأحيان على طرق الضفة الغربية، فيمنعون مرور المسافرين لساعات طويلة معرقلين وصولهم إلى أماكن عملهم أو دراستهم أو الوصول إلى الخدمات صحية. قد يتم إيقاف المسافرين على حاجز عسكريّ «طيّار»؛ هذه الحواجز العسكريّة الإسرائيلية المؤقتة تهدف إلى نصب كمائن لإعتقال الأفراد أو تفتيش المركبات او إعاقة الحياة اليومية.

إنّ مجمل هذه القيود التي تفرضها دولة الاحتلال الاستعماري الصهيوني على حركة الفلسطينيّين ترافق مع نظام مراقبة تجسّسيّة، يعمل جنبًا إلى جنب مع نظام التّصاريح الفردية؛ فقد أقامت قوّات الاحتلال في مختلف أنحاء الضفّة الغربيّة مئات أبراج المراقبة على طراز «بنبتكون» (اختراع بريطانيّ) على طول الطرق، وعند مداخل المدن ومخيّمات اللّاجئين والقرى، أو في عمقها، وفي الأراضي الزراعيّة، وعلى التلال والجبال. إنّ أبراج المراقبة هذه تسعى إلى التجسس على الفلسطينيّين ومراقبتهم خلال أنشطتهم اليوميّة وأثناء تنقّلاتهم وكذلك التجسس على الأرض والموارد المائيّة لمنع الفلسطينيين من استثمارها واستخدامها. في بعض هذه الأبراج العسكريّة، يتواجد جنود الاحتلال بشكل دائم، وفي بعضها الآخر ليس هناك جنود، إلّا انّ جميع الأبراج مجهّزة بكاميرات تهدف إلى مراقبة الفلسطينيّين او خلق شعور لديهم بأنّهم مراقبون باستمرار.

لا يهيمن الاحتلال الإسرائيليّ على حركة الفلسطينيّين ضمن وطنهم فقط، انّه يحكم حركتهم من والي خارج الأراضي المحتّلة؛ فإسرائيل تتحكّم بمَنْ يدخل البلاد ومَنْ يغادرها عبر نقطتي حدوديّة: الأولى مع الأردن- معبر «الكرامة» الّذي من خلاله تهيمن اسرائيل على حركة الفلسطينيين إلى سائر أنحاء العالم الخارجي. والنقطة الثّانية، فهي «حاجز بيت حانون» (إيرز) بين الضفة الغربية وغزّة، الذي تتحكم عبره دولة الاحتلال بمن وماذا يعبر أو يغادر قطاع غزّة. أمّا الفلسطينيون في الأراضي المحتلة عام 1948، فلديهم خيار استخدام جسر الشّيخ حسين أو مطار اللّد.

تقدّم الصور الفوتوغرافيّة في هذا الكتاب لمحات بصريّة عن تحرّكاتي في شوارع الضفّة الغربيّة المحتّلة على مدى عشر سنوات. غايتي ان أسلط الأضواء على نظم وأدوات إعاقة وشل الحركة والتنقل وعلى بنيات التجسس التي يقيمها الاحتلال الاستعماري الصهيوني ويفرضها على الفلسطينيين في الضفّة الغربيّة المحتّلة وعلى الأرض والموارد الطبيعية. وبذات الوقت اسعى لتوثيق قدرة الفلسطيني على الصمود بوجه هذه الأنظمة والتي تهدف الى السيطرة على الأرض والإنسان من جهة والي جعل حياة الفلسطيني معاناة دائمة.

مقدّمة: التحّرك في فلسطين
رحاب نزّال

تمثّل مجموعة الصور الفوتوغرافيّة في هذا الكتاب عرضًا بصريًّا لتحرُّكاتي في شوارع فلسطين المُحتلّة على مدار عقد من الزّمن، ما بين 2010 و2020. تُركّز الصور هذه على مُعيقات حرّية التنقّل والحركة، وعلى منظومة المراقبة التجسّسيّة التّي تفرضها دولة الاستعمار الاستيطاني الإسرائيليّ على الفلسطينيّين. لقد التقطتُ جميع الصور عبر مركبات متحرّكة على الطرق التّي تربط مختلف محافظات الأراضي المحتلّة عام 1967، باستثناء غزّة والقدس الشرقيّة ومواقع قرى عمواس ويالو وبيت نوبا، حيث تأسّس على أنقاضها «بارك كندا». كما تستثني الصور الفوتوغرافيّة المدن والبلدات الفلسطينيّة الواقعة في الأراضي المحتلّة منذ عام 1948، داخل الخطّ الأخضر، إذ إنّ قيادة السيّارات والحافلات في تلك الشوارع محظورة على الفلسطينيّين القاطنين في الضفّة الغربيّة وقطاع غزّة. وكذلك تستثني هذه الصور الشوارع المخصّص استخدامها للمستوطنين اليهود في المستوطنات اللاشرعية في الضفة الغربية، والتي يُمنع الفلسطينيون من استخدامها أيضًا.

توضّح الخريطة على صفحة رقم 7 من الكتاب الطريقين الرئيسيّين اللّذين صوّرتهما، بشكل رئيسيّ، أثناء تنقّلي من مكان عملي في بيت لحم إلى منزل عائلتي في قباطية، جنين بين عامي 2015 و2020، وخلال زيارات قصيرة قمت بها قبل ذلك إلى فلسطين من كندا. يمتدّ الطريق الأوّل من بيت لحم عبر أريحا وطوباس ومن ثمّ إلى جنين. أمّا الطريق الثاني، فيمتدّ من بيت لحم عبر رام الله ونابلس إلى جنين. يمرّ كلا هذين الطريقين عبر عشرات القرى. وتُظْهِر الخريطة محافظات سلفيت وطولكرم والخليل، الّتي زرتها عدّة مرّات. أمّا الخريطة الثانية، فتُظْهِر الحدود الطبيعيّة لفلسطين بصفتها جزءاً من بلاد الشام (سوريا ولبنان والأردنّ وفلسطين وأجزاء من العراق)، قبل أن تحتلّ القوى الاستعماريّة الغربيّة العالم العربيّ وتقسّمه وترسم حدودًا فاصلة بين مختلف أجزائه بعد الحرب العالميّة الأولى.

قبل قيام المشروع الصهيونيّ في فلسطين، كان الفلسطينيّون يتمتعون بحرّية الحركة والتنقل عبر وطنهم من طبريّا والنّاصرة في الشمال، عبر حيفا ويافا على ساحل البحر الأبيض المتوسّط غرباً، إلى البحر الميّت شرقًا، وصولًا إلى غزة وصحراء بئر السبع في الجنوب (المعروفة اليوم بـ «النقب»). كانوا يسافرون بحرّية إلى عمّان ودمشق وبيروت والقاهرة وبغداد، حيث تربطهم بها صلات ونشاطات اجتماعيّة وثقافيّة واقتصاديّة مُتعدّدة. لقد تغيّر هذا الوضع بعد كارثة(النكبة) عام 1948 الّتي حلّت بالفلسطينيّين، حين طُردوا قسريًّا من بيوتهم وجُرّدوا من ممتلكاتهم، لتُقام دولة إسرائيل على أكثر من ثلاثة أرباع ديارهم وأراضيهم.

فور تأسيسها، فرضت دولة إسرائيل قيودًا على حرية حركة الفلسطينيّين؛ فاللاجئون الذين هجّروا خارج فلسطين، لم يُحْرَموا من العودة إلى ديارهم إلى يومنا هذا فحسب، بل حُرِموا أيضًا من دخول وطنهم أبداً. أمّا الناجون من التهجير القسري خلال النكبة والّذين صمدوا في أرضهم وبيوتهم في مناطق ال 1948، فقد خضعوا للحكم العسكريّ الإسرائيليّ وعُزلوا عن بقيّة المجتمع الفلسطيني حتّى عام 1967،

حين احتلّت إسرائيل بقية الأراضي الفلسطينيّة، فخضع حينها مجمل السكّان الفلسطينيّين، باستثناء اللاجئين في الشتات، لسيطرة الاستعمار الاستيطانيّ الإسرائيليّ. بعد «اتّفاق أوسلو» المبرم عام 1993 بين منظّمة التّحرير الفلسطينيّة وإسرائيل، مَنع الاحتلال الفلسطينيّين في الضفّة الغربيّة وقطاع غزّة من دخول أراضي 1948 من دون تصاريح فرديّة، وفرض تدريجيًّا حصارًا وحشيًّا على قطاع غزّة، لُيصبح منذ عام 2007 أكبر سجن جماعيّ على وجه الأرض.

تتجلّى تجزئة السكّان الأصلانيّين في فلسطين ضمن مناطق مشرذمة ومراقبة ومُتقلّصة باستمرار، بشكل واضح على طرقات الضفة الغربيّة، حيث يندمج نظام متعدّد الأوجه من الفصل العنصريّ والاحتلال العسكريّ والاستعمار الاستيطانيّ.

في الضفّة الغربيّة (مساحة تقلّ عن 6000 كم2 بعدد سكّان يقارب الـ 3.5 مليون، نصفهم من لاجئي النكبة)، تنتشر 250 مُستعمرة تخدمها طرق مُعبّدة لليهود فقط، أُقيمت على أراضٍ فلسطينيّة مستولي عليها بقوّة السلاح. هذه المستعمرات والطرق تخترق الضفّة الغربيّة، وتقطّع أوصال المدن والقرى الفلسطينيّة في بعض الأحيان، مثل بيت جالا، حيث يقسم شارع إسرائيليّ رئيسيّ المدينة، أو في الخليل، حيث أُنشئت مستعمرة يهوديّة في وسط المدينة ما أدى الى تقطيع أوصالها. إن المستعمرات والطرقات هذه تُعرقل حرّية تنقّل الفلسطينيّين في وطنهم، وتجعل من حياتهم اليوميّة معاناة مستمرّة.

أمّا جدار الفصل العنصريّ، فهو مظهر آخر من مظاهر الاستعمار الاستيطانيّ الصهيوني التي تُعَرْقِل حرّية حركة الفلسطينيّين. الجدار الخرسانيّ، مضاف إليه السّياج المُكهرب، يتجاوز امتداده 800 كم، متعرّجًا في عُمق الضفّة الغربيّة، ومُستولياً على أراضٍ زراعيّة وموارد مائيّة تعود للفلسطينيين. كما يحاصر ويعزل تجمّعات الفلسطينيّين عن بعضها البعض، ويحرم بعضها من الخدمات الأساسيّة. إضافة إلى كلّ ذلك، ثمّة أكثر من 590 عقبة ومعيقًا في وجه حرّية حركة الفلسطينيّين، وفقًا لتقرير صادر عن «مكتب الأمم المتّحدة لتنسيق الشؤون الإنسانيّة (أوتشا)» في تمّوز (يوليو) 2020. تشمل هذه العقبات والمعيقات 171 حاجزًا عسكريًّا، 154 بوّابة حديديّة، 68 حاجزا مكونا من مكعّبات اسمنتية، 109 جدران وخنادق ترابيّة، 49 عائقًا على الطرق، و34 سياجًا من الأسلاك الشائكة.

ان طرقات الضفة الغربية ليست منفصلة عرقيا فقط، بل إن هنالك نظاماً من الهويات ولوحات السيّارات المُشفّرة بالألوان يحكمها بهدف فصل المستعمرين عن السكّان الأصلانيّين الفلسطينيّين. الطرق السّريعة والواسعة مخصّصة للإسرائيليّين فقط، لا سيّما قوّات الاحتلال العسكرية، ويُحظَر على الفلسطينيّين القيادة على هذه الطرق بأوامر عسكريّة. أمّا الطرق المخصّصة لاستخدام الفلسطينيّين فهي قديمة - بعضها أقدم من الدولة الإسرائيليّة - وضيّقة ومتعرّجة، وأحيانًا خطرة. بطاقات الهويّة الإسرائيليّة زرقاء اللّون بينما الفلسطينيّة خضراء، ولوحات السيّارات الفلسطينيّة خضراء، في حين

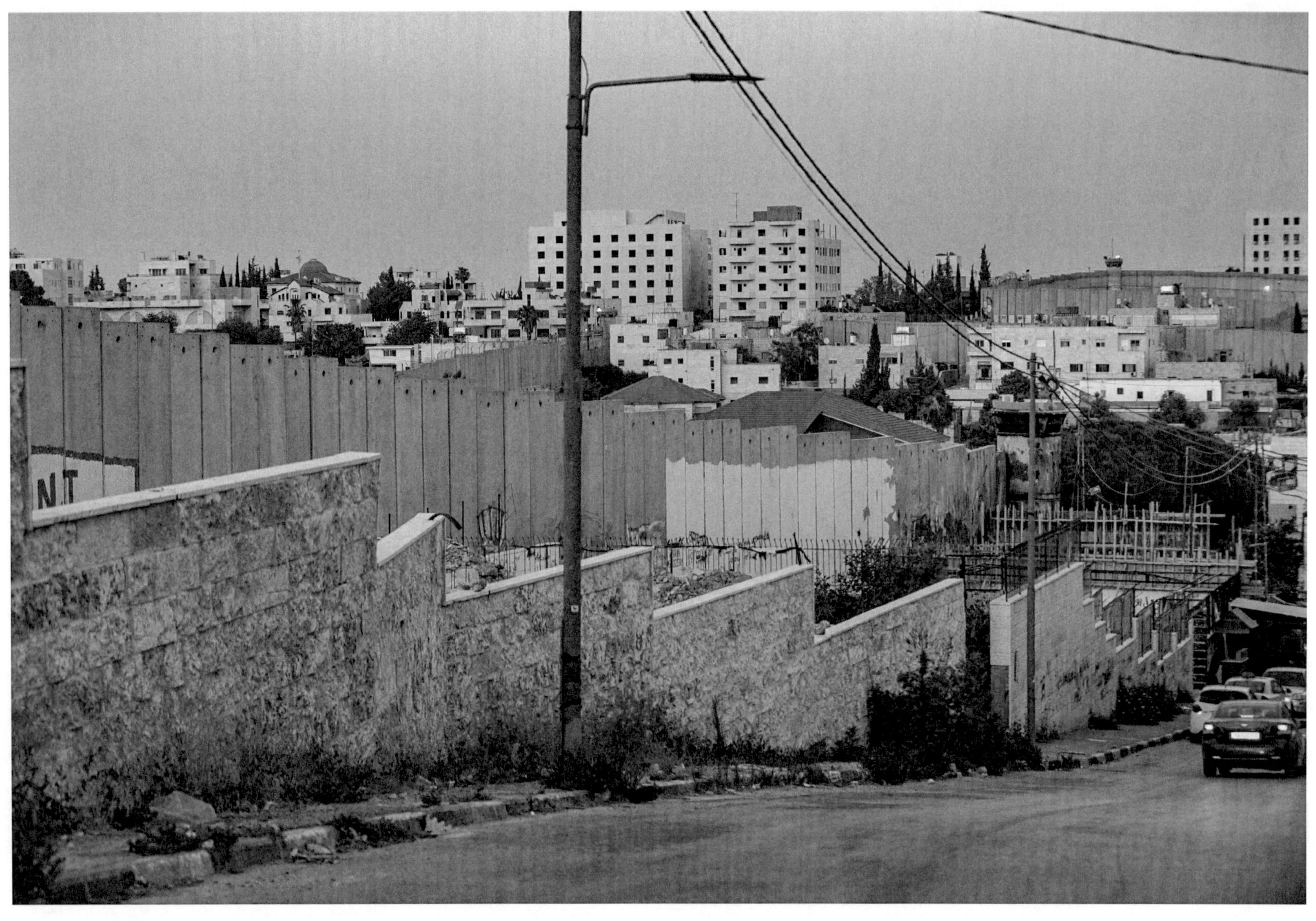

Driving in the streets of Bethlehem, 2019

التحرّك في شوارع مدينة بيت لحم، 2019

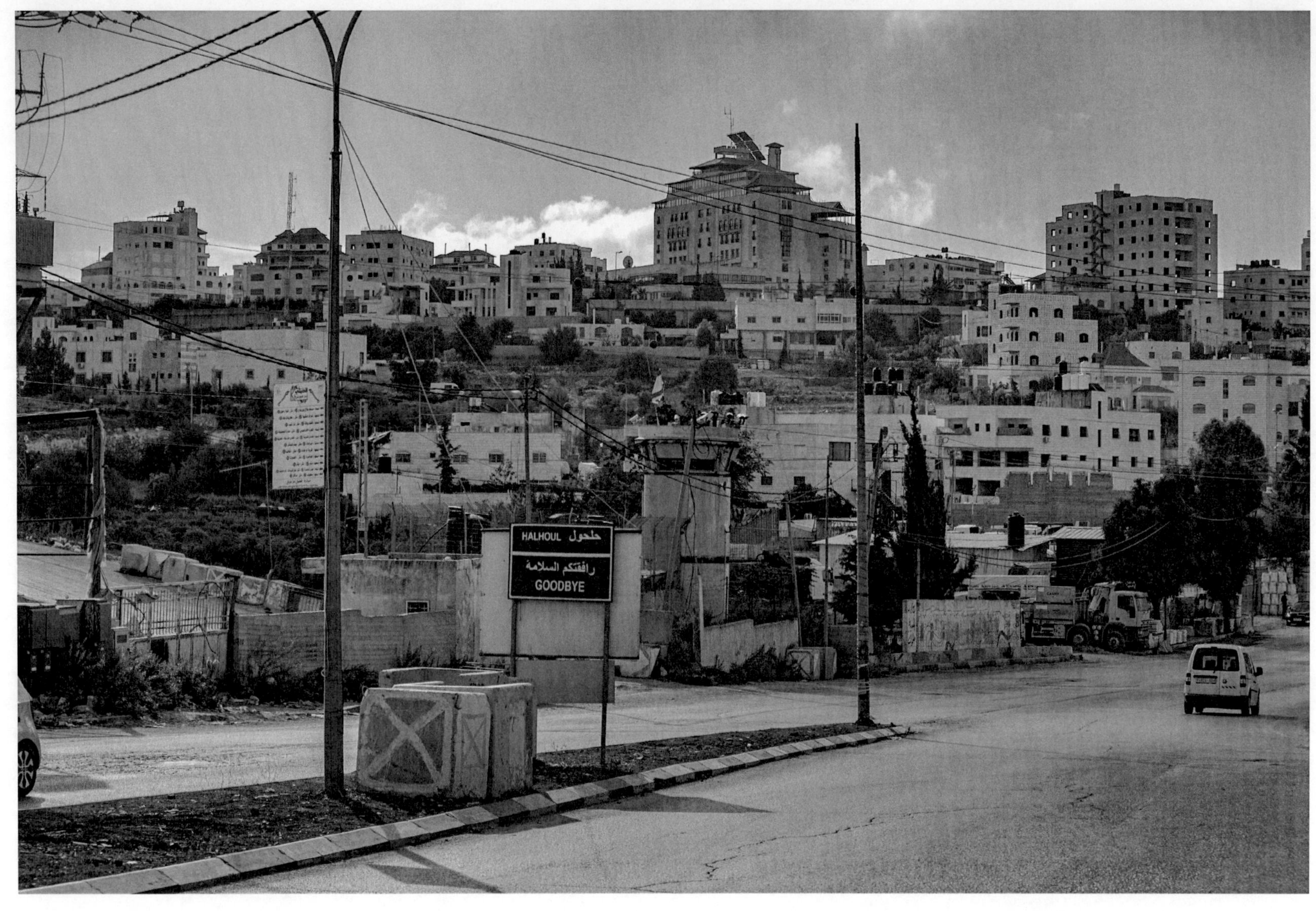

Driving to Hebron from Halhoul, 2019

بين مدينة الخليل وبلدة حلحول، 2019

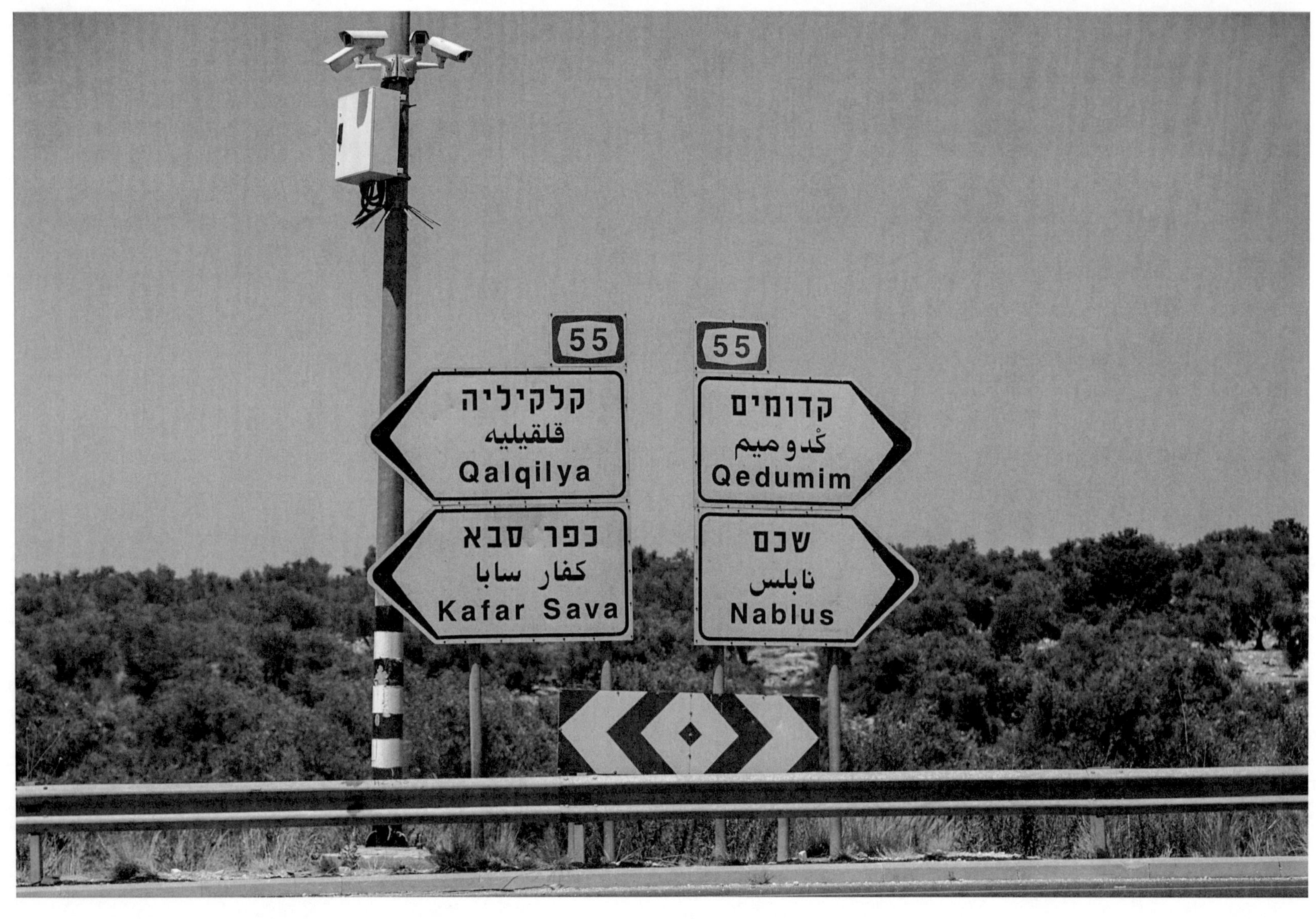

Road signs to Palestinian cities and illegal Jewish-only colonies, 2019

يافطات طرق إلى بلدات فلسطينيّة ومُستعمرات غير شرعيّة لليهود فقط في الضفّة الغربيّة، 2019

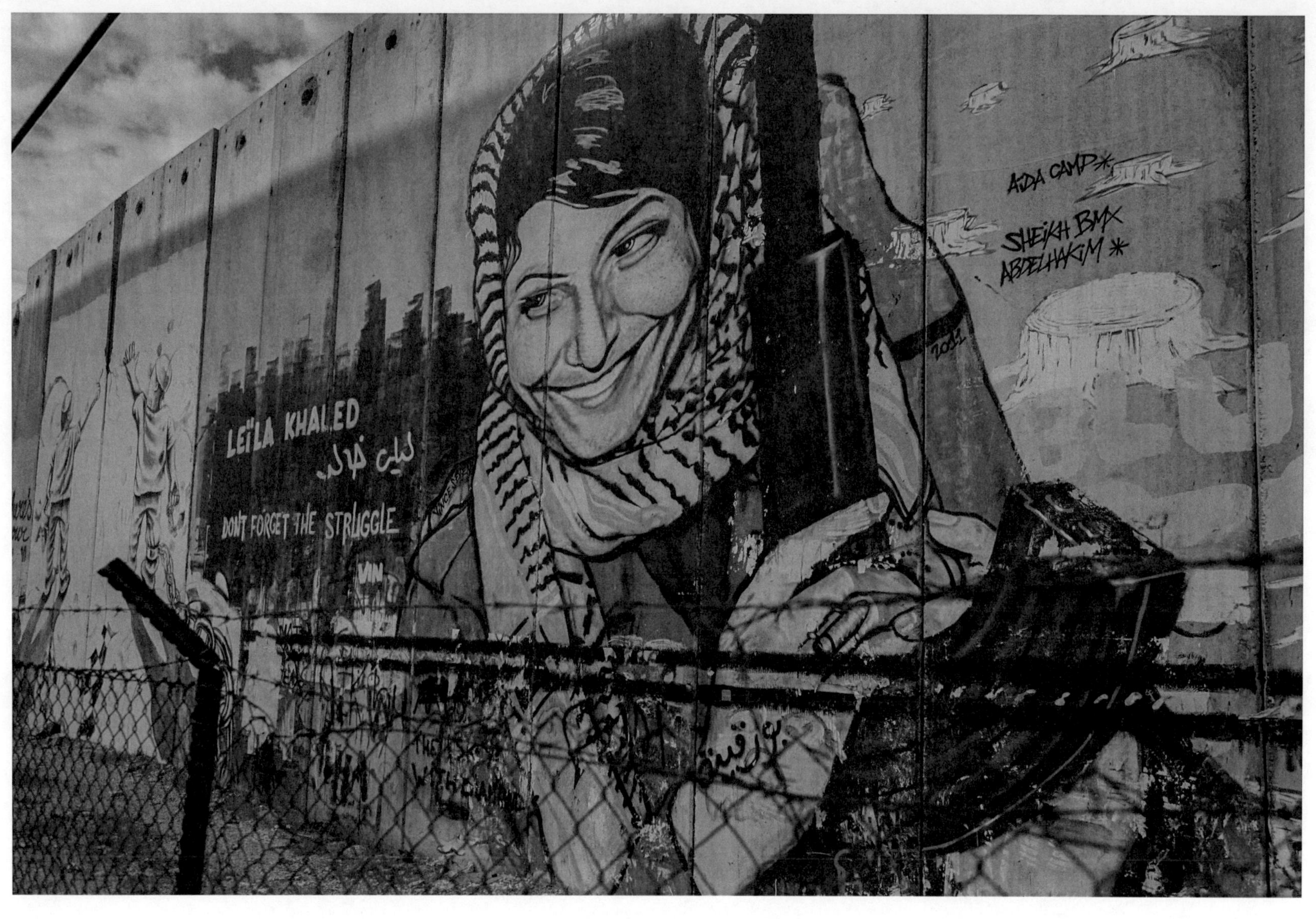

A mural of Laila Khalid on the Apartheid Wall in Bethlehem, 2015

جدارية لليلى خالد على جدار الفصل العنصري في بيت لحم، 2015

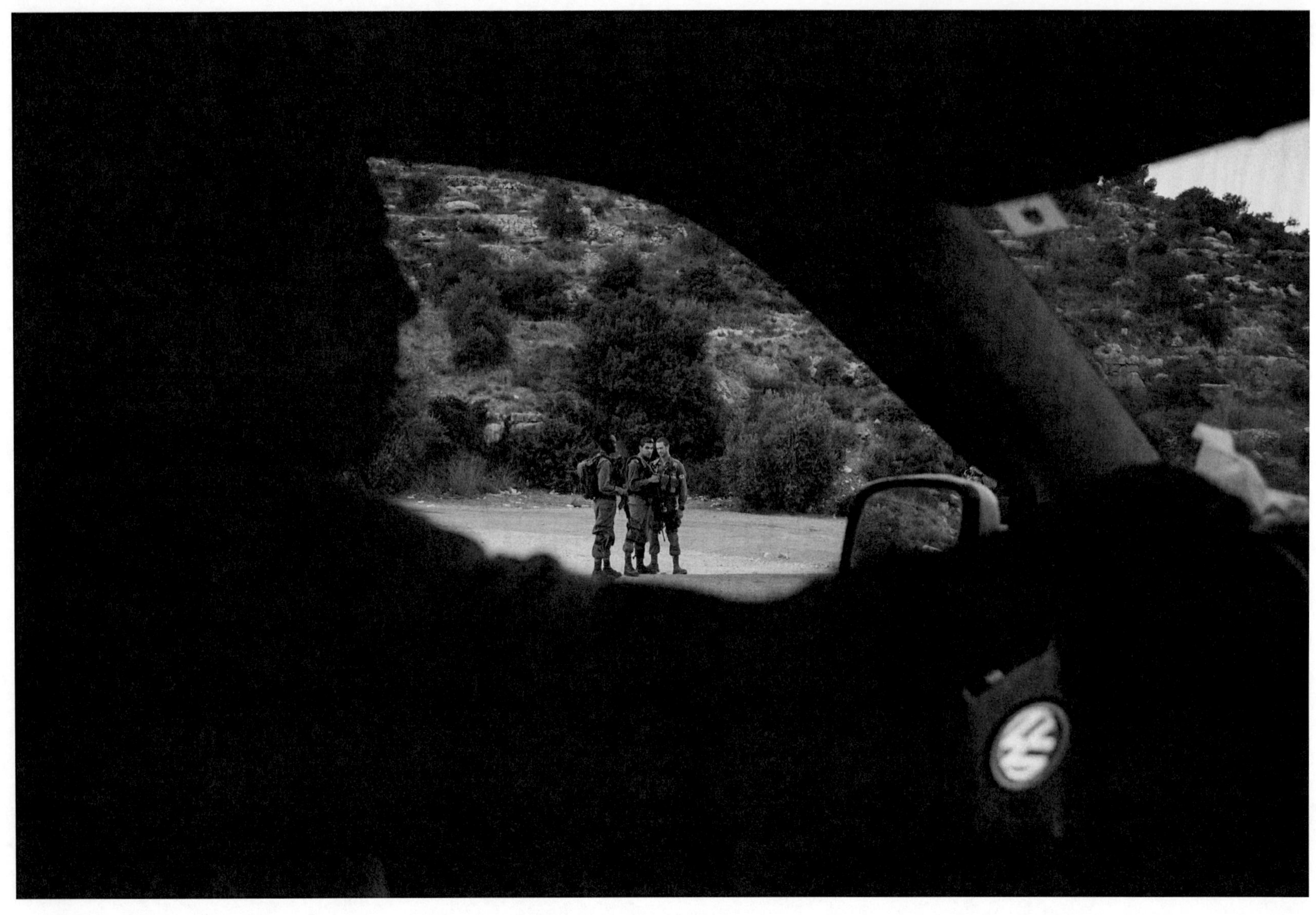

On the road to Ramallah from Nablus, 2016

على الطريق إلى رام الله من نابلس، 2016

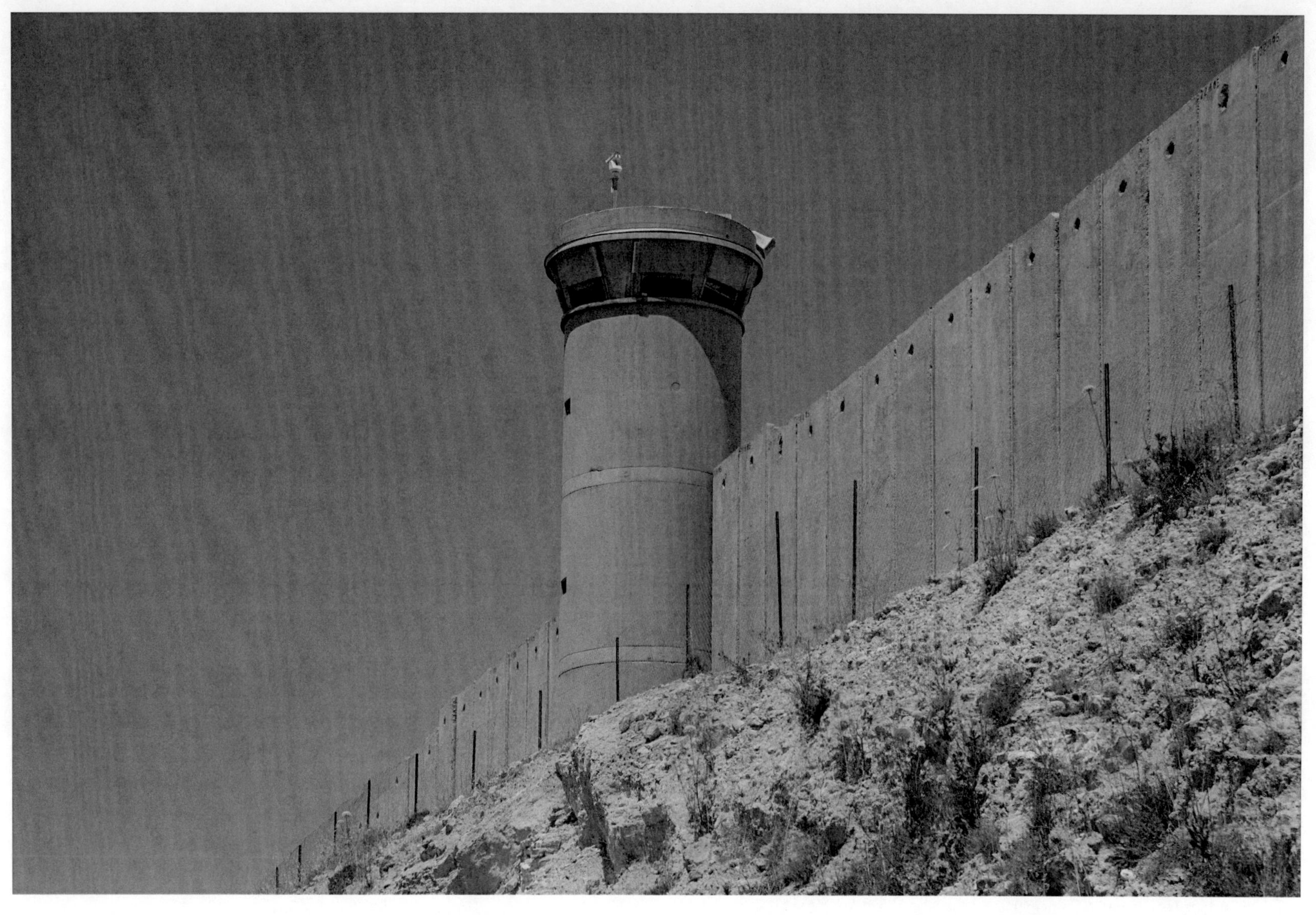

The Apartheid Wall on the hills of Al-Ram, Jerusalem district, 2010

جدار الفصل العنصري على تلال الرّامِ، القدس، 2010

Palestinain Rights As Human Rights
Yasmeen Abu-Laban

The photographs featured in Rehab Nazzal's *Driving in Palestine* overwhelm. One after another, crisp black and white images capture the intricate system designed to control the lives and movements of Palestinians living under Israeli occupation. It is a cruel, humiliating, and unjust system that separates families, friends, and a people. This system not only complicates mobility and scars the landscape but also curtails access to education, work, healthcare, privacy, free association, and human dignity. It is also surveillance par excellence. Indeed, there is a reason Israeli companies have emerged as global purveyors of military hardware and security technologies, services, and training: their products are tested and deployed, and on full glittering display, in Israel's occupation of Palestinians (Gordon 2011).

The barricades, barbed wire, observation towers, and surveillance balloons captured in these photos are stark and ugly. While such images never feature in Israeli tourism ads, they are painful constants in the everyday lives of Palestinians under occupation. Slicing through the landscape is the towering wall—monstrously inhumane architecture. In 2004, the judicial body of the United Nations known as the International Court of Justice (2004) ruled the wall to be in violation of international law for effectively annexing more and more land from Palestinians. Visible in some of Nazzal's photos, the snaking massive barrier keeps Palestinians separate and apart, and hence is called by those living in its shadow the "Apartheid Wall."

The slogan "A land without a people for a people with-out a land" helped to create the mythology of the late-nineteenth-century project associated with modern or political Zionism, which aimed to engineer a state in historic Palestine exclusively for the world's Jews (Abu-Laban and Bakan 2019, 61–63). This project arose in response to the racism, discrimination, and violence directed at Jews in European countries. But in relation to Palestine, it was a settler-colonial project, because, of course, there were other people already on the land. Indeed, the story since 1948 has been about Palestinian Arabs—both Christian and Muslim—contesting the terms of an exclusive state and the steady and unrelenting efforts to push them from the land.

Palestinians use the word Nakba (Arabic for catastrophe) to refer to the violence that pushed at least 720,000 Palestinian Arabs from their homes, land, and property in 1948 in what would become the new state of Israel (Khalidi 2020, 58). This event transformed Palestinians into what is today one of the world's oldest and largest refugee groups. Just those Palestine refugees and their descendants who are actually registered with the United Nations Relief and Works Agency (UNRWA) numbered 5.6 million at the end of 2019 (UNHCR 2020, 2). The UNRWA operates in Jordan, Lebanon, Syria, Gaza, and the West Bank (including East Jerusalem) to provide food and services relating to health and education.

However, in many ways, the Nakba is ongoing. In 2021, the world's attention was drawn to the East Jerusalem neighbourhood of Sheikh Jarrah, where a group of Palestinian families were under threat of eviction from their homes by Israeli

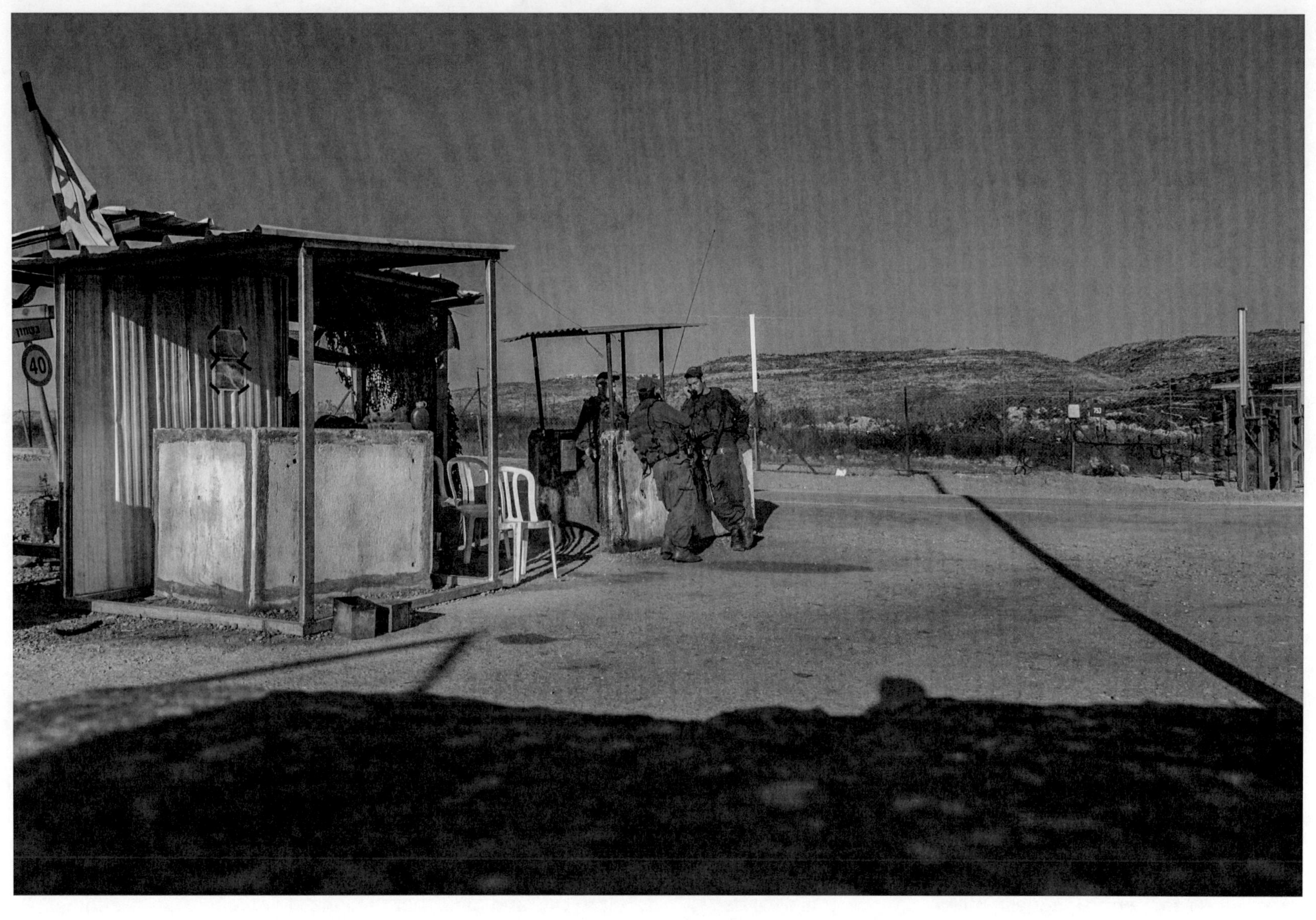

Israeli military checkpoint at the entrance of the village of Jbara, Tulkarim district, 2010

حاجز عسكري إسرائيلي على مدخل قرية جبارا، محافظة طولكرم، 2010

Jewish settler groups. It is poignant that in the 1950s, when the West Bank was under Jordanian rule, the UNRWA supported a Jordanian project to build homes in Sheikh Jarrah for Palestinian refugees displaced in 1948. Since Israel occupied the West Bank in 1967, Palestinians in Sheikh Jarrah have continually faced the prospect of displacement anew (Abu Sneineh 2020).

The violence and its ripple effects from Sheikh Jarrah reveal two things very clearly. The first is the power of Israel's army—the Israel Defence Force (IDF)—evidenced in the numbers killed and the destruction of buildings and infrastructure in the subsequent Gaza conflict in 2021. Israel is a military superpower in the region and has one of the strongest armies in the world. The second is that, however divided the Palestinian population living in Israel, Gaza, the West Bank, and outside the region may be, there is resistance to what is seen, felt, and experienced as ongoing dispossession and erasure by the Israeli state. This collective resistance is captured in what Palestinians refer to in Arabic as sumud, steadfastness. Such resistance is seen in many Indigenous and other groups resisting oppression the world over and should really be understood as part of the human condition and quest for freedom and dignity.

Many people living in the West give only episodic attention to Israel/Palestine. Following the Israel-Hamas ceasefire in Spring 2021, other stories inevitably took over the news headlines. However, as the photos in *Driving in Palestine*, captured over a ten-year period, suggest, militarized power is always already on display under conditions of occupation. Nowhere do we see the faces of anyone other than military personnel; and their youth is striking – a clear outcome of compulsory military conscription in Israel.

What is equally striking is the power of the soldiers. The point of directing the flow of Palestinians' vehicles (which have colour-coded license plates that differentiate them from those of Israelis) is not to allow efficient free movement. If it were otherwise, we would not see military personnel resting languidly while chatting with each other as in the photo entitled *Entrance of the Village of Jbara, Tulkarem District (2010)* on page 23. Rather, they are there to dominate and control. And they do this in the daily lives of Palestinians living under occupation by denying basic free movement, making people constantly wait to move even a little bit.

In the end, occupation (and the ongoing construction of settlements) is nothing other than the domination of one group of people over another. This is why some of the worst settler discourses stereotype Palestinian Arabs as culturally inferior, backward, and unproductive—effectively incapable of making the desert bloom and undeserving of human rights.

Yet, even though we do not see any Palestinian faces, their presence is felt. This is especially evident in the photo *Mural of George Floyd Jr* on page 26 on the Apartheid Wall in Bethlehem (2020), in which Floyd's image is accompanied by words that proclaim, simply, "We will be free." In our current moment of paying greater attention to the racialized brutality of state police and security personnel, it is understandable why Floyd's murder by the Minneapolis Police resonates in Palestine. It is to the credit of all the many people in Israel/Palestine and outside the region, as well as across divides of citizenship, religion, ethnicity, and race, that the Palestinian quest for freedom is being heard, understood, and advanced. It is precisely in seeing Palestinian rights as human rights that hope glimmers for forging a just and lasting peaceful co-existence for all who live in Israel/Palestine.

Works Cited

- Abu-Laban, Yasmeen and Abigail B. Bakan. 2020. Israel, Palestine and the Politics of Race: Exploring Power and Identity in a Global Context. London: IB Tauris/Bloomsbury.

- Abu Sneineh, Mustafa. 2020. "Sheikh Jarrah Explained: The Past and Present of East Jerusalem Neighbourhood." Middle East Eye, 6 May. middleeasteye.net/news/israel-palestine-sheikh-jarrah-jerusalem-neighbourhood-eviction-explained.

- Gordon, Neve. 2011. "Israel's Emergence as a Homeland Security Capital." In Surveillance and Control in Israel/Palestine: Population, Territory and Power. Edited by Elia Zureik, David Lyon, and Yasmeen Abu-Laban, 153–170. London and New York: Routledge.

- International Court of Justice. 2004. "Press Release: Legal Consequences of the Construction of a Wall in the Occupied Palestinian Territory," 9 July. icj-cij.org/public/files/case-related/131/131-20040709-PRE-01-00-EN.pdf.

- Khalidi, Rashid. 2020. The Hundred Years' War on Palestine: A History of Settler-Colonialism and Resistance, 1917–2017. New York: Picador.

- UNHCR (United Nations High Commissioner for Refugees). 2020. Global Trends: Forced Displacement in 2019. Copenhagen: UNHCR Global Data Service.

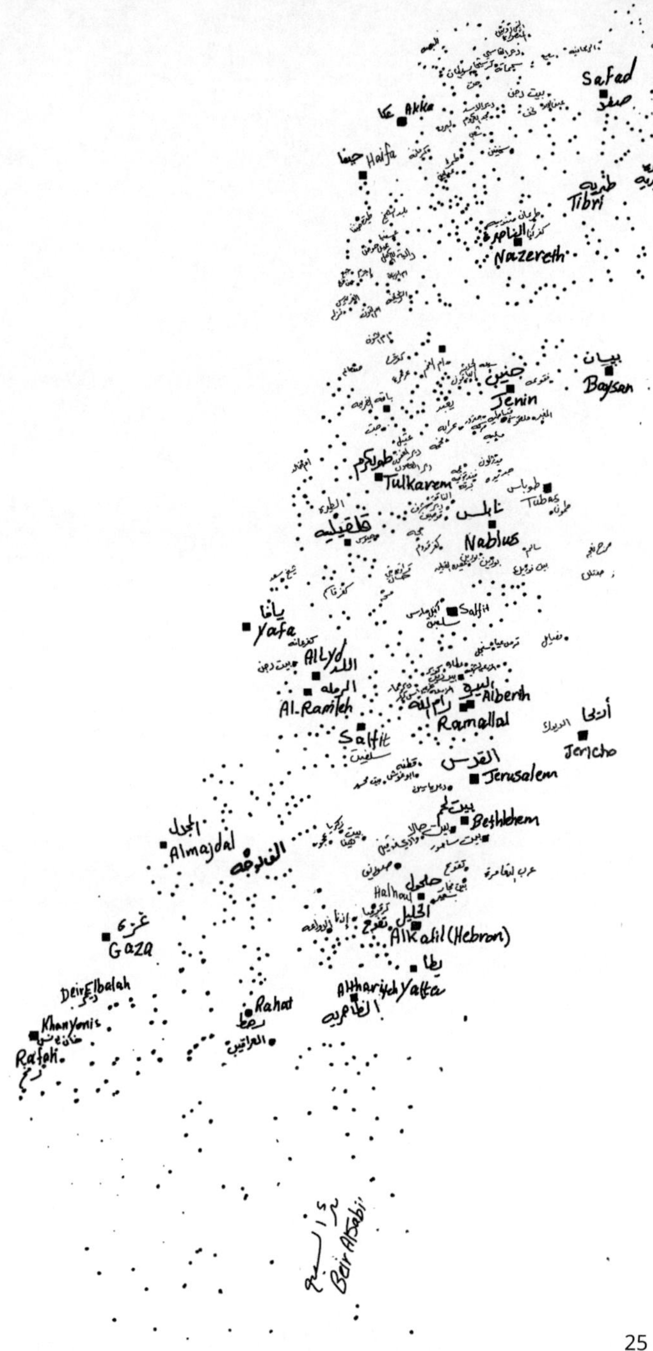

Palestinian cities, towns, and villages before the establishment of the settler colonial state of Israel

مدن وبلدات فلسطينيّة ما قبل تأسيس دولة إسرائيل الاستعماريّة

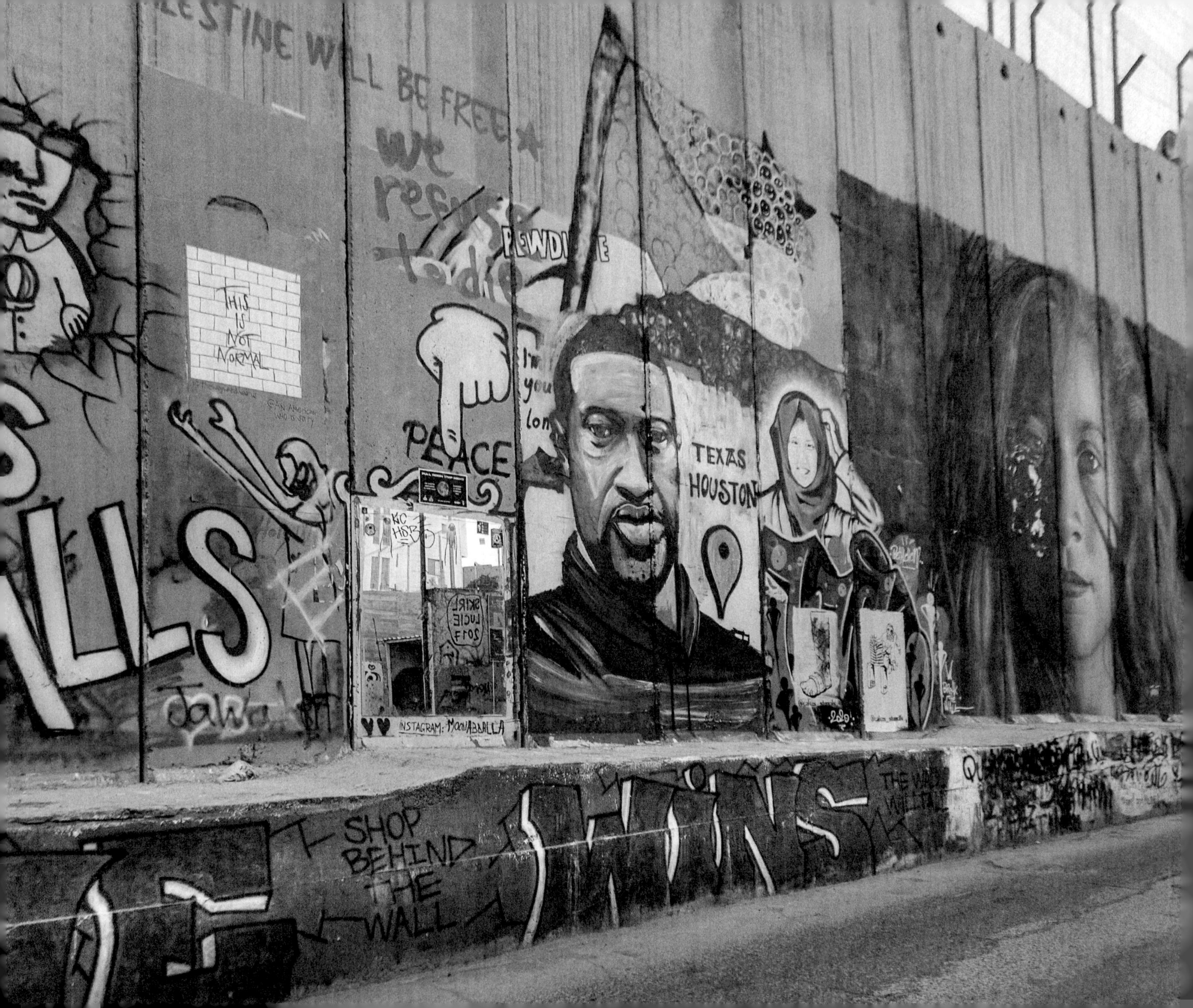

...ESTINE WILL BE FREE ★
WE res...
PEWDIPIE
THIS IS NOT NORMAL
AN AMERICAN WHO IS SO...
PEACE
TEXAS HOUSTON
INSTAGRAM: MOOdABDALLA
KC HOBX
LLS
SHOP BEHIND THE WALL
THE WALL WILL FALL

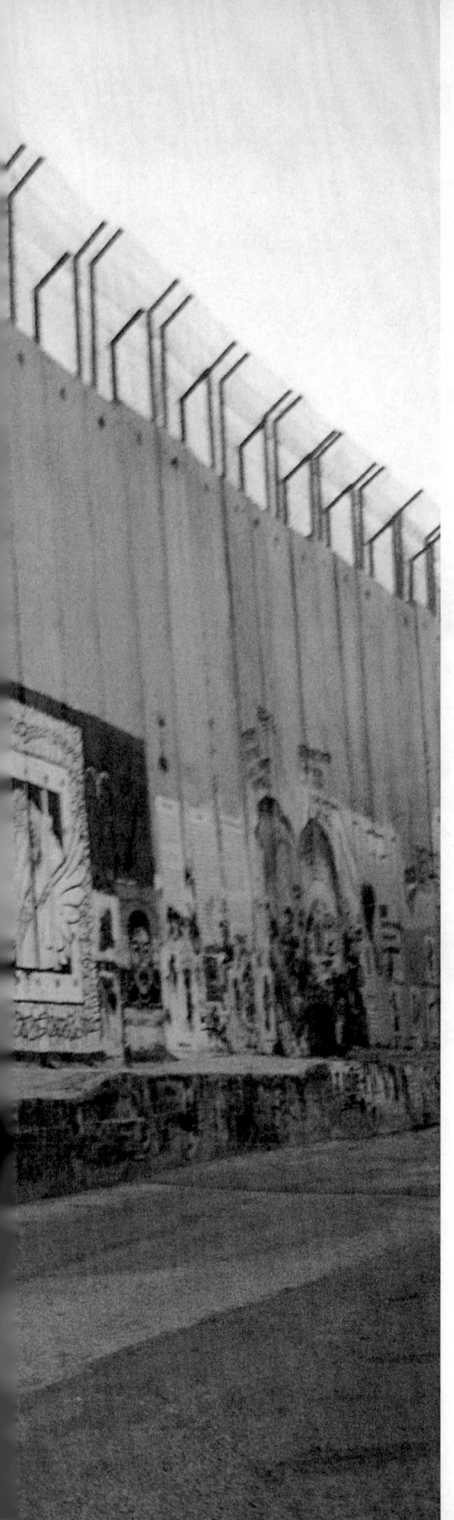

Mural of George Floyd on the Apartheid Wall in Bethlehem, 2020

جداريّة لجورج فلويد على جدار الفصل العنصري في بيت لحم، 2020

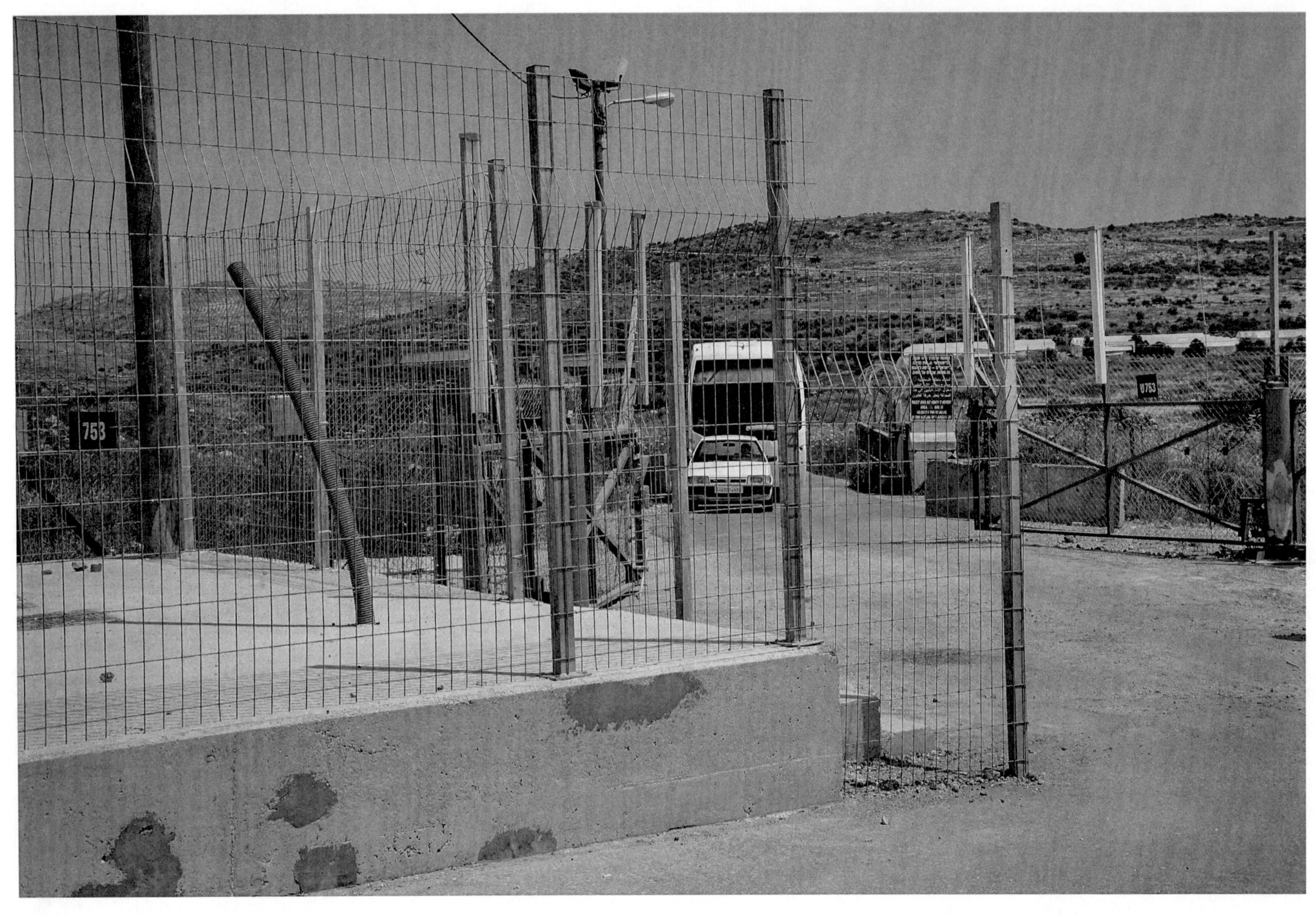

A military checkpoint at the entrance of the besieged village of Jbara, Tulkarim governorate, 2010

حاجز عسكري على مدخل قرية جبارة المحاصرة، محافظة طولكرم 2010

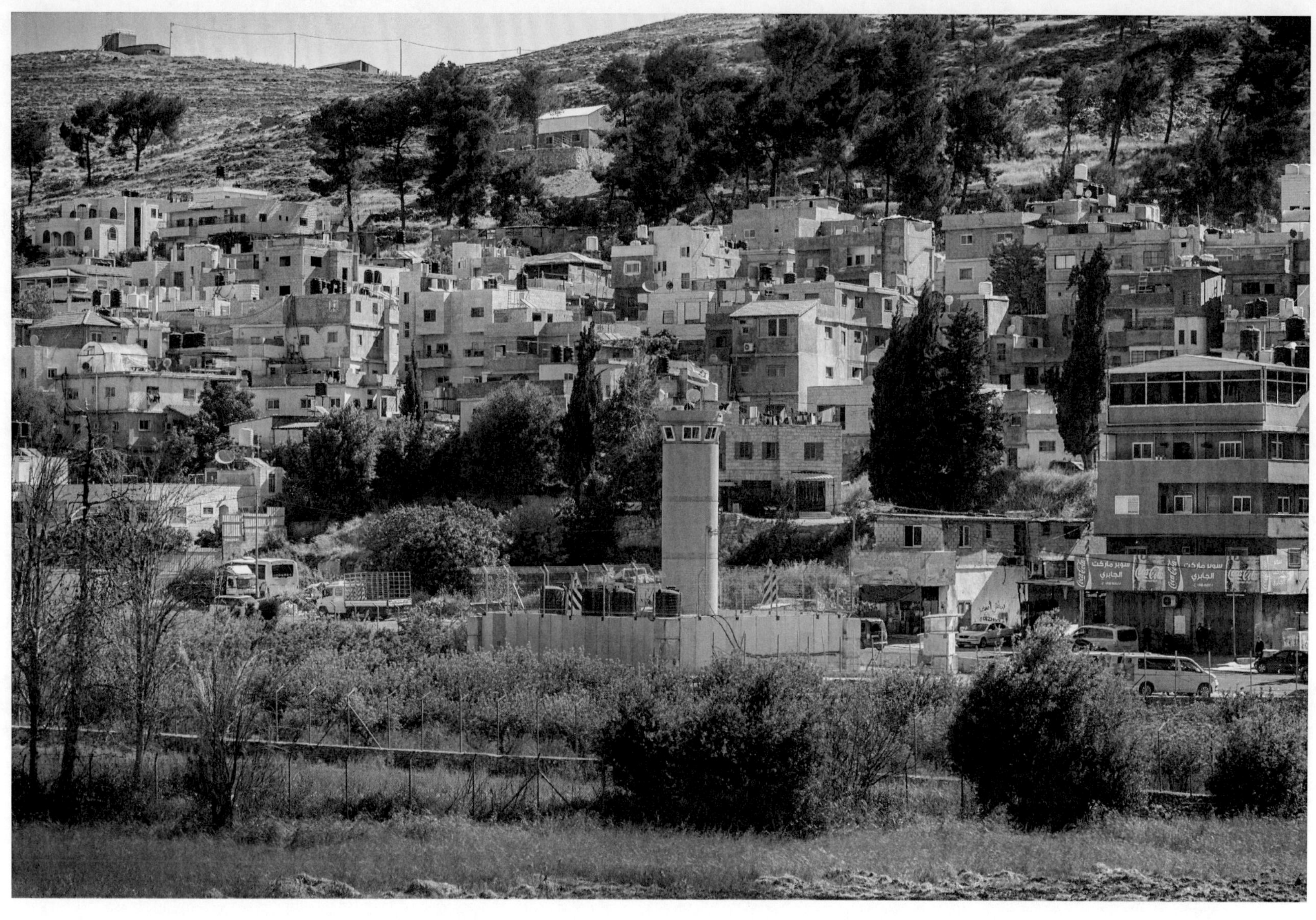

Aroub refugee camp, Al-Khalil governorate, 2020

مخيم العروب للاجئين، محافظة الخليل، 2020

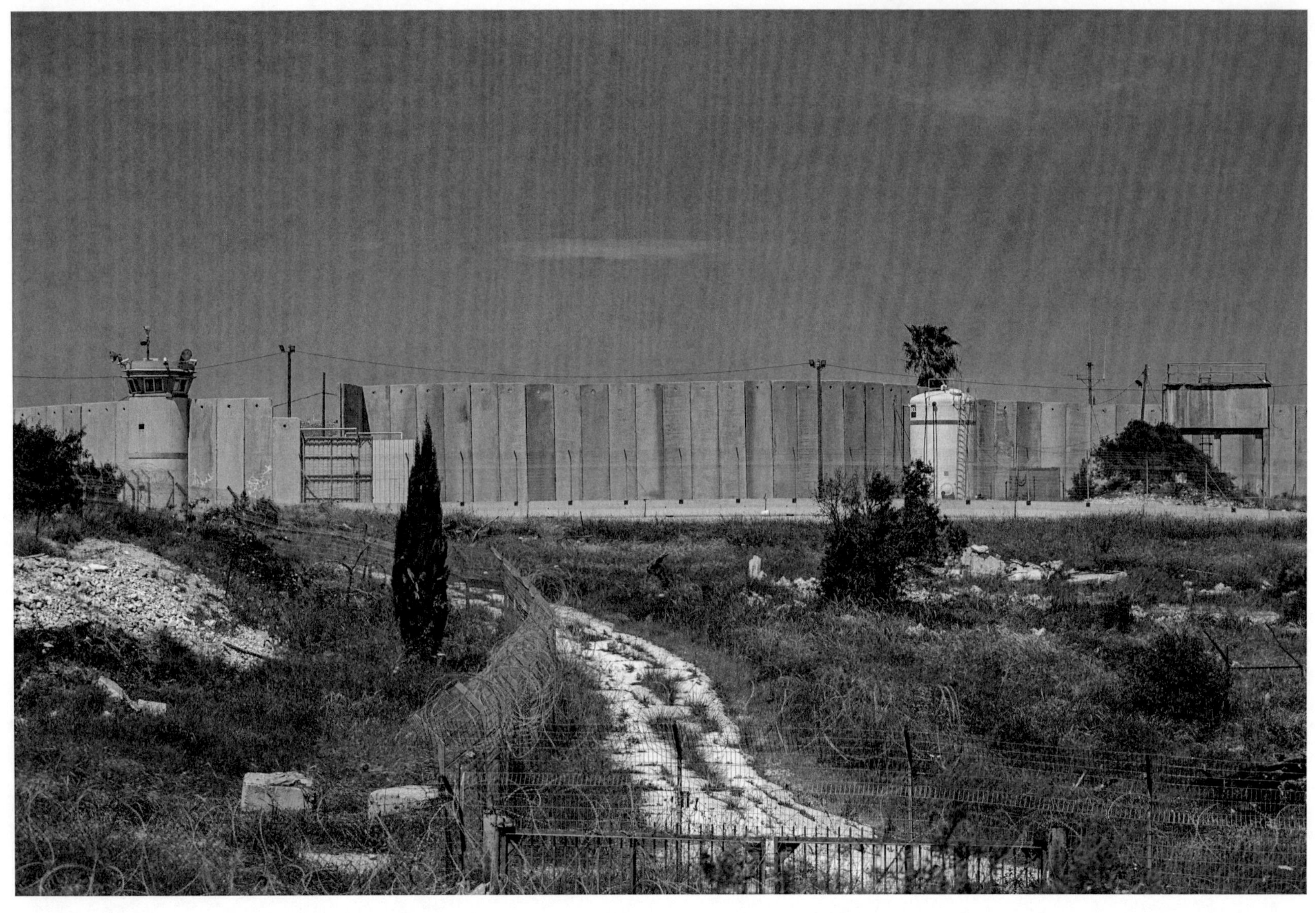

On the road to Bethlehem from Al-Bireh, 2018

على الطريق إلى بيت لحم من البيرة، 2018

الحقوق الفلسطينيّة بصفتها حقوقَ إنسان
ياسمين أبو لبن

الصور الّتي يضمّها كتاب «التحرّك في فلسطين» لرحاب نزّال تخلق شعورًا غامرًا؛ فقد التقطت الصور، بالأبيض والأسود، واحدة تلو الأخرى، نظامًا معقّدًا مصمّمًا للهيمنة على حياة وحركة الفلسطينيّين الّذين يعيشون تحت الاحتلال الإسرائيليّ. إنّه نظام قاسٍ ومهين وغير عادل، يفصل العائلات والأصدقاء والشعب عن بعضهم البعض. لا يعرقل هذا النظام الحركة ويُلحِق التشويه بالطبيعة فحسب، بل يحدّ أيضًا من فرص الحصول على التعليم والعمل والرعاية الصحّيّة والخصوصيّة والانتماء الحرّ والكرامة الإنسانيّة، كما أنّه نظام مراقبة بامتياز. بالفعل ثمّة سبب لظهور شركات إسرائيليّة بصفتها موردًا عالميًّا للمعدّات العسكريّة والتقنيّات الأمنيّة والخدمات والتدريب؛ لأنّ منتجاتها تُخْتَبَر، وتُنشَر وتُعْرَض بتألّق عبر احتلال إسرائيل للفلسطينيّين (غوردون 2011).

المتاريس والأسلاك الشائكة وأبراج وبالونات المراقبة هذه الصور صارخة وقبيحة، وفي حين لا تظهر مثل هذه الصور أبدًا في إعلانات السياحة الإسرائيليّة، إلّا أنّها شواهد مؤلمة على الحياة اليوميّة للفلسطينيّين الخاضعين للاحتلال. إنّ الجدار الشاهق الّذي يقطّع الأرض هو هندسة معماريّة وحشيّة. في عام 2004، قضت هيئة الأمم المتّحدة القضائيّة المعروفة باسم «محكمة العدل الدوليّة» بأنّ الجدار ينتهك القانون الدوليّ بسبب ضمّه المزيد والمزيد من أراضي الفلسطينيّين. يظهر الجدار الضخم الّذي يفصل الفلسطينيّين عن بعضهم البعض في بعض صور نزّال، ولهذا يطلق عليه أولئك الّذين يعيشونه «جدار الفصل العنصريّ».

لقد ساعد شعار «أرض بلا شعب لشعب بلا أرض» في أواخر القرن التاسع عشر على خلق أسطورة مشروع مرتبط بالصهيونيّة السياسيّة أو الصهيونيّة الحديثة، والّذي سعى لإنشاء دولة ليهود العالم حصرًا في فلسطين التاريخيّة (أبو لبن وبكان 2019، 61-63). نشأ هذا المشروع ردًّا على العنصريّة والتمييز والعنف الموجّه ضدّ اليهود في البلدان الأوروبيّة، لكن بالنسبة لفلسطين كان مشروعًا استعماريًّا استيطانيًّا؛ لأنّ الأرض كانت مأهولة بأناس آخرين. وبالفعل، القضية ومنذ عام 1948 هي صراع العرب الفلسطينيّين— مسيحيّين ومسلمين على حدٍّ سواء - بوجه دولة حصريّة تسعى بلا هوادة لطردهم من الأرض.

يستخدم الفلسطينيّون كلمة النكبة للدلالة على العنف الّذي هجر قَسْريًّا ما لا يقلّ عن 720,000 عربيّ فلسطينيّ من ديارهم وأراضيهم وممتلكاتهم عام 1948 وانشاء دولة اسرائيل (الخالدي 2020، 58). لقد أدت تلك الاحداث في فلسطين إلى نشوء أقدم وأكبر مجموعات لاجئين في العالم. بلغ عدد اللاجئين الفلسطينيّين المسجّلين لدى «وكالة الأمم المتّحدة لإغاثة وتشغيل اللاجئين الفلسطينيّين» (الأونروا)، 5.6 مليون نسمة نهاية عام 2019 («المفوّضيّة السامية للأمم المتّحدة لشؤون اللاجئين» 2020، 2). تعمل «الأونروا» في الأردن ولبنان وسوريا وقطاع غزّة والضفّة الغربيّة (بما في ذلك القدس الشرقيّة) لتوفير الغذاء والخدمات المتعلّقة بالصحّة والتعليم.

ومع ذلك فإنّ النكبة مستمرّة على عدّة أصعدة، ففي عام 2021، لفت حيّ الشيخ جرّاح في القدس الشرقيّة انتباه العالم، حيث تم تهديد عدد من العائلات الفلسطينيّة بالإخلاء القسري من منازلها من قبل جماعات المستوطنين اليهود الإسرائيليّين. ومن المفيد ذكره هنا أنّه في الخمسينيّات، عندما كانت الضفّة الغربيّة تحت الحكم الأردنّي، دعمت «الأونروا» مشروعًا أردنيًّا لبناء منازل في الشيخ جرّاح للّاجئين الفلسطينيّين النازحين عام 1948. منذ احتلال إسرائيل للضفّة الغربيّة عام 1967، وسكّان الشيخ جرّاح الفلسطينيّون يواجهون باستمرار احتمال الاقتلاع من جديد (أبو سنينة 2020).

يكشف العنف وآثاره المتعاقبة في حيّ الشيخ جرّاح عن أمرين بوضوح شديد؛ أوّلهما قوّة الجيش الإسرائيليّ كما يتبيّن من أعداد القتل وتدمير المباني والبنية التحتيّة في غزّة عام 2021. إسرائيل قوّة عسكريّة عظمى في المنطقة، ولديها واحد من أقوى الجيوش في العالم. أمّا الأمر الثاني فهو أنّه بغضّ النظر عن تبعثر السكّان الفلسطينيّين الّذين يعيشون في إسرائيل وفي قطاع غزّة والضفّة الغربيّة وفي الشتات، فإنّ ثمّة مقاومة لما يواجهونه ويعانونه من تجريدهم المستمرّ من ممتلكاتهم، ومحاولات إفنائهم من قبل الدولة الإسرائيليّة. يشير الفلسطينيّون إلى هذه المقاومة الجماعيّة بالصمود، ويشهدها كثيرٌ من أوساط السكّان الأصلانيّين وغيرهم من الجماعات الّتي تقاوم القمع في جميع أنحاء العالم، وينبغي أن تُفْهَم حقًّا بصفتها جزءًا من الحالة الإنسانيّة والسعي إلى الحرّيّة والكرامة.

يعير الكثيرون في الغرب اهتمامًا عارضاً لفلسطين/إسرائيل؛ فبعد وقف إطلاق النار بين إسرائيل وحماس في ربيع عام 2021 احتلّت مواضيع أخرى عناوين الأخبار. ومع ذلك، كما هو واضح في صور كتاب «التحرّك في فلسطين»، الّتي التُقِطَتْ على مدى عشر سنوات، فإنّ القوّة العسكريّة في حال استعراض دائم في ظلّ ظروف الاحتلال. لا نرى في أيّ مكان وجوهًا لغير العسكريّين، ومن اللافت للنظر أنّهم شباب، وذلك نتيجة واضحة للتجنيد العسكريّ الإلزاميّ في إسرائيل.

اللافت للنظر بنفس الدرجة هي سلطة الجنود؛ فالغاية من وجودهم ليس توجيه تدفّق المركبات الفلسطينيّة (الّتي تحمل لوحة ترخيص مشفّرة تختلف عن المركبات الإسرائيليّة)، بل تقييد حرّيّة حركتها. لو كان الأمر توجيه الحركة، لما رأينا جنودًا يستريحون بينما يتحدّثون مع بعضهم البعض كما في الصورة الّتي تحمل عنوان «مدخل قرية جبارة صفحة 23، منطقة طولكرم» (2010). الجنود هناك فقط للسيطرة والهيمنة، وهم يفعلون ذلك في الحياة اليوميّة للفلسطينيّين الّذين يعيشون تحت الاحتلال من خلال حرمانهم من حرّيّة التنقّل الأساسيّة؛ ما يجعل الناس بانتظارٍ دائم للتحرّك ولو قليلًا.

في النهاية، فإنّ الاحتلال (والبناء المستمرّ للمستوطنات)، ليس سوى هيمنة مجموعة من الناس على مجموعة أخرى؛ ولهذا السبب فإنّ بعض أسوأ الخطابات الاستيطانيّة تكمن في تنميط العرب الفلسطينيّين انهم أدنى ثقافيًّا، ومتخلفون، وغير منتجين، غير قادرين على جعل الصحراء تزهر ولا

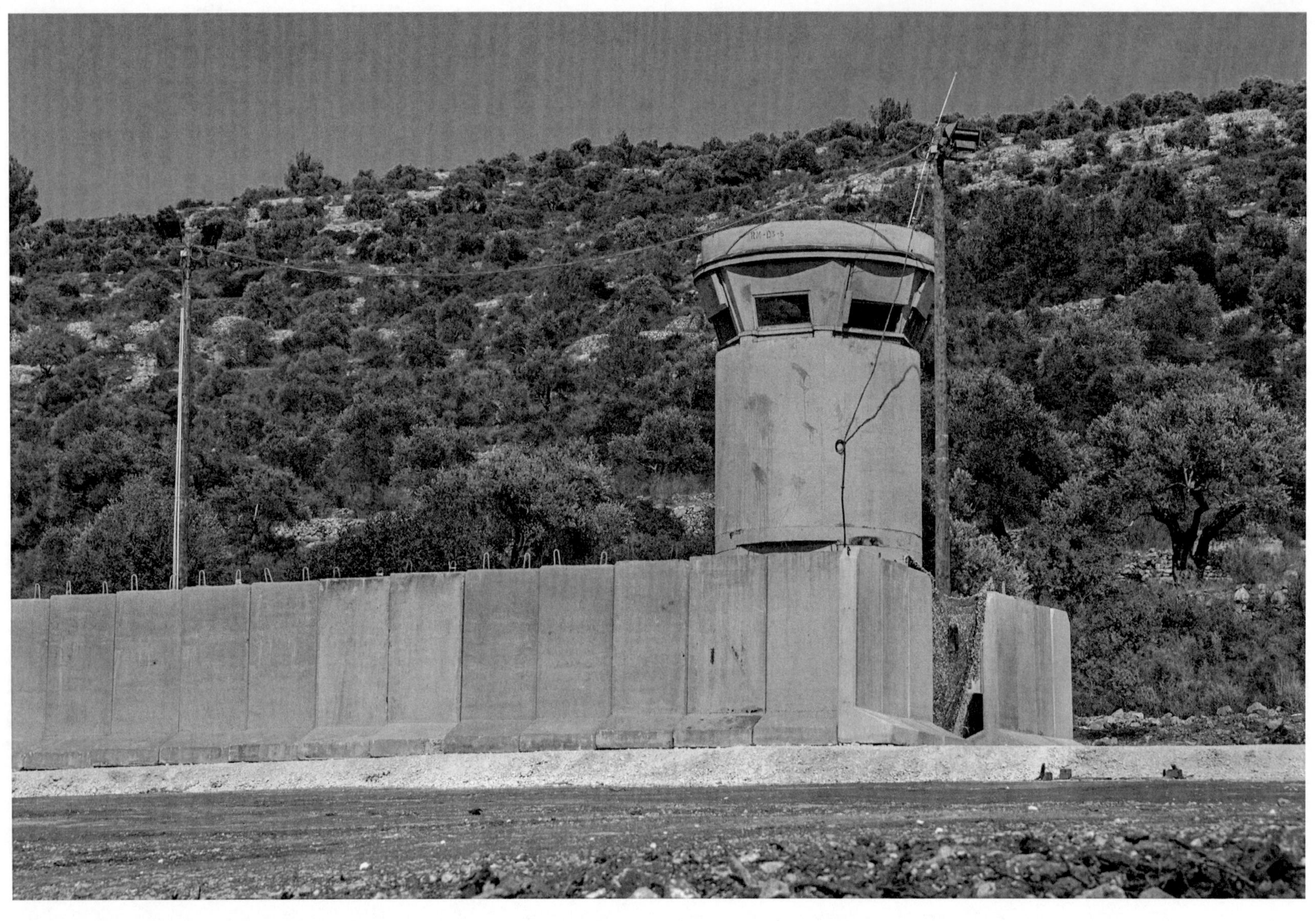

Surveilling olive groves, on the road to Nablus from
Bethlehem, 2013

مراقبة حقول الزيتون، على الطريق بين نابلس وبيت لحم، 2013

يستحقّون حقوق الإنسان.

وعلى الرغم من أنّنا لا نرى أيّ وجوه فلسطينيّة في الصور، إلّا أنّ وجودهم محسوس، ويتجلّى هذا بشكل خاص في الصورة الجداريّة لجورج فلويد الابن صفحة 26 على جدار الفصل العنصريّ في بيت لحم (2020)، الّتي ترافقها كلمات تعلن ببساطة: "سنكون أحرارًا". في اللحظات الحاليّة الّتي نولي فيها اهتمامًا كبيرًا للوحشيّة العنصريّة لشرطة الدولة وأفراد الأمن، يصبح مفهومًا لماذا كان صدى قتل فلويد على يد شرطة مينابولس كبيرًا في فلسطين. يعود الفضل في فهم وإعلاء وتقدم المسعى الفلسطيني للحرية الى العديد من الناس في فلسطين/إسرائيل وخارج المنطقة، وكذلك للكثير من التقاطعات في المواطنة والدين والعرق، إنّ اعتبار حقوق الفلسطينيّين على أنّها حقوق إنسان يبعث الأمل في تحقيق تعايش سلميّ عادل ودائم لجميع الّذين يعيشون في فلسطين/ إسرائيل.

المراجع

- أبو لبن، ياسمين وآبي غيل ب. باكان. 2020. «إسرائيل وفلسطين وسياسة العرق: استكشاف القوّة والهويّة في سياق عالميّ». لندن: IB Tauris/Bloomsbury.

- أبو سنينة، مصطفى. 2020. "توضيح موضوع الشيخ جرّاح: ماضي وحاضر حيّ القدس الشرقيّة". «عين الشرق الأوسط»، 6 أيّار. middleeasteye.net/news/israel-palestine-sheikh-jarrah-jerusalem-neighbour-hood-eviction-explained

- جوردن، نيف. 2011. "ظهور إسرائيل كعاصمة للأمن الداخليّ". «عن المراقبة والسيطرة في إسرائيل/ فلسطين: السكّان، الأرض والسلطة». تحرير إيليّا زريق، ديفيد ليون، ياسمين أبو لبن، 153-170. لندن ونيويورك: Routledge.

- محكمة العدل الدوليّة. 2004. "بيان صحفيّ: الآثار القانونيّة لبناء جدار في الأرض الفلسطينيّة المحتلّة"، 9 تمّوز. icj-cij.org/public/files/case-related/131/131-20040709-PRE-01-00-EN.pdf

- الخالدي، رشيد. 2020. «حرب المائة عام على فلسطين: تاريخ من الاستعمار الاستيطاني والمقاومة، 1917-2017». نيويورك: Picador.

- مفوّضيّة الأمم المتّحدة لشؤون اللاجئين. 2020. «توجّهات عالميّة: التهجير القسريّ في عام 2019». كوبنهاغن: دائرة البيانات العالميّة التابعة للمفوّضيّة.

Moving Through *Driving in Palestine*
Christina Battle

In the fall of 2019, Rehab Nazzal invited me to attend the Art and
Resistance Conference she was organizing in Bethlehem, Palestine,
for the summer of 2020. I had heard of the conference before and
knew the experience would be life-changing.
I instantly replied: "Yes!"

In anticipation of the visit, I emailed Rehab to ask if she had
advice on how I should travel to Bethlehem. She replied: "You have
two choices to get to Bethlehem. Either through Tel Aviv: direct
flight, then take a shuttle bus to Jerusalem, and from there a bus or
taxi to Bethlehem.

OR through Jordan: take a flight to Amman, and then head to
the border crossing with the West Bank. This second choice is more
expensive and longer, but easier in terms of interrogation and scru-
tinization."

I considered her response: "You have two choices".

This isn't a universal "You" I contemplated.

I have two choices; I know others do not.

What should I expect in terms of "Interrogation and scrutinization"?
What degree of interrogation should I set myself up for? My guard
went up instantly. The degree of interrogation would be different for
different "Yous". Which "You" was I? Privileged—no doubt—because
of my Western passport. I'd use my Canadian one, I thought intui-
tively—safer that way. My American passport has always given me
pause—a sense of power that has never been very useful outside of
the US, "certainly not in the Middle East," I thought.

I weighed the positioning of my brown skin, as I do before any
travel. "It might help me to better blend in," I thought—and I con-

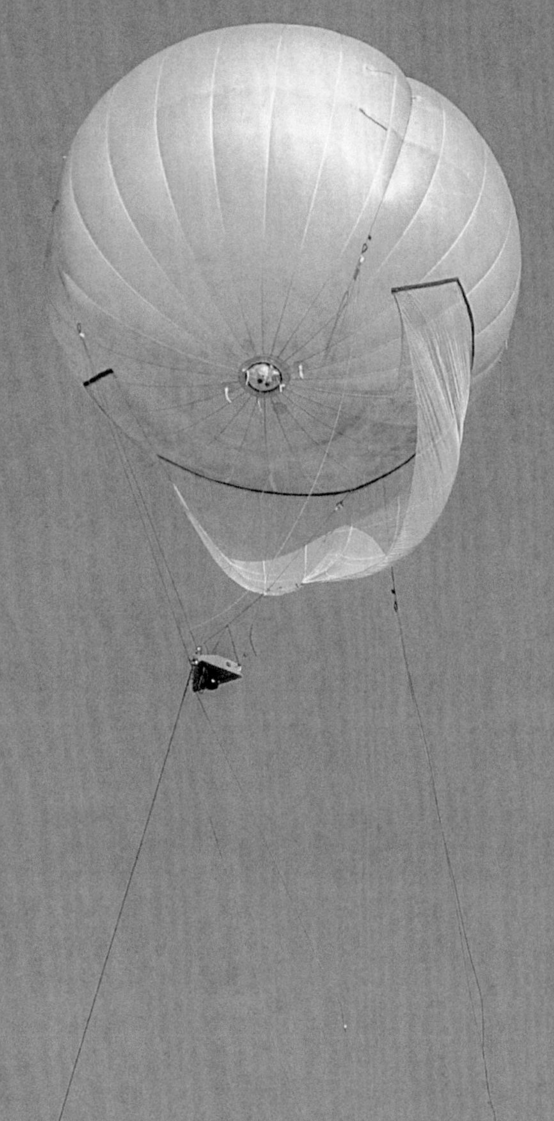

Surveillance balloon on the aerial space
of Jerusalem/Bethlehem, 2019

منطاد تجسُّس في سماء القدس/بيت لحم، 2019

sidered how rare it is that I have that thought. I considered: In which place would brownness help me blend in more easily, Tel Aviv or Jordan? But then I also rationalized that my kinky 3C hair would likely give me away as a "different kind of brown" regardless. In the end, my passport will make things easier.

This negotiation is a part of the experience that the conference would hold at its centre: inviting outsiders in to see and experience life in Palestine firsthand; to create the space for one to consider their own position, to think through their relation to their "You".

"Plan to stay longer than a few days," Rehab told me in another email, "you will not regret it." I knew she was right.

By the spring of 2020, when COVID-19 had swept across the globe, I knew the conference would be cancelled. There was no question, no confirmation needed. How does one think about the transmission of a virus across an open-air prison?

Later, in the winter of 2020, Rehab and I connected over Zoom to catch up. She mentioned that she has been working on a book of black-and-white photographs shot out the windows of moving cars while travelling across Palestine. Through a shared screen, she walks me through the photos, a sort of mediated tour in place of the one I would have had, if the coronavirus hadn't altered the timeline.

As Rehab guides me through one page at a time, we sit together with the images, and I'm grateful for having seen them first this way: with presence, with relation. As she leads me through the photographs, I can't help but think how claustrophobic the experience of them feels. I work to locate myself within a number of frames: the platform of Zoom, the PDF on the shared screen, and those of the photographs themselves.

What to make of getting to know a place through such a mediated lens? I settle into the process of viewing and become enveloped in the images themselves. It feels as though I am caught in a loop. The fractures and angles so strongly present in the frames of the photographs create an experience where I am never quite able to see beyond a certain perspective, never able to see a forthcoming bend in the road. It becomes clear to me that this claustrophobic feeling, this sense of being caught in a labyrinth, so strongly felt within the images, is indicative of the land the photographs were taken in. Within each claustrophobic frame is the experience of seeing the view of Palestine from within Palestine.

When Rehab later sends me a digital copy of the book so I can spend more time with the photographs, I ask myself what it means to look at such images from afar and how I should approach reading them. Now, scrolling through the PDF pages, I'm acutely aware of my attempt to rationalize what it is that I'm seeing, to try to make sense of the objects and the structures within them in a way that is inherently distanced.

We see images of cruelty all the time. I've seen photos and watched videos of people's deaths, often at the hands of police, the military, or citizens operating on behalf of governments and states (both directly and indirectly). I'm sure you've seen them too.

How to make sense of the cruelty of images when one remains at such a distance?

When speaking about using "I" while writing in response to cruel images, Oraib Toukan (2019) reminds us to centre those at the core of the image's experience:

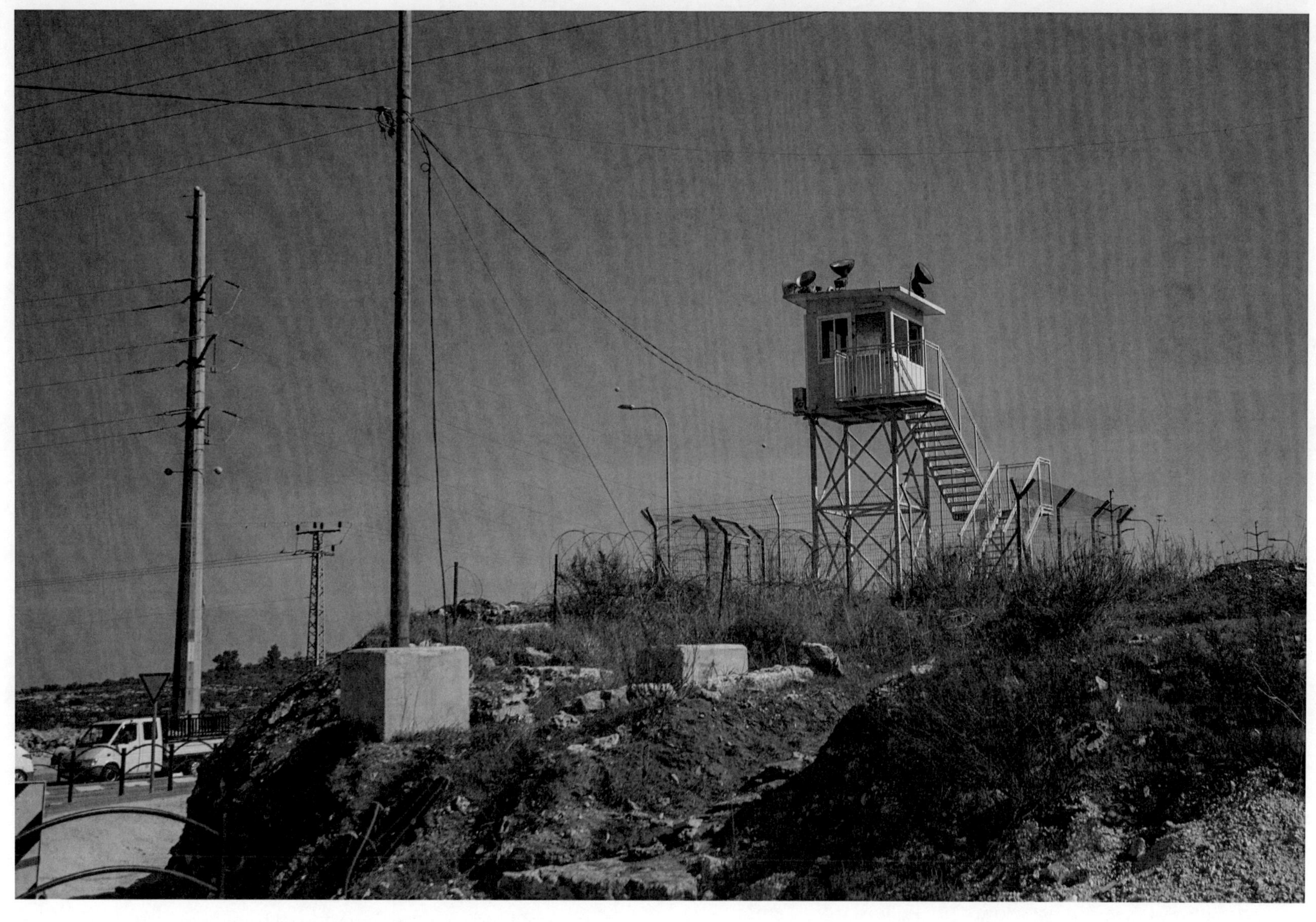

Approaching Zaatara checkpoint, on the road from Ramallah
to Nablus, 2018

الاقتراب من حاجز زعترة في الطريق من رام الله إلى نابلس، 2018

*Because giving voice to one's feeling of anguish, pain, sorrow,
grief, wretchedness, despair, toward images on one's screen
is futile to the subject who is experiencing it. [...] But although
mediated/gathered/conveyed via screens, the experience of
watching is an experience, and of watching. Watching slowly,
watching immediately, watching dizzyingly near, watching
hastily, watching belatedly, far. But importantly, watching war.*

To be clear, the images flowing across *Driving in Palestine*
don't present cruelty in the same sense as those that witness
a moment of death; they don't document that particular gory
reality, shaped by brutality. Their focus is on the infrastructure
that makes cruelty possible, inevitable, visible. These images
contain within them the traces of events left unseen by those
at a distance.

By focusing on infrastructure, Nazzal forces us to look
closer and to engage with the architecture of occupation. This
architecture, of course, cannot be separated from cruelty; it is
what facilitates it. But the photographs overcome the problem
of scrolling through from afar by allowing us to sit with and to
move through. They help us to better see.

I think about Tina Campt's (2017) insight of listening to
images rather than looking at them, and about the experi-
ence of going through the images together with Rehab, with
her stories, along with her voice. "[T]he choice to 'listen to'
rather than simply 'look at' images is a conscious decision to
challenge the equation of vision with knowledge by engaging
photography through a sensory register that is critical to Black
Atlantic cultural formations: sound" (6). Pulling from Campt's
prompt to "embrace a different understanding of 'sound'" (7),
I remember now how sound, in this case, isn't bound up with
what Rehab said specifically, but more with the experience of
having sat together with the images. Sound moved beyond the

voice and into relation. Through her guidance, it felt as if I was
moving through the land alongside her.

On page 35 in *Driving in Palestine*, a lone surveillance
balloon sits against the backdrop of an open, cloudless sky. I
hover on the image description: "Surveillance balloon in the
aerial space of Jerusalem and Bethlehem." Aerial space—it is
the only space across the series with an unobstructed view; the
only space not encumbered by infrastructure on the ground.

We know a lot now about aerial views and the ways in
which they have resituated our perspective on and under-
standings of the ground. But rather than present a situating
aerial view of the land, this image reveals the disjointed power
structures upon an occupied ground. The aerial view captured
by this balloon isn't available to us. In its place is a reminder of
the difference in freedom when one has the power—the priv-
ilege—to remove oneself from being on the ground. Tethered
to the earth, but floating freely above it, the balloon is a con-
stant reminder of what has been disconnected from the land
itself.

The tightly framed photographs are always slightly askew.
When the view does open up, when taken out the front wind-
shield of a taxi, for example, you realize that the landscape
itself carries the same claustrophobic disorientation that the
images evoke.

Powerlines criss-cross in multiple directions, and I can't
help trying to make sense of the infrastructure's logic: what
are those lines powering? There is a sense that they have been
rapidly cobbled together and added to over time; a sure sign
of occupation. Common across the images are satellite dishes,
cameras (so many cameras), and watchtowers surrounded by
barbed wire or walls: they too look quickly put together.

In the stark greys of the images, soldiers appear, as if statues. They are always on a higher plane of view; higher to the road below, sure, but also to the trees and background landscape. They appear above it all, separated from it. They too are a part of the aerial view.

As the photographs of *Driving in Palestine* unfold, that surveillance balloon appears again. Between the narrow slit of a window, it hovers in the distance against an open sky. It is always present I realize, a reminder that freedom on the ground is always just out of reach.

The entire journey through these photos is separated by walls within walls, like a never-ending labyrinth. Here, there are no straight routes from one place to another. One image notes: "The Apartheid Wall surrounding Jerusalem, from a distance," on page 44 and it is one of the few images to provide a sense of expanse. This can't be the wall that appears elsewhere, then. This one is on a higher plane separated from the road where the photographer is viewing it. This labyrinth has layers of depth. Only that surveillance balloon can access its full view.

Just when one begins to realize the real-life horror perpetuated by this infrastructure, when one begins to centre one's own reaction to the experience of looking at these images across the book, a blank white page breaks up the flow like a hard reset. Nazzal reminds us that it isn't about us looking, we need to listen to what the images are telling us.

Works Cited

- Campt, Tina. 2017. Listening to Images. Durham, NC: Duke University Press.

- Toukan, Oraib. 2019. "Cruel Images." e-flux 96, accessed January 2019. e-flux.com/journal/96/245037/cruel-images.

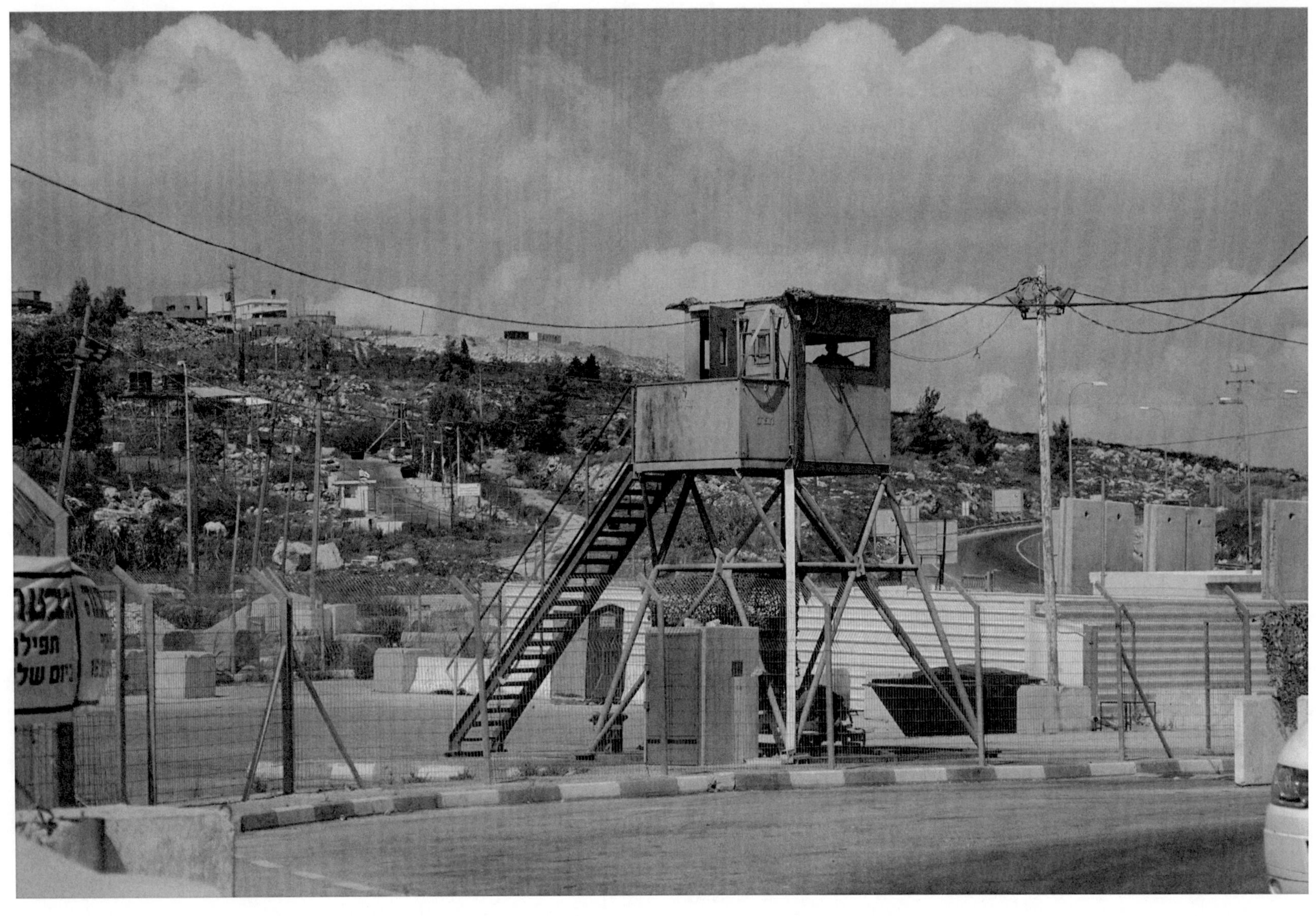

Driving through Zaatara military checkpoint, 2013

المرور عبر حاجز زعترة العسكري، 2013

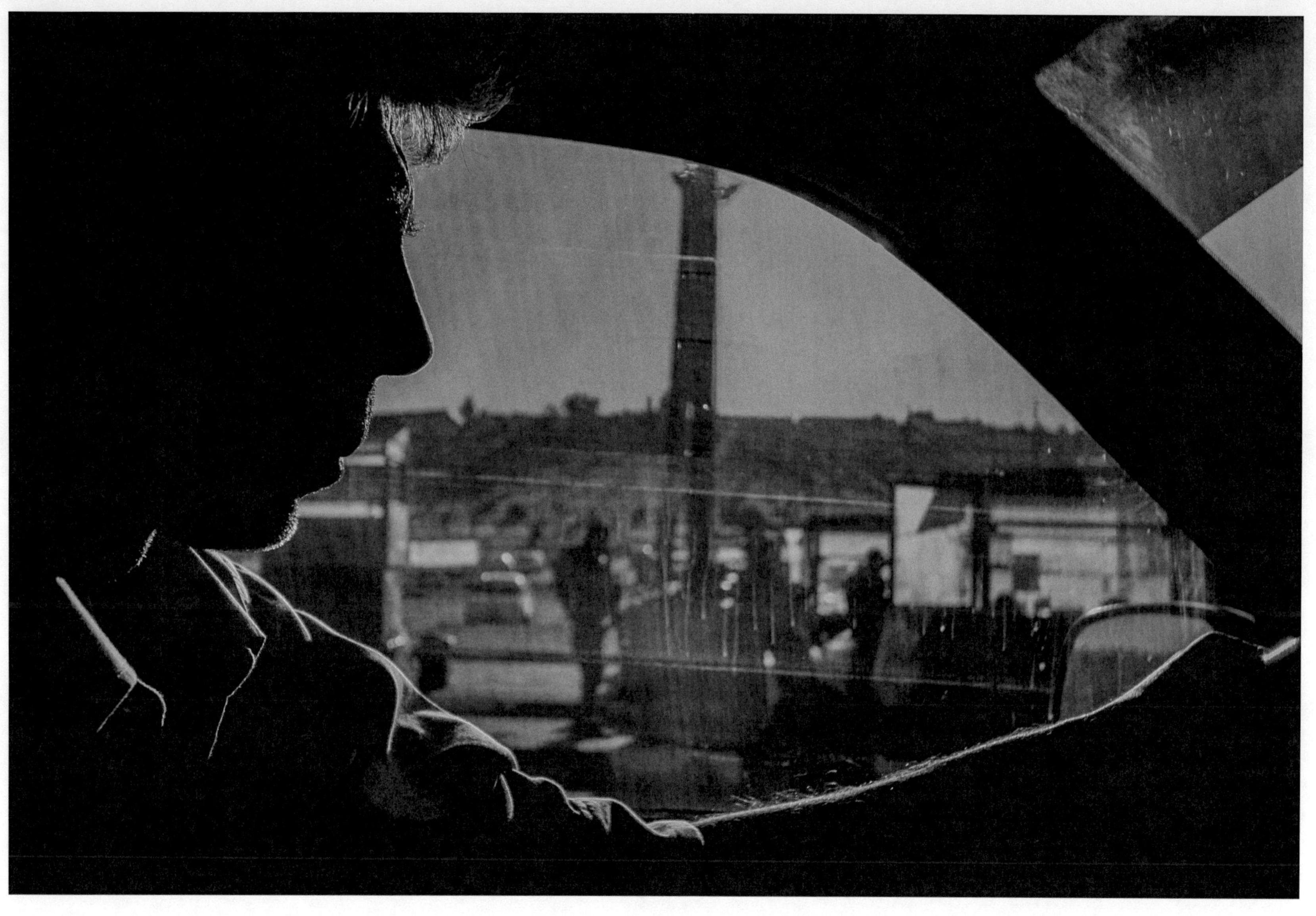

Driving through Israeli occupation soldiers on the road between Ramallah and Nablus, 2010

المرور ما بين جنود الاحتلال على الطريق بين رام الله ونابلس، 2010

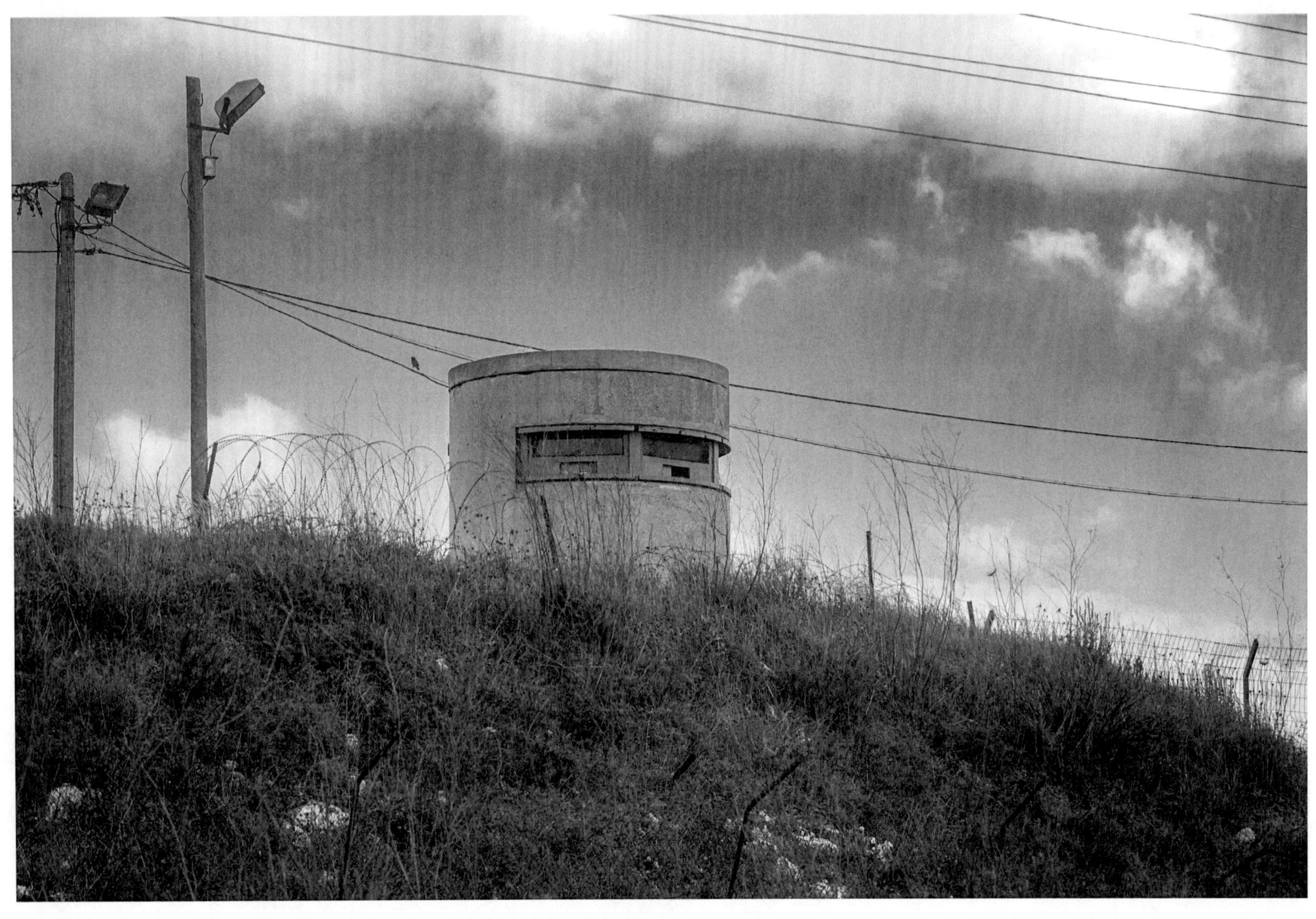

Leaving Bethlehem to Nablus, 2020

مغادرة بيت لحم إلى نابلس، 2020

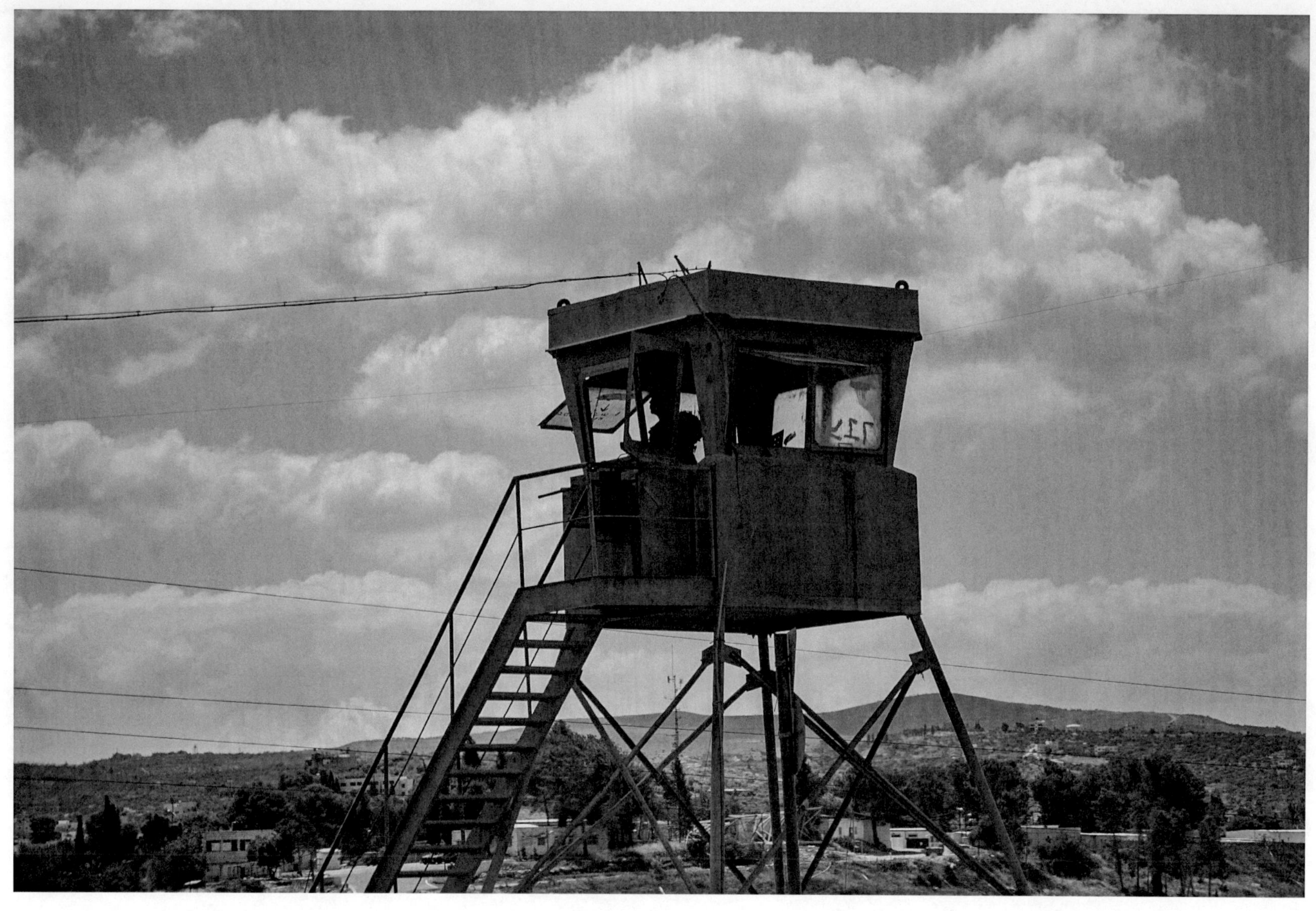

Southern entrance to the city of Nablus, 2010

مدخل مدينة نابلس الجنوبي، 2010

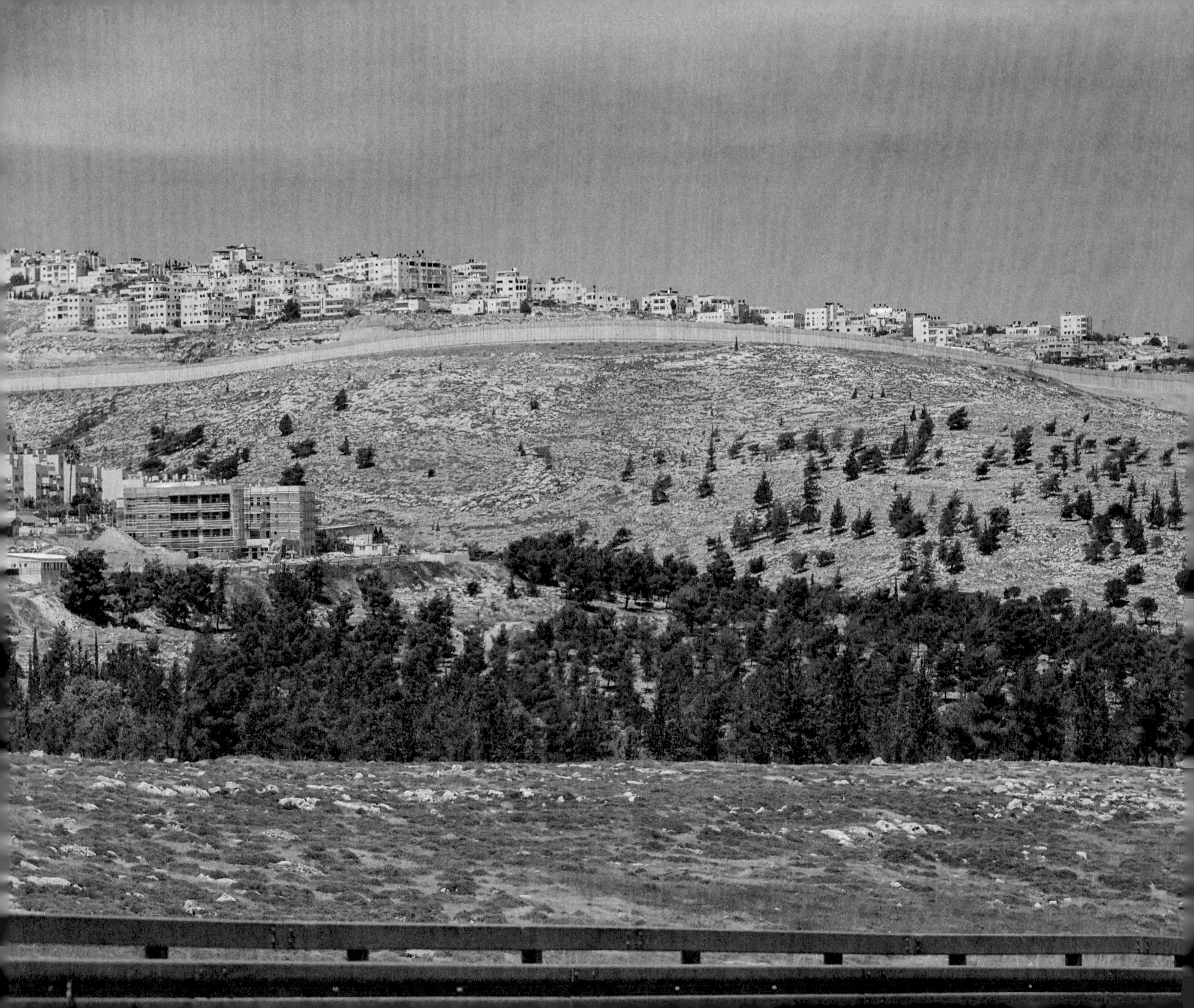

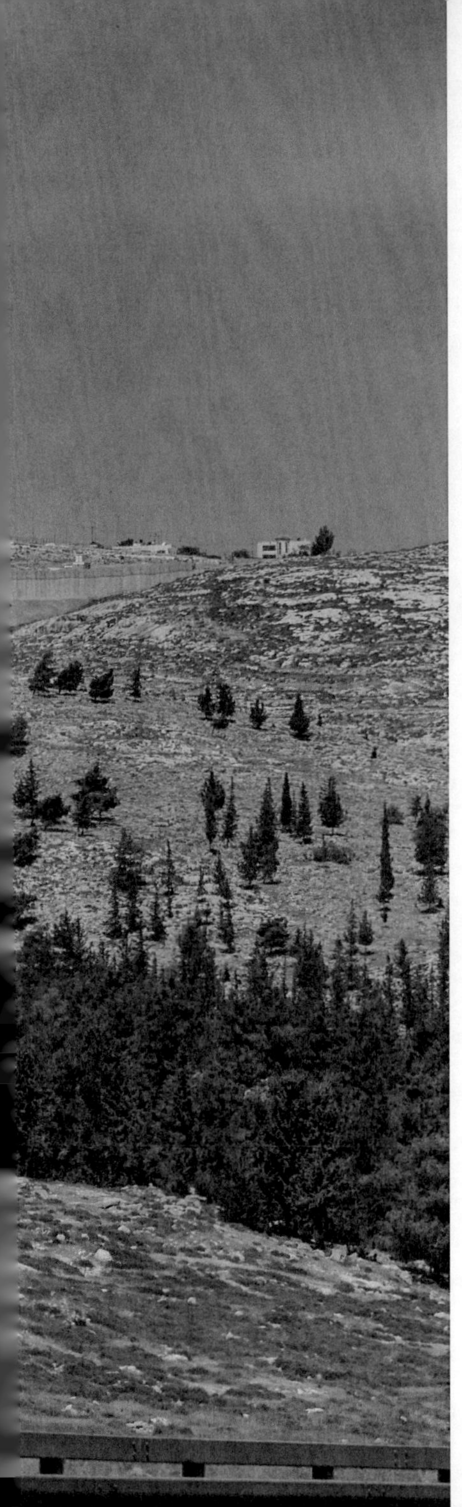

جدار الفصل العنصري مُحاصراً القدس،
كما يبدو عن بعد، 2018

جولة في كتاب «التحرّك في فلسطين»
كريستينا باتل

في خريف عام 2019، وجّهت لي رحاب نزّال دعوة لحضور «مؤتمر الفنّ والمقاومة» الّذي كانت تنسّق انعقاده في بيت لحم، فلسطين، في صيف عام 2020. سمعت عن المؤتمر من قبل، وكنت أعلم بأنّ التجربة ستكون مغيّرة للحياة. أجبت على الفور: "نعم!"

وتحسّبًا للزّيارة، أرسلت رسالة بالبريد الإلكترونيّ إلى رحاب لأسألها إن كانت لديها نصيحة حول كيفيّة سفري إلى بيت لحم: "لديك خياران للوصول إلى بيت لحم، إمّا عبر تل أبيب: رحلة جوّيّة مباشرة، ثمّ ركوب حافلة إلى القدس، ومن هناك حافلة أو سيّارة أجرة إلى بيت لحم. أو عبر الأردنّ: خذي طائرة إلى عمّان، ومن هناك توجّهي إلى المعبر الحدوديّ مع الضفّة الغربيّة. وهذا الخيار الثاني أكثر تكلفة وأطول، لكنّه أسهل من حيث الاستجواب والتحقيق".

دقّقتُ في ردّها: "لديك خياران"؛ فكّرت بأنّ الـ «أنت» في ردّها ليست شاملة.

لديّ خياران، لكنّي أعرف أنّ ليس لِغيري ذلك.

ثمّ ماذا عليّ أن أتوقّع في الـ "استجواب وتدقيق"؟ ما هي درجة الاستجواب الّتي سأهيّئ لها نفسي؟ انفعلتُ على الفور. درجة الاستجواب ستكون مختلفة بالنسبة لمن «أنت». أيّ «أنت» أكون أنا؟ ذات امتياز بلا شكّ بسبب جواز السفر الغربيّ الذي أحمله. سوف أستخدم جواز سفري الكنديّ، فكّرت بحدس، فهو أكثر أمانًا. جواز سفري الأميركيّ دائمًا كان يستوقفني، فهو يحمل شعورًا بالقوّة لم يكن مفيدًا أبدًا خارج الولايات المتّحدة، "بالتأكيد ليس في الشّرق الأوسط "، فكّرت.

فكّرت ببشرتي البنّيّة، كما أفعل قبل أيّ سفر. "ربّما تساعدني بشرتي على الاندماج بشكل أفضل"، كم هو نادر هذا التفكير! فكّرت: "في أيّ مكان سيساعدني لون بشرتي البنّيّ الاندماج بسهولة، في تل أبيب أم الأردنّ؟" لكن بعد ذلك فكّرت بأنّ شعري المجعّد سيعطي انطباعًا بأنّي غريبة على جميع الأحوال. سأكون « نوعا مختلفا من البنّيّ». في النهاية، سيكون جواز سفري هو ما يسّهل الأمور.

هذه الحوارات هي جزء من التّجربة الّتي سيوفّرها المؤتمر: دعوة غرباء لمعايشة ومعرفة الحياة في فلسطين بشكل مباشر. للإمعان في موضعهم، ولخلق مساحة للمؤتمرين للتفكير في علاقتهم بـ الـ «أنت» الخاصّة بهم.

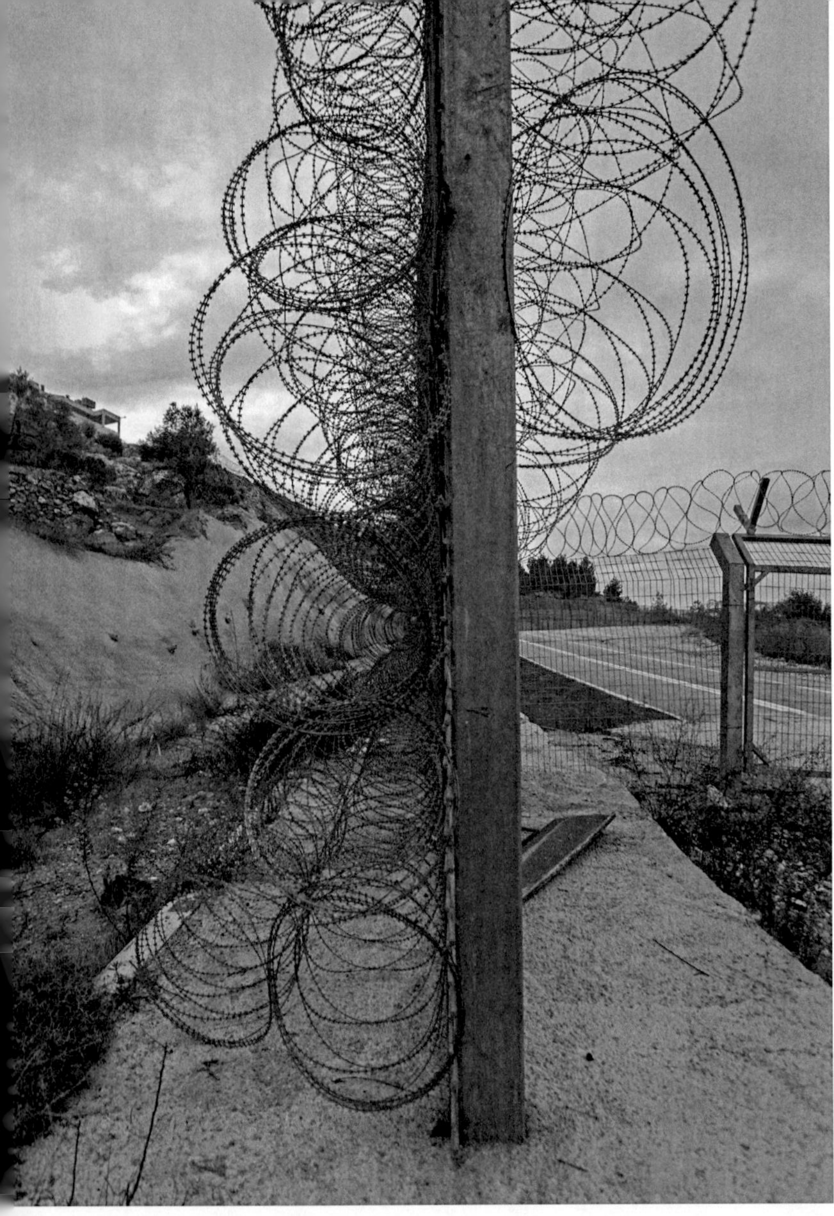

تقاطع خطوط الكهرباء في اتّجاهات متعدّدة، ولا يسعني إلّا أن أحاول فهم منطق البنية التّحتيّة: ماذا تشحن هذه الخطوط؟ ثمّة شعور بأنّها جُمِّعَت بسرعة مع بعضها، وتم إضافة بعضها إلى البعض الآخر مع مرور الوقت: علامة مؤكّدة على الاحتلال العسكريّ. تبدو صور أطباق الأقمار الصناعيّة والكاميرات (الكثير من الكاميرات)، وأبراج المراقبة المحاطة بالأسلاك الشائكة أو الجدران، عناصر مشتركة عبر صور الكتاب، هي أيضًا يبدو أنّها وُضِعَت بسرعة.

في لون الصّور الرّماديّ الصّارخ، يظهر الجنود كما لو أنّهم أصنام، متموضعين دائمًا أعلى من مستوى الرؤية، أعلى من الطريق تحتهم، وبالتأكيد أعلى من الأشجار والطبيعة؛ يظهرون فوق كلّ شيء، منفصلين عن كلّ شيء. هم أيضًا جزء من المنظر الجوّيّ.

عبر صفحات كتاب «التحرّك في فلسطين»، يظهر منطاد المراقبة مرّة أخرى بين الشقّ الضيّق لنافذة الحافلة، يحوم عن بعد في سماء مفتوحة. أدركت بأنّه موجود دائمًا للتذكير بأنّ الحرّيّة على الأرض بعيدة المنال دائمًا.

الرحلة عبر هذه الصور بأكملها مقطّعة الأوصال بجدران داخل الجدران، مثل متاهة لا تنتهي. هنا لا توجد طرق مستقيمة بين مكان وآخر. الصورة على صفحة 41 تحمل عنوان « جدار الفصل العنصري المحيط بالقدس، عن بعد»، وهي واحدة من الصور القليلة الّتي توفّر شعورًا بمدىً مفتوح. لا يمكن أن يكون هذا الجدار نفسه الّذي يظهر في مكان آخر؛ فهذا يقع على مستوىً أعلى، منفصل عن الطريق الذي تشاهده المصوّرة منه. إنّ هذه المتاهة تتكون من عدة طبقات، فقط بالون المراقبة يمكنه الوصول إلى نظرة كاملة لها.

عندما يبدأ المرء باستيعاب الرعب الحقيقيّ الّذي تخلقه هذه البنية التحتيّة، وعندما يبدأ في تركيز ردّ فعله على تجربة مشاهدة صور الكتاب، تظهر صفحة بيضاء فارغة تكسر التدفّق، ونبدأ من جديد. تذكّرنا نزّال بأنّ الأمر لا يتعلّق بالنظر إلى الصور فقط؛ فنحن بحاجة إلى الاستماع إلى ما تقوله لنا الصور

الأعمال المذكورة

- كامبت، تينا. 2017. الاستماع إلى الصور. درهام، نورث كارولاينا: مطبعة جامعة ديوك.
- طوقان، عريب. 2019. "صور قاسية". E-flux 96 (يناير 2019):
  eflux.com/journal/96/245037/cruel-images

Land-seizing fence in Cremisan Valley, Bethlehem district, 2019

جدار من الأسلاك الشائكة أقامته دولة الاحتلال لسرقة أراضي بيت جالا، 2019

"خطّطي لقضاء فترة أطول في فلسطين"، قالت لي رحاب في رسالة إلكترونيّة أخرى، "لن تندمي". كنت أعرف أنّها كانت على حقّ.

بحلول ربيع 2020، عندما اجتاح فيروس كوفيد 19 أنحاء العالم، كنت أعلم دون شكّ أنّ المؤتمر سيُلغى. لا حاجة للتّأكيد. كيف يمكن للمرء أن يفكّر في انتشار عدوى فيروس عبر سجن مفتوح؟

لاحقًا، في شتاء 2020، تواصلنا أنا ورحاب عبر "زووم"، وأخبرتني أنّها تعمل على كتاب صور فوتوغرافيّة بالأبيض والأسود، صوّرتْها من نوافذ سيّارات متحرّكة أثناء تنقّلها عبر فلسطين.

عبر شاشة مُشتركة، أطلعتني رحاب على الصور عبر جولة لمكان سأكون فيه لو لم يغيّر فيروس كورونا مسار الزّمن.

بينما تسير رحاب عبر صفحات الكتاب، صورة تلو الأخرى، ونحن نجلس جنبًا إلى جنب مع الصور، كنت مُمتنّة لرؤيتها بهذه الطريقة، بحضور وتبادليّة. لم يسعني وهي تقودني عبر الصور الفوتوغرافيّة إلّا أن أفكّر بكم هو خانق الشعور بهذه التجربة. أحاول تحديد مكاني ضمن عدد من الإطارات: عبر منصّة "زووم"، وعبر ملفّ الـ PDF على الشّاشة المشتركة، وعبر كادِر الصّور نفسها.

كيف نتعرّف على مكان ما عبر عدسة وسيطة كهذه؟ أستقرّ في عمليّة المشاهدة وأُصبح محاطة بالصور بعينها. أشعر كما لو أنّي عالقة في حلقة. وجود الانكسارات والزّوايا بقوّة في إطارات الصّور، خلق لدي شعورا بعدم القدرة على رؤية ما وراء منظور معيّن، أو رؤية منحنًى مُقبل في الطريق. أصبح واضحًا لي أنّ هذا الشعور الخانق، هذا الشعور بالوجود في المتاهة، الشعور الذي تحمله هذه الصّور بداخلها بقوّة، يدلّ على وضع الأرض الّتي التُقطَت فيها. ضمن كلّ إطار صورة خانق، هناك ثمّة تجربة رؤية لفلسطين من داخل فلسطين.

عندما أرسلت لي رحاب نسخة رقميّة من الكتاب لاحقًا، لكي أتمكّن من قضاء المزيد من الوقت مع الصور الفوتوغرافيّة، سألت نفسي، ما معنى أن نشاهد مثل هذه الصور من بعيد؟ وكيف ينبغي لي قراءتها الآن، وأنا أتصفّح الملفّ الإلكترونيّ، أدرك تمامًا محاولتي لقراءة منطقيّة لما أشاهد، ومحاولتي لفهم الأشياء والهياكل داخل الصور، وعن بعد.

نرى صور القسوة طوال الوقت. لقد رأيت صورًا وشاهدت مقاطع فيديو لمقتل الناس، غالبًا على أيدي الشرطة أو الجيش أو المواطنين الّذين يعملون بالنيابة عن الحكومات والولايات (بشكل مباشر وغير مباشر). أنا متأكّدة من أنّكم أيضًا رأيتم صورًا كهذه.

كيف يمكن فهم قسوة الصور عندما يكون المرء بعيدًا؟

عند الحديث عن استخدام الـ «أنا» أثناء الكتابة عن صور قاسية، تذكّرنا عريب طوقان (2019) بأهمّيّة مركزة أولئك الّذين هم في صميم التّجربة في الصورة:

مَنْح الاعتبار للشّعور بالكرب والألم والحزن والتّعاسة واليأس تجاه صور يشاهدها المرء على شاشة، غيرُ مُجْدٍ لِمَنْ يعانون حقًّا من ذلك الألم. [...] لكن على الرّغم من أنّ الصّور تُشاهد عبر وساطة/ تجميع/ من خلال الشاشات، فإنّ المشاهدة هنا هي تجربة، وتجربة مُشاهده. يشاهد المرء ببطء، بشكل فوريّ، على عجلة، في وقت متأخّر، بعيدًا. لكنّ الأهمّ، مشاهدة الحرب.

لكن واضحين، الصّور المتدقّقة عبر كتاب «التّحرّك في فلسطين»، لا تقدّم القسوة أو الوحشيّة بالمعنى نفسه الّتي تشهد لحظة موت، هي لا توثّق ذلك الواقع الدمويّ الّذي تشكّله القسوة، بل تركّز على البنية التّحتيّة الّتي تجعل القسوة مُمكنة وحتميّة ومربّية. تحتوي هذه الصّور على آثار لا زالت غير مربّية من قبل هؤلاء الموجودين على مسافة بعيدة.

من خلال التركيز على البنية التحتيّة، تُجبرنا نزّال على النّظر والتمعّن عن قرب في بنية الاحتلال. لا يمكن فصل هذه العمارة عن قسوة الاحتلال، فهي ما يجعل تلك الوحشيّة مُمكنة، لكنّ الصور تتغلّب على مشكلة المشاهدة عن بعد من خلال السّماح لنا بالجلوس مع الصّور والتحرّك عبرها، إنّها تساعدنا على الرؤية بشكل أفضل.

أفكّر في نظريّة تينا كامبت (2017) عن الإستماع الى الصّور بدلًا من النّظر إليها، وحول تجربة استعراض الصّور مع رحاب وسردها وصوتها. "إن القرار «بالإنصات» إلى الصّور بدلًا من مجرّد «النّظر إليها»، هو قرار يُتّخَذ عن وعي؛ لتحدّي مسألة الرّؤية المرافقة للمعرفة، عبر إشراك التصوير الفوتوغرافيّ في سجلّ الحسّيّة الّتي تُعْتَبَر حاسمة في التّشكيلات الثّقافيّة للأطلسيّ الأسود: الصّوت"(6). بالأخذ بمطالبة كامبت "لتبنّي فهمٍ مختلفًا 'للصّوت'"(7)، أتذكّر الآن كيف أنّ الصّوت في هذه الحالة، لم يكن مرتبطًا على وجه التحديد بما قالت رحاب، لكن أكثر بتجربة كوننا، وعن بعد، جلسنا جنبًا إلى جنب مع الصور؛ فقد انتقل الصّوت إلى ما وراء صوتها وإلى علاقة تبادليّة. عبر توجيهاتها، شعرت كما لو كنت أتحرّك معها وإلى جانبِها.

في الصورة صفحة 35 من كتاب « التحرّك في فلسطين»، ثمّة بالون مراقبة وحيد على خلفيّة سماء مفتوحة خالية من الغيوم. أتمعّن في وصف الصورة: "بالون مراقبة في الفضاء الجوّي للقدس وبيت لحم". الفضاء الجوّي هو الوحيد عبر سلسلة الصور الّذي يظهر من دون عائق بصريّ، الفضاء الوحيد الّذي لا تُثقل كاهلَه البنية التحتيّة على الأرض.

نحن نعرف الكثير الآن عن الرّؤى الجوّية، وكيف أعادت موضعة منظورنا إلى الأرض وفهمنا لها، لكن بدلًا من تقديم صورة جوّية موضعية للأرض، تكشف هذه الصّورة عن هياكل السّلطة المفكّكة على أرض محتلّة. الصّورة الجوّية الّتي التقطها هذا البالون غير متوقّرة لنا. في هذا الوضع تذكير للفارق بين الحرّية عندما تكون لدى المرء القدرة والامتياز على الوجود في مجال جوّيّ، وليس على الأرض. إنّ البالون مُتشبّث بالأرض، لكنّه يحوم بحرّيّة في السماء. في البالون تذكير دائم لما انفصل عن هذه الأرض.

الصّور مؤطّرة بإحكام، منحرفة قليلًا. عندما ينكشِفُ المشهد لنا بأريحيّة، كما في تلك الصُّورَ التي التقطت من الزجاج الأماميّ لسيّارة أجرة على سبيل المثال، نُدرك بأنّ المشهد ذاته يحمل ذات الارتباك الخانق الّذي تثيره الصّور.

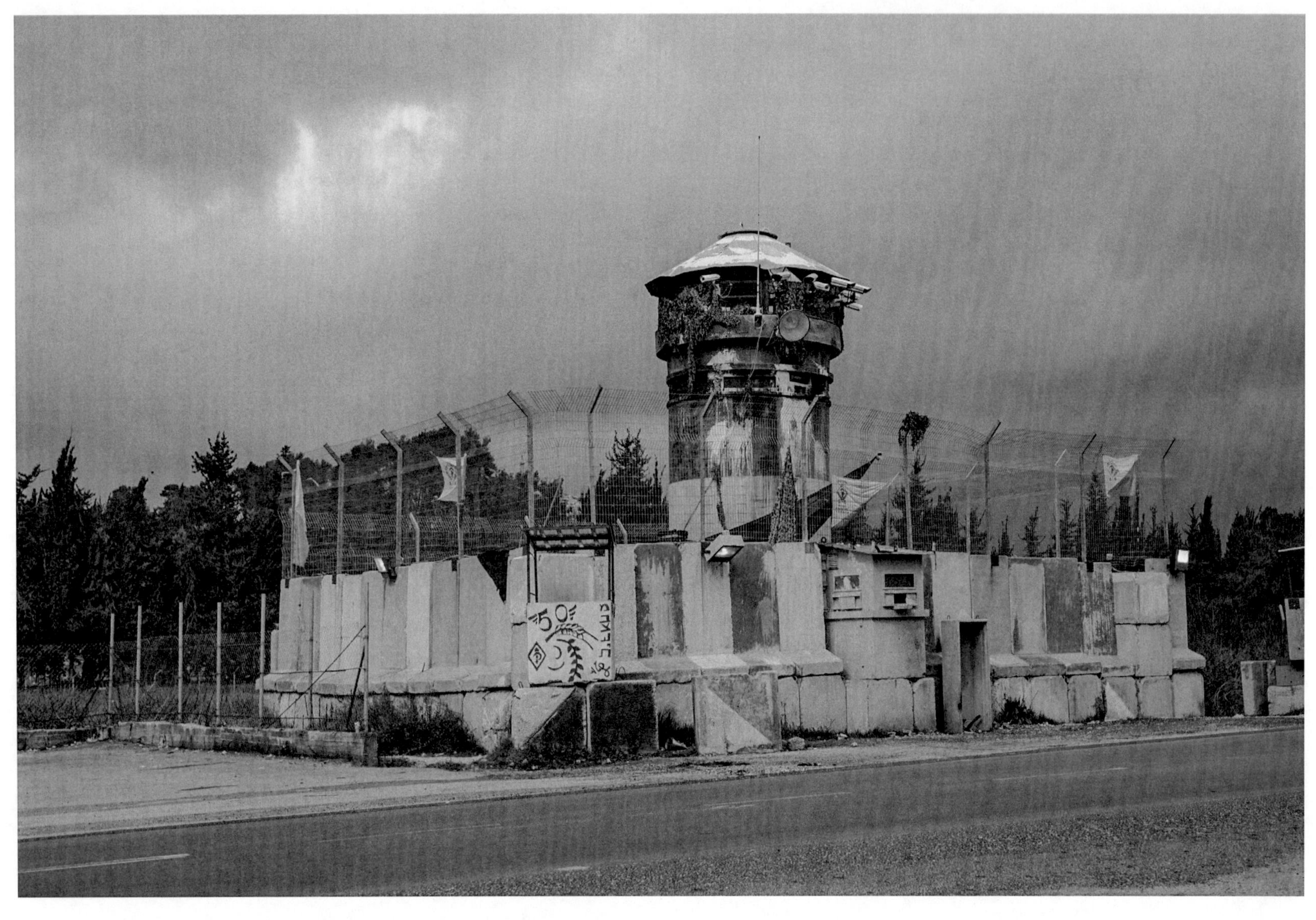

Across Al-Aroub refugee camp, Al-Khalil governorate, 2018

في الطريق إلى الخليل من بيت لحم، 2018

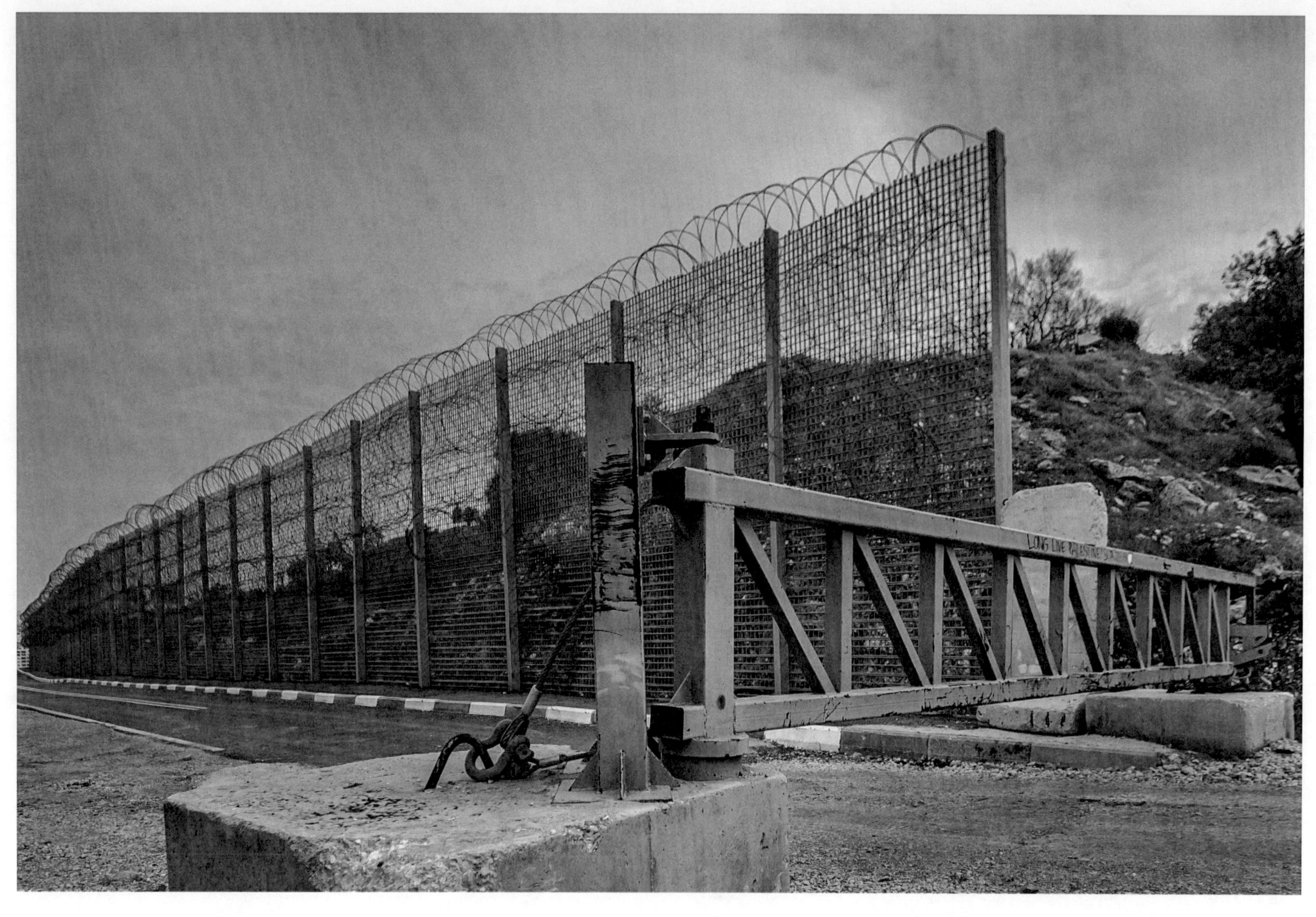

Israeli land theft fence on the land of Bethlehem, 2019

سياج بنته سلطات الاحتلال الإسرائيلي على أراضي بيت لحم بهدف سرقة الأرض، 2019

Al Ayn Alkabira (The Big Eye)
Ahlam Bsharat

Amulets hang over the steering wheels of Palestinian cars as their drivers move between fragments of their land, connected by faint lines on maps as if drawn on a notebook soaked in water.

There is a Quran in the photograph on page 53, prayer beads, and perhaps the initials of the driver's loved ones. Rehab Nazzal's camera captures the driver's protective gear as it sways in front of her whenever the car rattles along the road. In the same photograph, the weakly-cast shadow of a short bridge ascends at the mouth of the road leading from Ramallah to Nablus.

As I follow this "travel biography" between walls, I wonder: what if the road ran the other way around? What if the road did not start in Hebron and end in Bethlehem? What if it started in Bethlehem and ended in Khan Yunis? Or, what if it didn't start in Jericho and end in Jenin, but rather ran from Jenin to Nazareth? What if it continued to Haifa? What if the road was paved to Gaza? What if travellers continued driving through the Jordan Valley, arriving in the Jordanian capital, Amman, on the East Bank —the other bank of the Jordan River— and ended up at Fuheis Central Station to have breakfast at Hashem restaurant?

I reverse the road and stretch it out. I want to flip it over as if it was a thread on my finger. But why? Would the road taste any different when it is located in the mouth of a flying balloon, after being snatched, like a fish, squeezed in the throat of a storming monstruous flying creature?

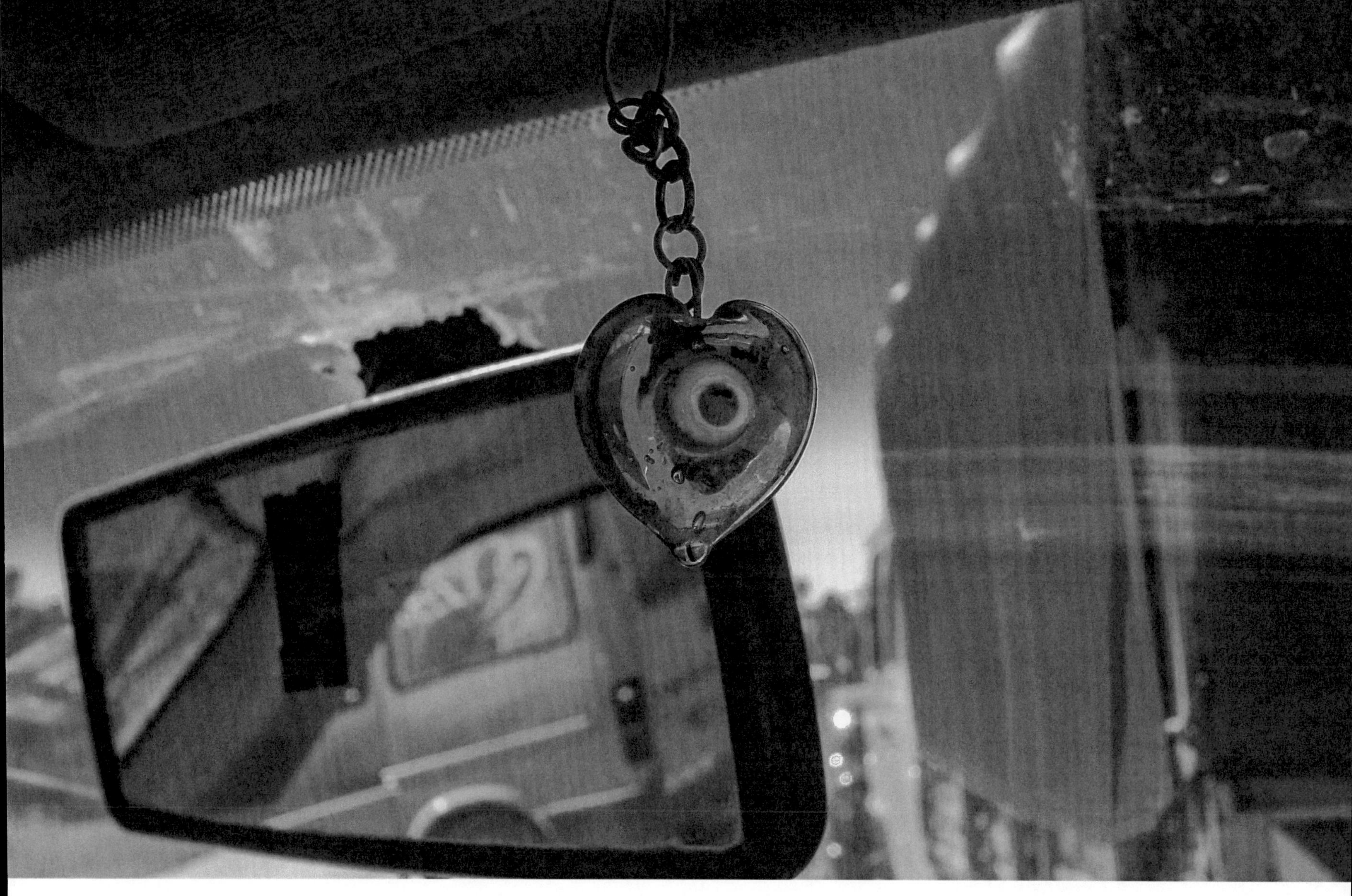

On the road to Ramallah from Nablus, 2012

على طريق الى رام الله من نابلس، 2012

I thought maybe changing directions could alleviate the anxiety caused by the big surveilling eyes—the cameras—scattered everywhere. Perhaps if I tighten the roads' strings around my fingers, boundaries could mean protection rather than suffocation. Maybe then I would breathe calmly under those big eyes that are constantly watching me and this siege that has choked me since I was born.

— Do they know how many lines of poetry I have in my head? If I have ever killed a thief in a line of poetry or if I have ever saved an insect?

The eyes (*aloyoun*) target me, they watch the obituaries of my family's deceased published in the newspapers. Military checkpoints obstruct farmers harvesting their olive trees in October, or sowing wheat on their land in December. Roadblocks obstruct the pickers of wild herbs and occupy a hill to prevent hikers from smelling wildflowers. One checkpoint after another in front of those moving from one place to another within Palestine for the purpose of visiting relatives, going to work, searching for work, or meeting a therapist to ask:

—"What do I do, doctor? There are eyes constantly watching me wherever I go." A surveillance structure, becomes sometimes, a passenger in a car travelling between Hebron and Halhoul. I look at the photograph on the cover page of the book, I stare and wonder at "how the big eye sits in the driver's seat, and he doesn't shout in its face":—"Get out of my car!"

Between every other photograph, the Apartheid Wall makes an appearance; made of concrete blocks stacked together resembling a snake. The cement snake strangles the city of Jerusalem, the cameras turn into rifles, the checkpoints cut off people's footsteps from the city, then cuts off their tongues, and their prayers. What are the Palestinians to do

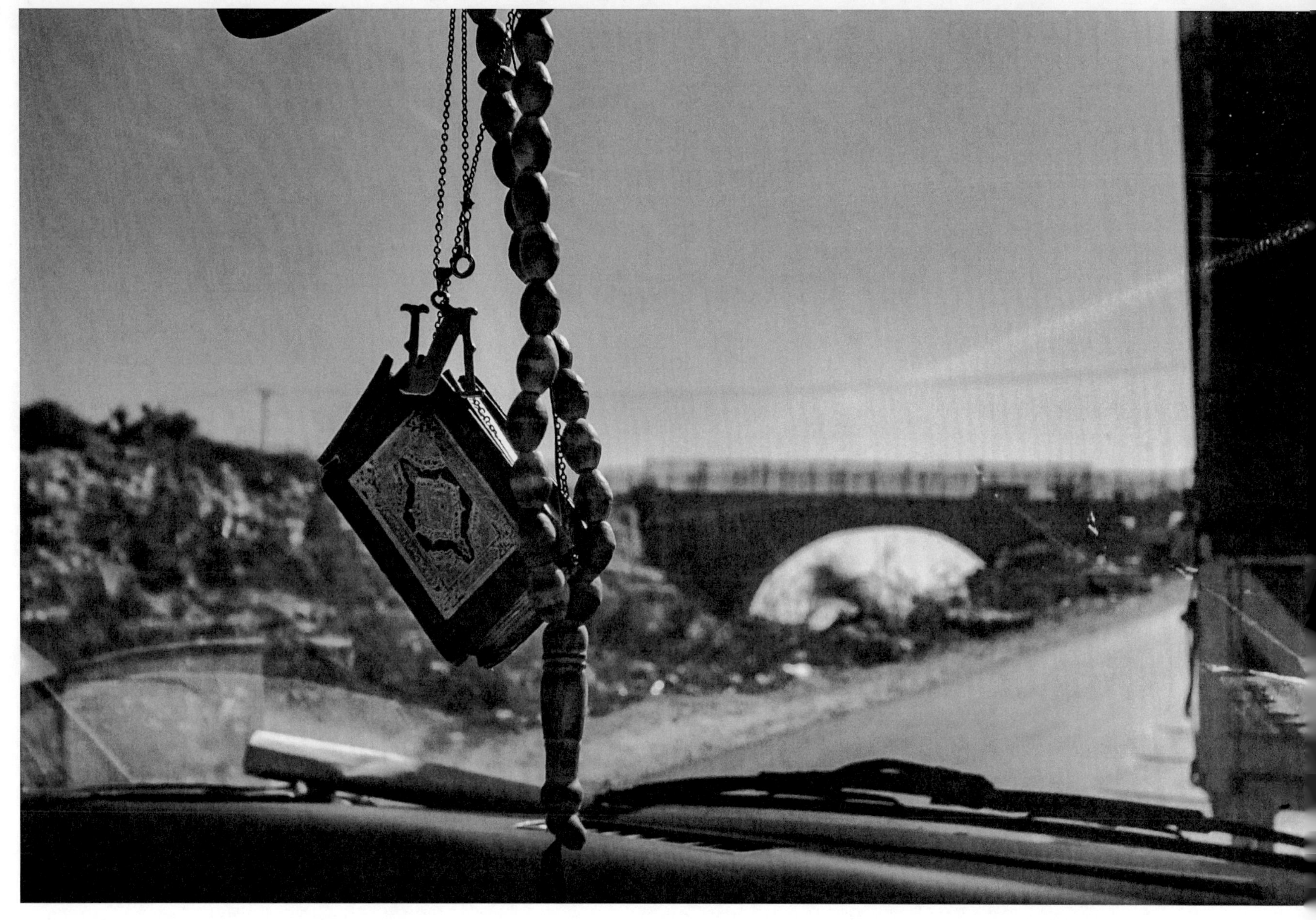

At the entrance of Birzeit, Ramallah, 2010

على مدخل بيرزيت، رام الله، 2010

then? They hang small Qurans over the steering wheels of their cars to protect them as they travel further and further from their places of religious pilgrimage. Nazzal captures the big eyes, temporarily, and places them in her camera.

In another photograph, soldiers are reflected in a vehicle's sideview mirror, which is supposed to reflect the driver's image or the road behind him, or an image of his past. This was bound to happen; that the mirror wouldn't only reflect the— trees or the mountains. So why do soldiers appear, then? Who put them in the driver's mirror as he carves his own path?

Surveillance structures become part of the architecture. This visual trailing then is not only photographing how a victim escapes a killer, but also, how a killer, after capturing their victim, invades the land and plants his eyes everywhere in it: surveillance posts, cameras, walls, checkpoints, soldiers, soldiers' rifles, flying balloons; all these are not moles, blisters, wounds, or scars, they are spies. But how have these elements chosen this place, —my homeland and Rehab's homeland, Palestine— rather than somewhere else in the world to implant themselves?

Don't these creatures feel estranged because they are not a river, they are not a wild rabbit, or a zebra that has obtained those stripes to refuse to obey her master?

Could these big eyes not escape the Israeli occupation, to see the sky, blue or gloomy, calm or stormy, with stars or comets?

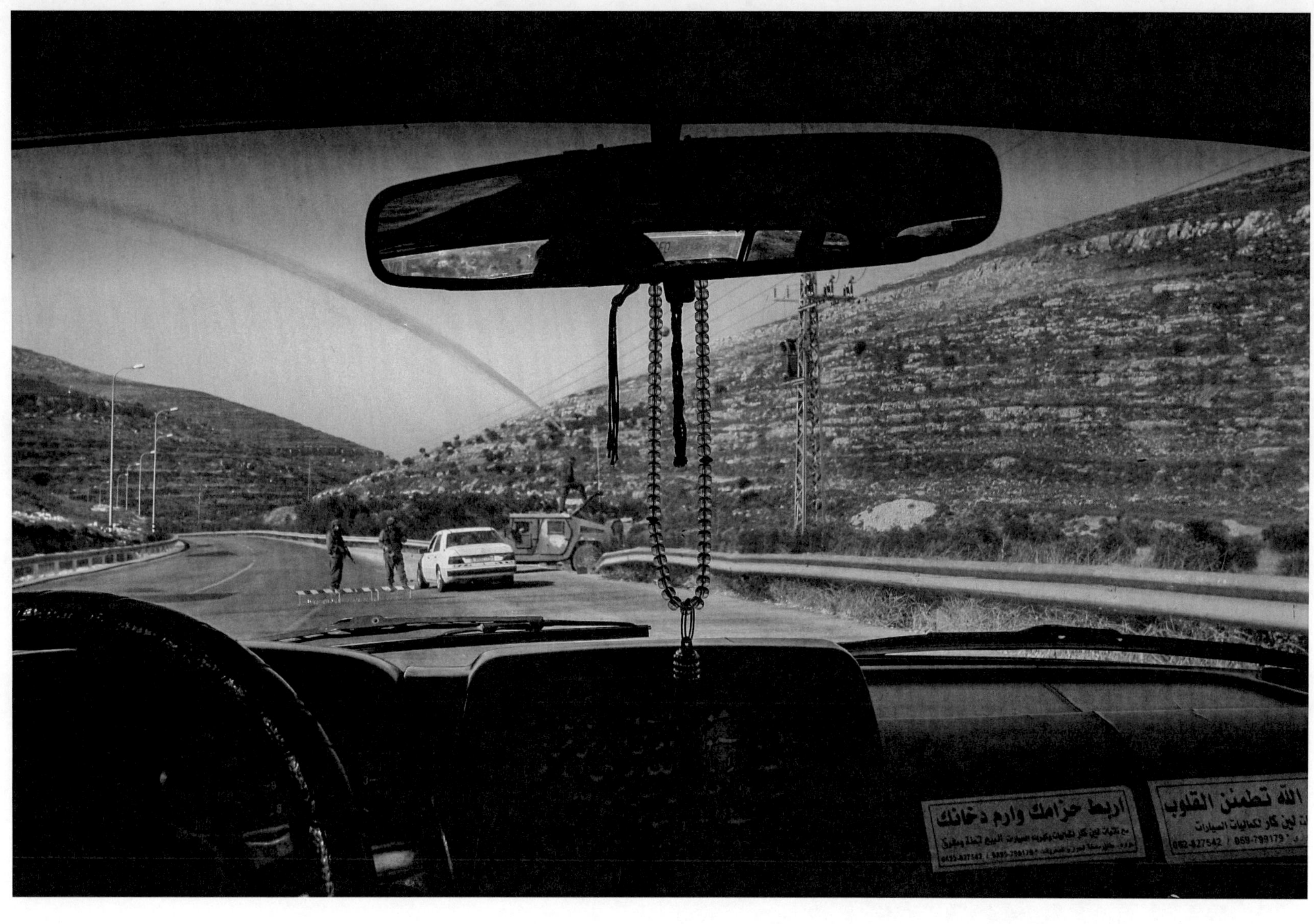

Flying (ambush) military checkpoint on the road between Jenin and Ramallah, 2010

حاجز عسكري "طيّار"، على الطريق بين جنين ورام الله، 2010

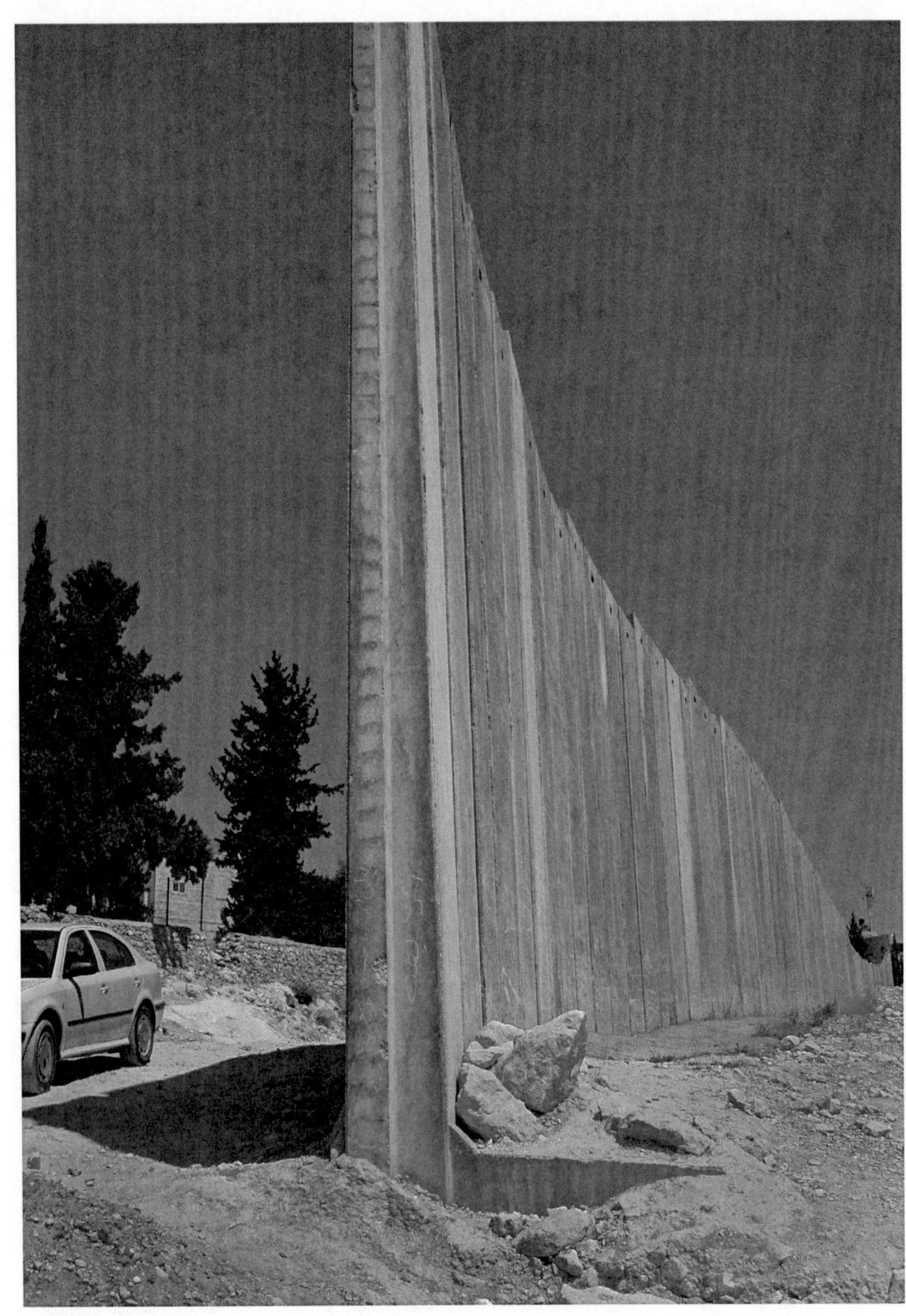

Driving by Israel's Apartheid Wall
surrounding Jerusalem, 2005

جدار الفصل العنصري يحيطُ القدس، 2005

العين الكبيرة
أحلام بشارات

يعلّق الفلسطيني التمائم فوق عجلة القيادة في سيارته بينما يتنقّل بين قِطع أرضه الموصولة بِبعضها بخطوط واهنة، كأنّها مرسومة على دفتر منقوع بالماء.

ثمّة قرآن، هنا في الصورة التي تؤرشِفها صفحة 53، ومسبحة أيضًا، وحِذاء أو أوّل حرف من اسم شخص يعني للسائق الكثير. تمسك كاميرا رحاب نزّال بأدوات حماية السّائق، وهي تترنّح أمامه، كلّما ارتجّت السيّارة فوق الطّريق، ويظهر في الصّورة نفسها ظلٌّ باهت لجسر قصير يصعد في فم الطريق من مدينة رام الله إلى مدينة نابلس.

وأنا أتنقل مع" سيرة السفر" هذه، بين الجدران، لم أكُفّ عن التساؤل:

ماذا لو كانت الطريق بالعكس؟ ماذا لو لم تبدأ الطريق من الخليل ولم تنته ببيت لحم؟ ماذا لو بدأت من بيت لحم وانتهت بخان يونس، ولم تبدأ من أريحا وتنتهي بجنين، بل بدأت من جنين وانتهت بالناصرة، ماذا لو ذهبت إلى حيفا، ماذا لو شقّت طريقاً إلى غزّة، ماذا لو واصلت سيرها عبر الأغوار الأردنيّة وحطّت الرّكاب في العاصمة الأردنيّة "عمّان"، في الضّفة الشرقيّة شقيقة الضّفة الغربيّة، فنزلوا في مجمّع الفحيص، وتناولوا فطورهم في مطعم هاشم؟

أودّ أن أشقلِبها وكأنّها خيط على إصبعي، لكن، لماذا؟ هل سيختلف طعمُها وهي تقع في فم البالون الطّائر في الأعلى، كسمكة، فيمسك البالون بالطريق وهي رائحة، غادية، دون أن تشعر، فينقضُّ عليها الطائر الوحشيّ ويعصرها في حلقه؟

ربما ظننت أن التلاعب بالاتجاهات قد يقلّل من هذا الضّيق الذي صنعته أعيُن كاميرات المراقبة المنتشرة في كل مكان ومكان، وأنّ الحدود، لو شددتُ خيط الطّريق على يدي، ربّما يتحوّل معناها إلى الحماية، وربّما أستطيع أن أتنفّس ببطء، على غير حالي الآن، بعدما خنقني هذا الحصار رغم أنّي أحيا داخله منذ ولدت، ورغم أن عيونه لم تكف عن مراقبتي:

فهل تعرف عدد الجُمل الشعريّة في رأسي؟ متى قتلتُ لصًّا في جملة شعريّة؟ ومتى أنقذتُ حشرة؟

تستهدفني العيون بالقتل، وتراقب أخبار موت أهلي المنشورة في الصّحف. تضع حاجزًا أمام المزارعين الذين يريدون قطف أشجار زيتونهم في تشرين الأوّل، وتضع حاجزًا أمام المزارعين الذين يبذرون حبوب القمح في أرضهم في كانون الأول، وتضع حجارة لعرقلة قاطفي الأعشاب البرّية، وترفع تلّة لتمنع المتجوّلين في الطّبيعة بغرض شمّ الأزهار، وتقيم حاجزًا وآخر أمام الذين يريدون أن يتبعوا حظّهم من مكان إلى آخر داخل فلسطين، لغرض الزيارة، أو البحث عن العمل، أو الذهاب إلى العمل، أو الوصول إلى الطبيب النّفسي لسؤاله:

— ماذا أفعل أيّها الطبيب؟ هناك عيون تظلّ تراقبني أينما ذهبت.

تصبح نقطة المراقبة، أحيانًا، راكبًا في السيّارات التي تتحرّك بين المدينتين الجارتين" الخليل وحلحول"! أنظر في الصورة على صفحة الغلاف، أُحدّق مندهشةً فيها " كيف تركب العين الكبيرة إلى جانب السّائق فتحرف طريقه" ولا يصرُخ في وجهها:

— انزلي من سيّارتي!

بين صورةٍ وأخرى، يظهر الجدار المكوّن من قطع قاسية تتراص مع بعضها البعض لتُشبه الأفعى، وأفعى الاسمنت تلتفّ حول مدينة القدس، فتتحوّل الكاميرات لبنادق، وتقطع الحواجز خط أرجل النّاس عن المدينة، ثمّ تقطع ألسنة الناس، وأدعيتهم، ثمّ ماذا يفعل الفلسطينيون؟ يعلّق الفلسطينيون المصاحف الصّغيرة لتترنّح فوق مقاود سياراتهم، فتحميهم وهم يبتعدون أكثر فأكثر عن المكان الذي يمثّل محجهم الديني، لا يودّعونه لكنهم لا يصلونه. وتُمسك كاميرا رحاب بالصّورة، وتقبِض على العين، مؤقّتًا، وتضعها في كيس.

في صورةٍ أخرى ينعكس الجنود المراقبون في مرآة السيّارة الجانبيّة المُهيأة لأن يرى فيها السائق صورته أو صورة الطريق خلفه، أو لأن يرى صورة ماضيه. كان من الطّبيعي أن يحدث هذا، ألّا تظهر سوى الأشجار أو الجبال معه في المرآة. فلماذا يظهر الجنود إذن، من أضافهم لمرآة السّائق الشّخصية وهو يشقُّ طريقه؟

أصبحت نقاط المراقبة هذه جزءا من العمارة إذن، هذا التّتبع البصري ليس تصويرًا لكيف تهرب الضّحية من القاتل فقط، بل، بعد أن يظفر القاتل بالضّحية، كيف داهم القاتل الطّبيعة، وزرع عيونه في كلّ مكان: نقاط المراقبة، الكاميرات، الحوائط، الحواجز، الجنود، بنادق الجنود، المناطيد الطائرة، كلّها، ليست شاماتٍ، أو بثورًا، أو جروحًا، أو نُدبًا، إنّها جواسيس. لكن كيف اختارت هذه الحوادث، التي كانت كائنات فأصبحت موجودات ضدّية، هذا المكان من جسد العالم، بلدي فلسطين، وبلد رحاب، وزرعت نفسها فيه؟ ألا تشعر هذه الموجودات أيضا بالغربة، لأنّها ليست نهرًا، لأنّها ليست أرنبًا برّيًا أو حمارًا وحشيًّا اكتسبَ تلك الخطوط فوق جلده لأنّه رفض أن ينصاع لسيّده؟

ألا تستطيع هذه العيون الكبيرة أن تهرب من الاحتلال الإسرائيلي كي نرى السّماء زرقاء أو شاحبة، بنجوم أو بشهب، بعواصف أو صافية؟

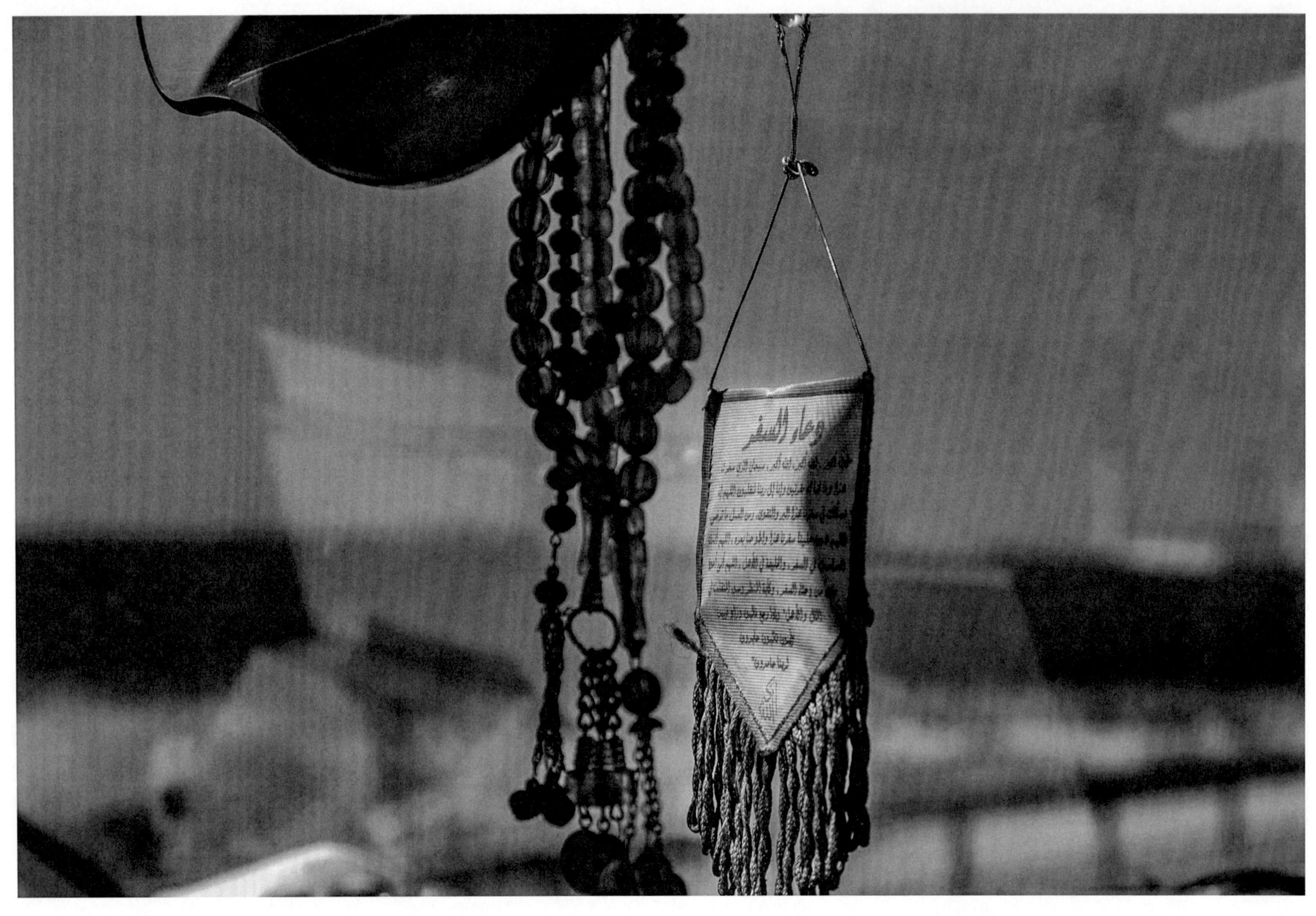

"A Prayer for Travelers" on the road to Ramallah from
Bethlehem, 2013

دعاء السفر في سيارة الأجرة على الطريق إلى رام الله من بيت لحم، 2013

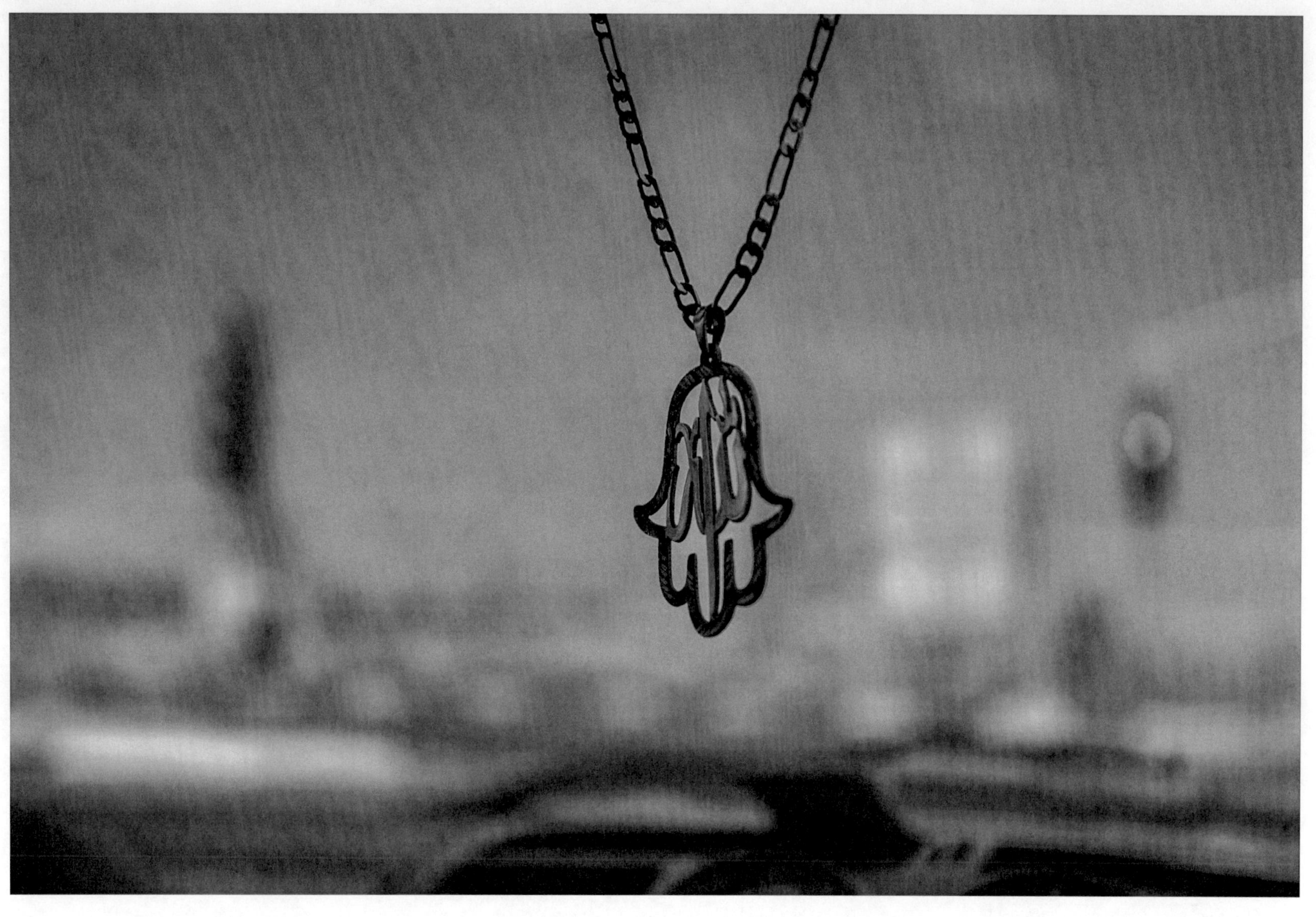

Fatma's Hand in front of the driver on the road from
Bethlehem to Ramallah, 2017

يد فاطمة في سيارة الأجرة على الطريق من بيت لحم الى رام الله

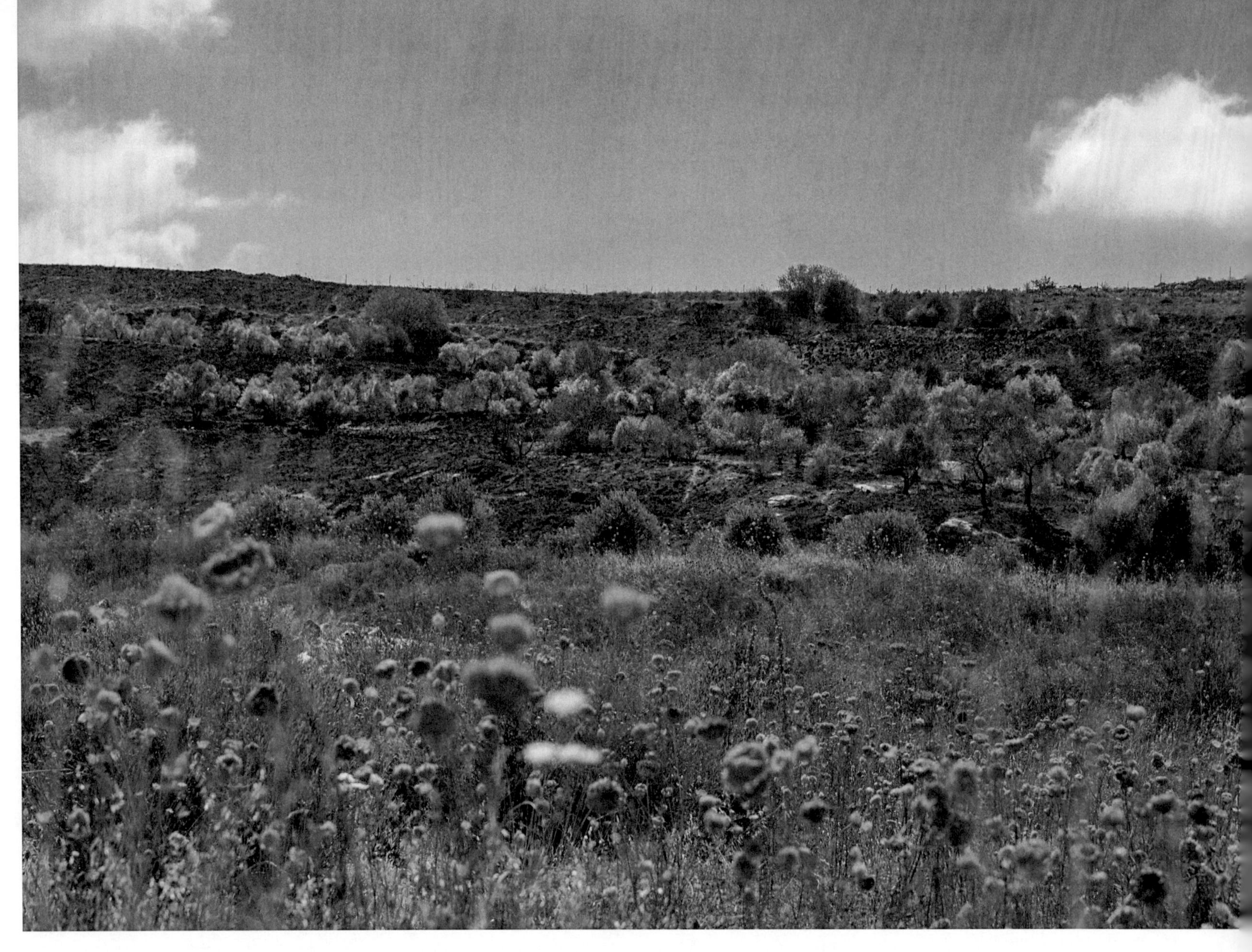

Olive groves burnt by armed Jewish settlers in Burin village, 2020

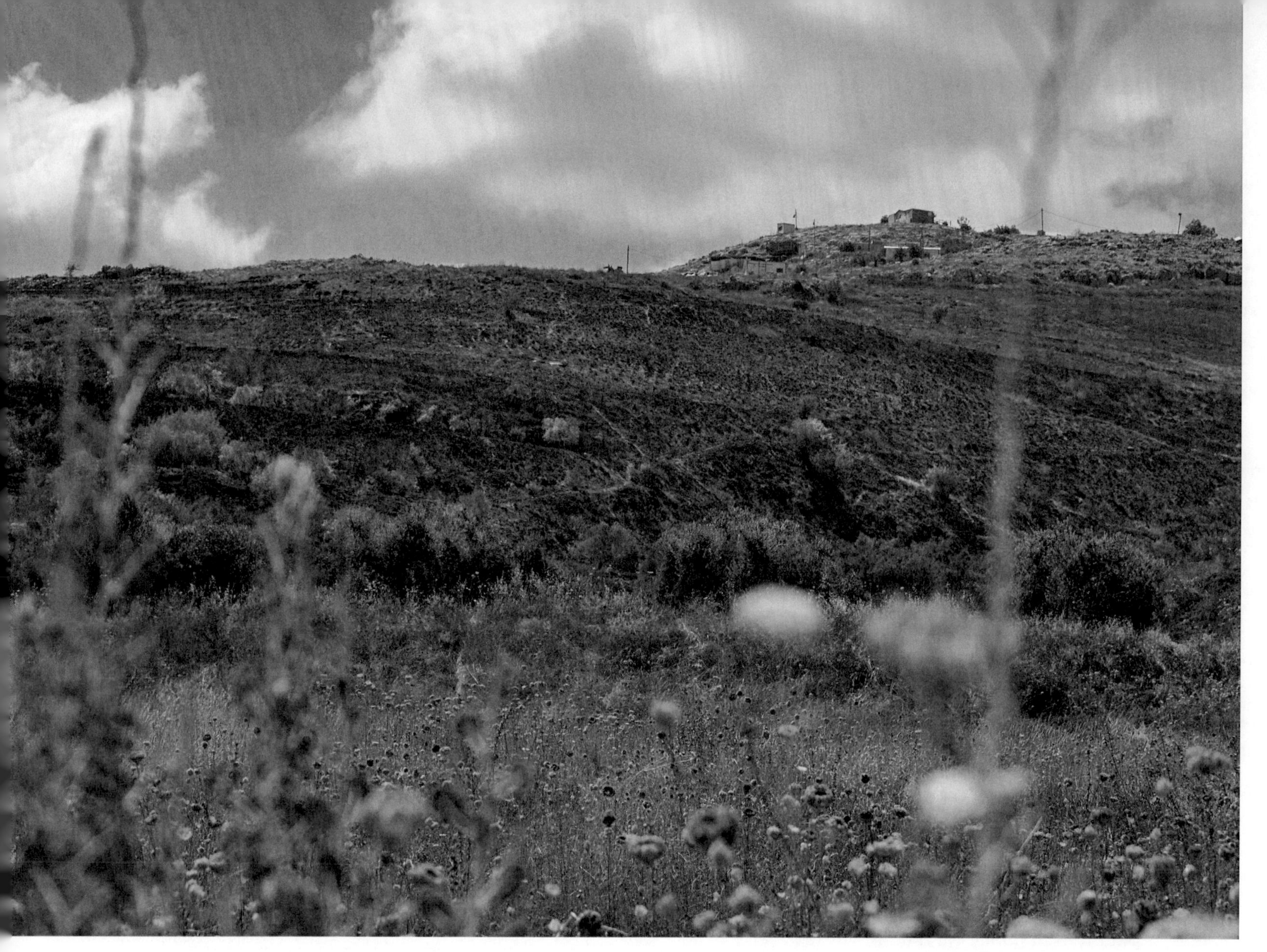

حقول زّيتون في بلدة بورين تمّ حرقها من قبل مستوطنين يهود مسلّحين، 2020

My Mother and the Barrier
Mohammed El-Kurd

My mother smuggled Bethlehem beneath her car seat.

A kilometer from the military barrier* she instructed us to recite a prayer. If we said it with pure intentions, she said, the soldiers would hopefully be too busy wrestling with their rifles to search our car for contraband. But who knows, they've stopped us for hours before and searched even in our intentions. My father was driving the car, his ID between his thumb and index finger. My siblings and I pulled out our birth certificates. We began muttering:

"And we have put before them a barrier and a barrier behind them then we've covered over them so they cannot see" (*Quran*, 36:9).

Then there was the earthquake. Or at least, it seemed that way. Our vehicle shook over the ridges in the road, where they detect for explosives by blowing them up. We finally approached the gate—the final kilometer, which is usually less than a cigarette away, lasted half a packet. The soldiers shrunk as the cement wall behind them towered higher. "And we have put before them a barrier and a barrier behind them…"

My mother did this once a month. And so did her father, long before they erected that hungry wall. They went to Bethlehem together, usually on Saturdays. He negotiated with the butchers while she dove into souvenir baskets at thrift stores. She was not going to discontinue this tradition no matter whose pen is put on what paper. No matter whose gavel enacts what law.

But her refusal wasn't political. It was because Bethlehem's markets were my mother's square one, its second-hand stores were unlike anything in Palestine. Something about the land, something about the farmers' hands made the produce here special. And cheaper. Because, of course, once they slap a Hebrew sticker on our apples and oranges, their price triples. So she did what she had to do: snuck bags of meat, eggs, fruits, and vegetables under the car seat. If we were caught smuggling, say, a cartoon of eggs, we would be fined tens-of-thousands of shekels. The gamble, at that moment, did not seem worth the risk.

But I was convinced that, for my mother, it was not about the money, but about dignity. A prickly pear from Bethlehem in our Jerusalem kitchen meant that their borders ended at the cement. They didn't extend into our interpretation of our geography.

"And we have put before them a barrier…"

Each year I grew more aware of the irony of this Quranic verse: it was them, in fact, who have put before us a barrier. When the wall went up, everything changed. One who was once a neighbour is now a loved one in exile. The Occupation had taken whole stretches of our homeland and red-penciled them, surrounded and isolated them with colonies. The routine of life, as my mother knew it, was robbed of her. What was once a twenty-minute drive now lasted hours, hurdled with obstacles and fabricated topographies, and sometimes

---

*   The word used in English is "checkpoint."

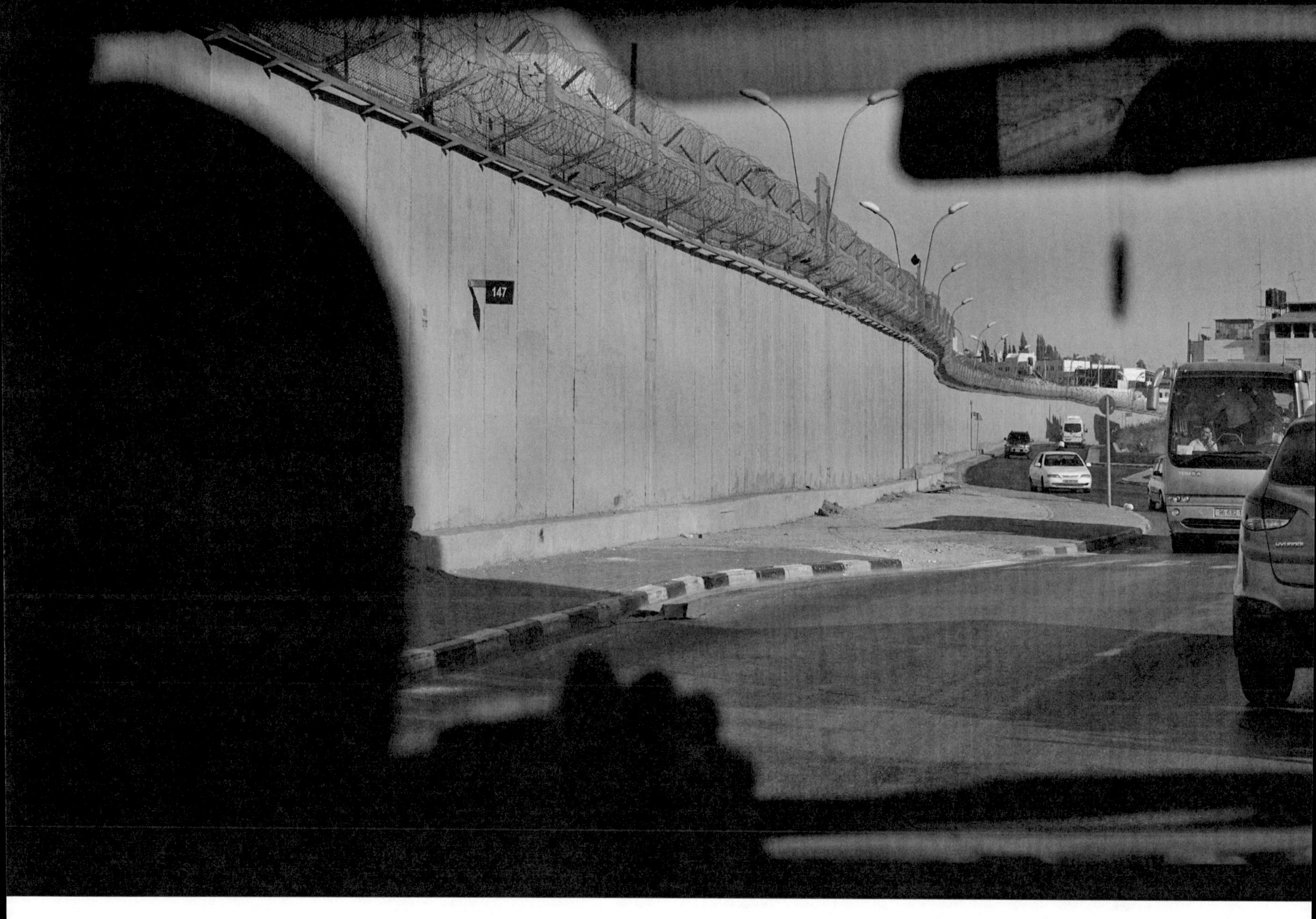

Driving by the Apartheid Wall at Al-Ram, Jerusalem district, 2013

المرور بجانب جدار الفصل العنصري في بلدة الرام، محافظة القدس، 2013

cost lives. I dreaded that maze-like commute. Driving from city to city made Palestine seem vaster than it actually is. I was stunned when I learned that Bethlehem is less than ten kilometers away from Jerusalem, and that they are referred to as "twin cities." Our country resides in the space between clogged arteries. But we are, in the final analysis, the blood in that circulation.

We made that trip like clockwork. My mother was savvy at dismantling the delusions of the colonizer, debunking partitions with cactus fruit. It was her instinct that rendered the barbed wire meaningless. The barrier represented nothing more than the material condition of its presence: a hurdle, an obstacle, a pain in the neck for someone whose life in Jerusalem depended on life in Bethlehem. The barrier didn't represent authority nor formality. It was just there.*

My mother knew the boys who worked at the market by name. They often pushed her shopping cart around for a few shekels. Many of them relied on this job to pursue their studies. There was no poetry in that poverty. They were from the Aida and Dheisheh refugee camps, where a schoolboy in a bloodied uniform ascends a martyr every time the army invades. Their knowledge of Jerusalem was limited to the orations of a grandparent who might have preceded the Occupation, or to TV footage of slingshots and a golden dome. My mother would make small talk and send her regards to their mothers. I often stood silently counting the bricks on the floor. I was shy, I thought, but my mother thought I was rude. "You are not better than them, in fact…" There is a lot I could say about fragmentation. How a friend in Haifa lives on an entirely different planet; a person from Aida refugee camp knows things that "Middle East experts" don't know a thing about.

It was finally our turn to be searched. The soldier came up to the window, a dog leashed alongside him. I could narrate the entire thing: the humiliation of the wait, the humiliation of the search, the humiliation of the questions, the humiliation of reciting one's birth certificate, the humiliation of a brick wall built in between our eyes; but I won't. The moral of this story is breezing past the soldiers with Bethlehem under my mother's car seat. It is the feast that she held that evening. Dignity negating cement.

---

* Of course, its consequences of fragmentation, brutality, and theft had, and continue to have, painful effects on Palestinians. But it is not an authority to be respected.

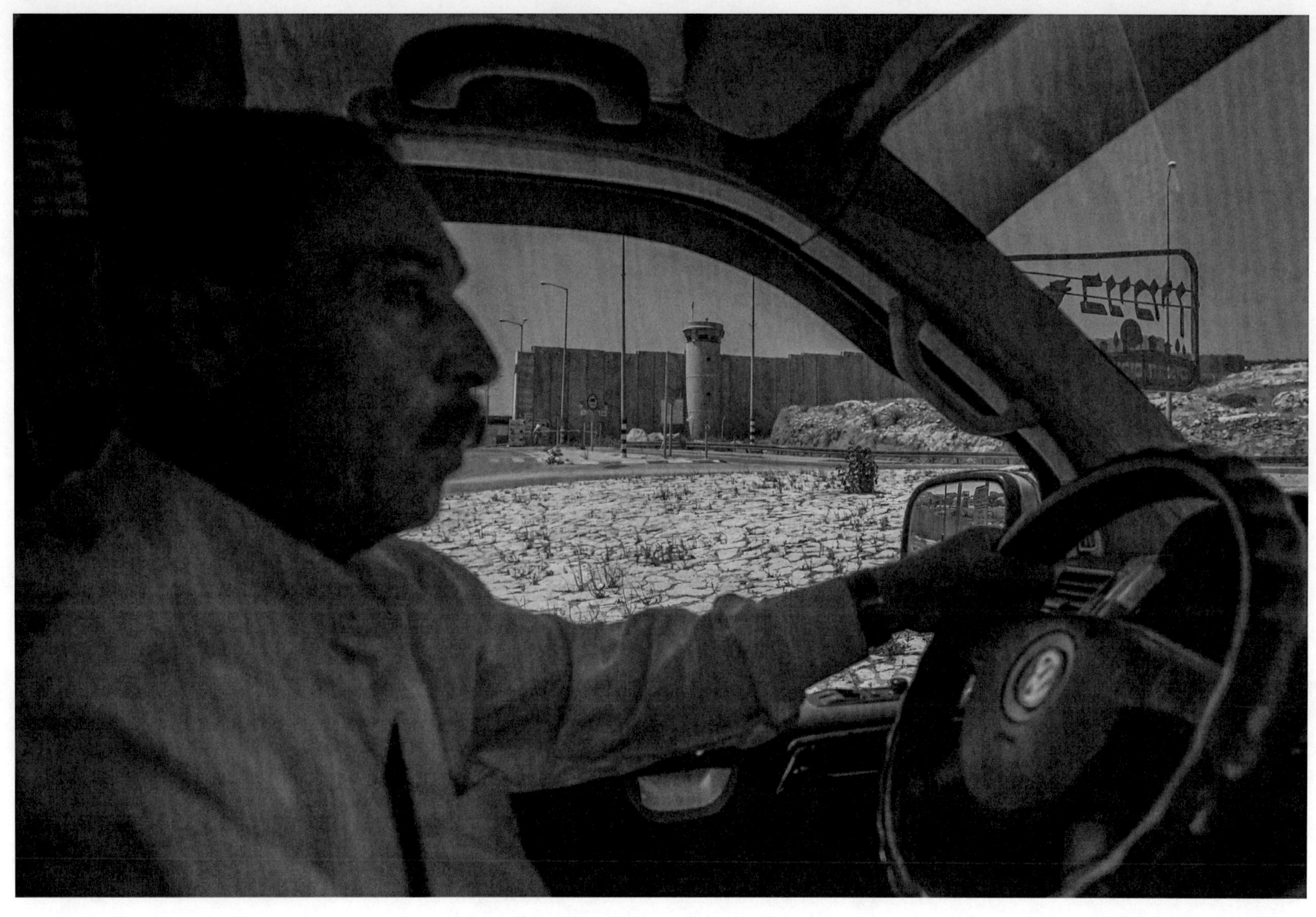

Driving through the village of Hizma, which is isolated from Jerusalem by the Apartheid Wall, 2016

في السّيّارة عبر بلدة حزما التي فصلها جدار الفصل العنصري الإسرائيلي عن القدس، 2016

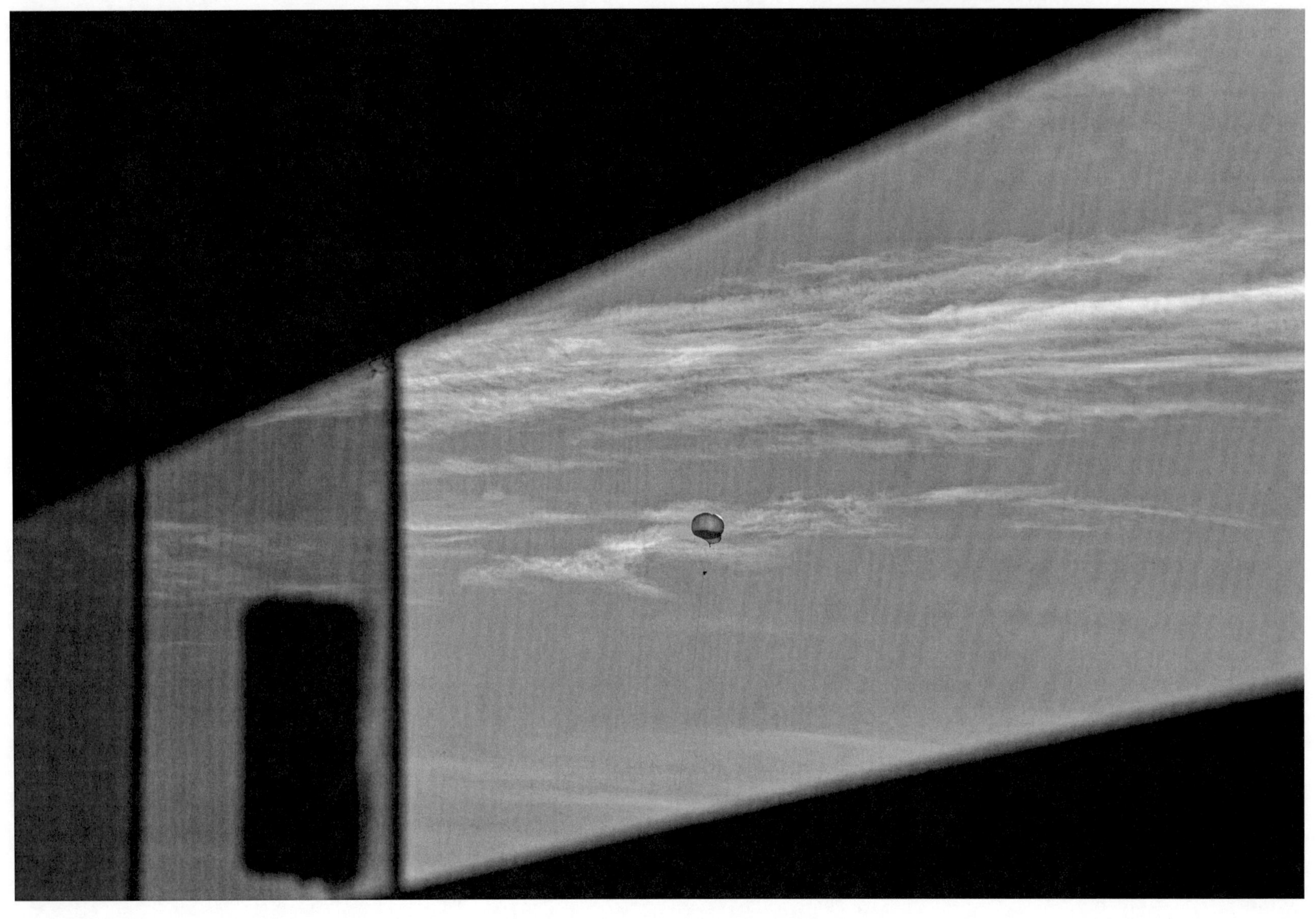

Surveillance balloon captured through a bus window on the road to Ramallah from Bethlehem, 2015

منطاد تجسّس، مصوّر عبر شبّاك باص على الطريق إلى رام الله من بيت لحم، 2015

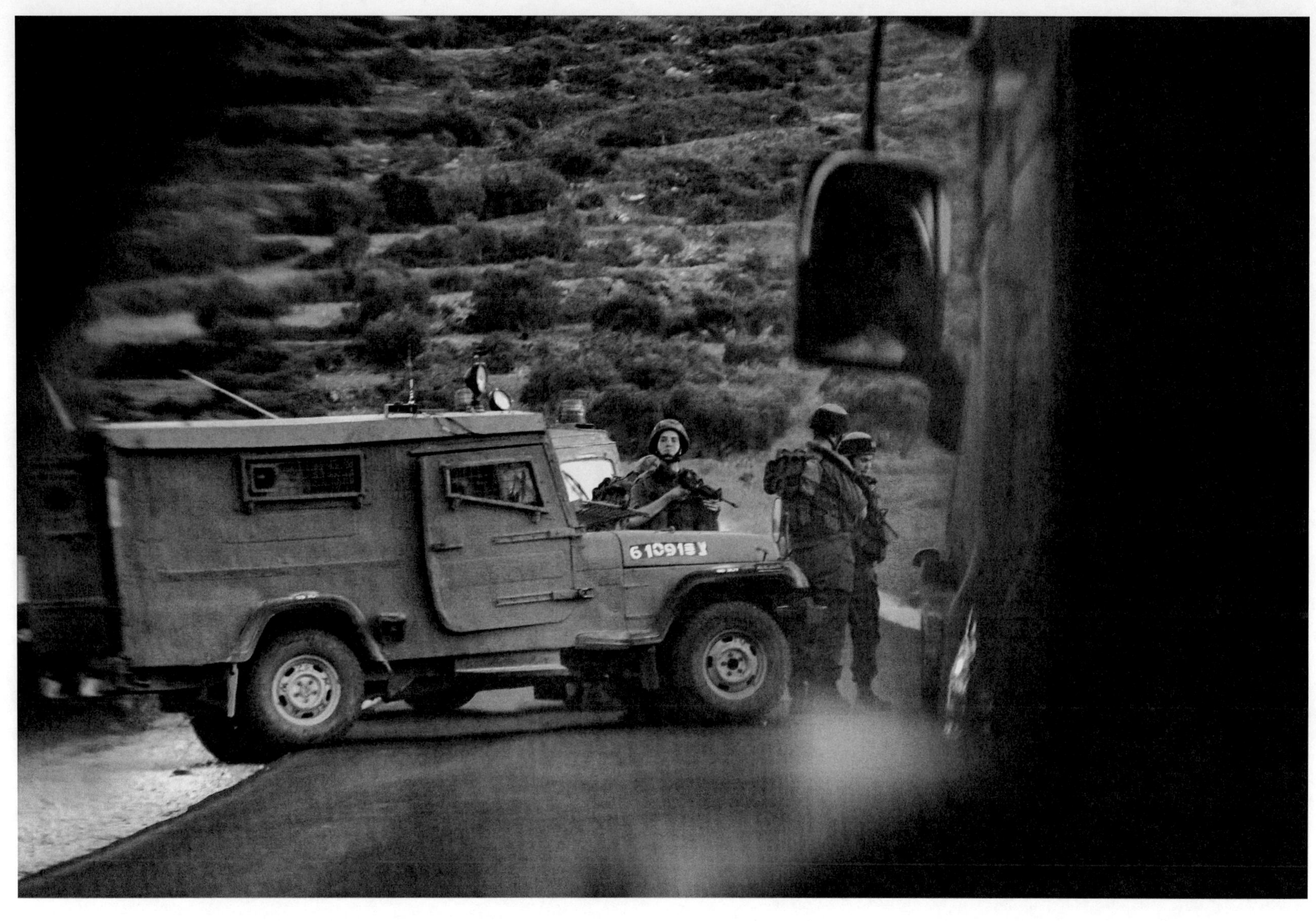

Stopped by the occupation soldiers on a flying checkpoint
between Jenin and Jericho, 2013

إيقاف من قبل جنود الاحتلال على حاجز طيّار في الطريق ما بين
أريحا وجنين، 2013

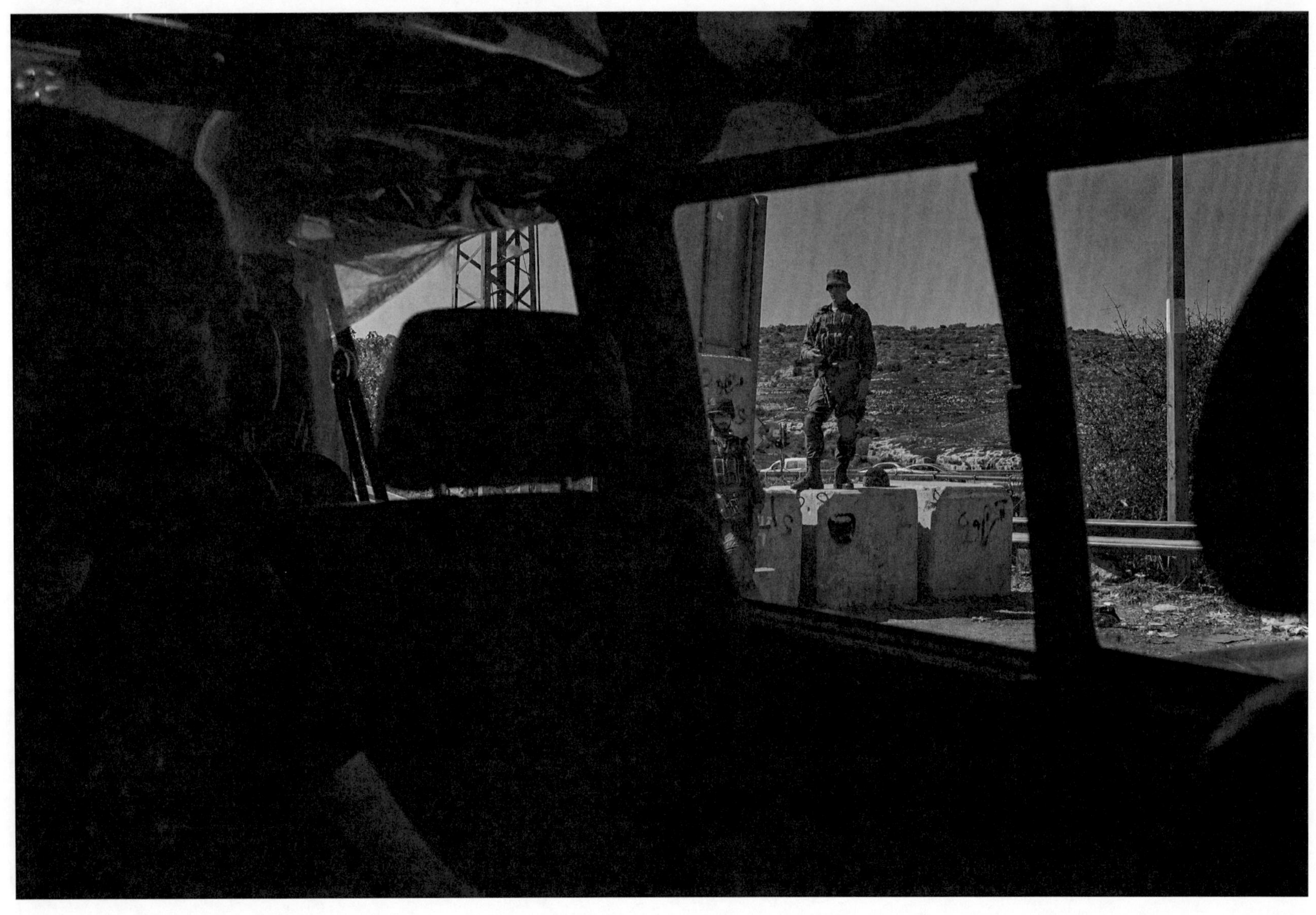

On the southern entrance of Bethlehem, 2016

على المدخل الجنوبي لمدينة بيت لحم، 2016

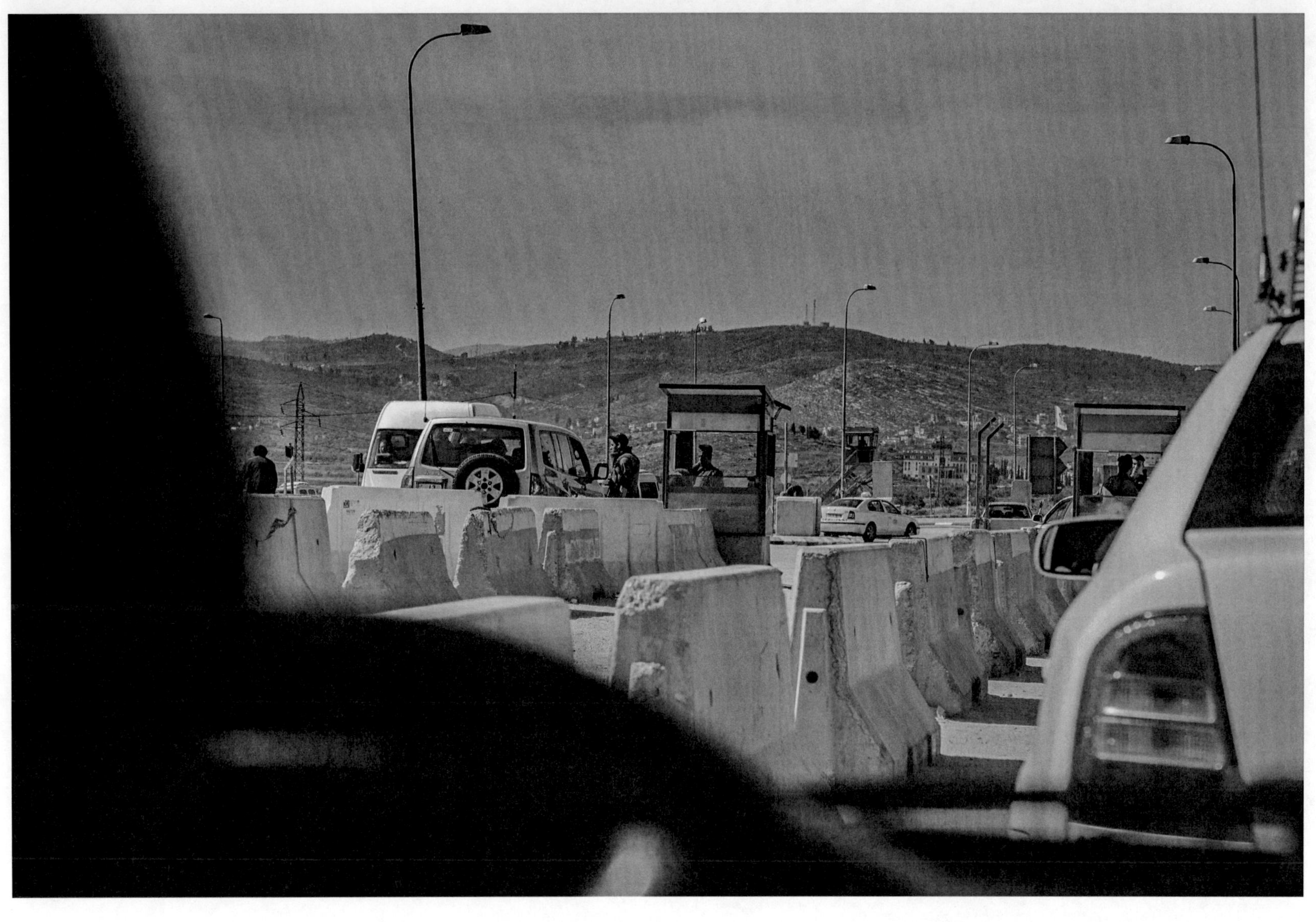

Driving through Hiwarah military checkpoint, southern entrance of Nablus, 2010

عبور حاجز عسكري حوارة الى المدخل الجنوبي لنابلس، 2010

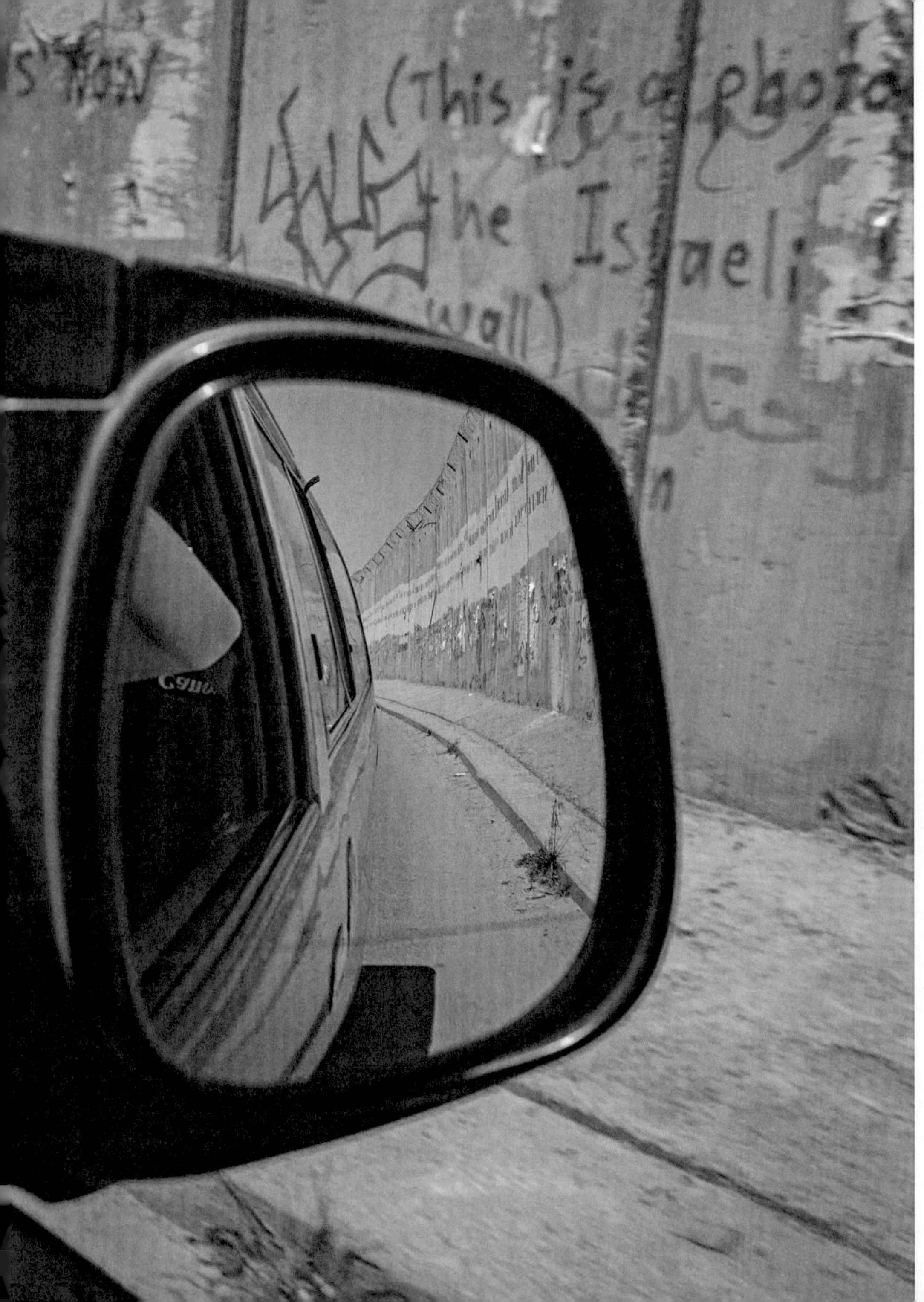

Driving from Jerusalem to Qalandia, 2010

على الطريق من القدس إلى قلنديا، 2010

أمّي والحاجز العسكريّ
محمّد الكرد

أمّي تُهرّب بيت لحم تحت مقعد سيّارتها.

على بعد كيلومتر واحد من الحاجز العسكريّ، طلبت منّا أمّي تلاوة آية من القران، إن ردّدناها بنوايا صادقة، سينشغل الجنود بمنادقهم ولن يفتيشوا سيّارتنا بحثًا عن ممنوعات. لكن مَنْ يدري، فقد أوقفونا من قبل لساعات وفتّشوا حتّى نوايانا. كان والدي الّذي يقود السيّارة يُمسك هويّته بين إبهامه والسبّابة، وأنا وإخوتي جهّزنا شهادات ميلادنا. بدأنا نُتمتِم:

وَجَعَلْنَا مِن بَيْنِ أَيْدِيهِمْ سَدًّا وَمِنْ خَلْفِهِمْ سَدًّا فَأَغْشَيْنَاهُمْ فَهُمْ لَا يُبْصِرُونَ

(القرآن، 36:9)

ثمّ كان زلزال، أو بدا الأمر كذلك. تهتزّ سيّارتنا فوق التّلال في الطّريق، هناك يكتشفون المتفجّرات عبر تفجيرها. اقتربنا أخيرًا من البوّابة، من الكيلومتر الأخير الّذي يستغرق عادة ما يستغرق أقلّ من سيجارة، لكنّه استغرق نصف علبة سجائر. تقلّص حجم الجنود مع الجدار الإسمنتيّ المرتفع خلفهم؛ {وَجَعَلْنَا مِن بَيْنِ أَيْدِيهِمْ سَدًّا وَمِنْ خَلْفِهِمْ سَدًّا فَأَغْشَيْنَاهُمْ فَهُمْ لَا يُبْصِرُونَ...}.

أمّي تفعل هذا الأمر مرّة في كلّ شهر، وكذلك كان والدها يفعل الأمر نفسه قبل أن ينصبوا الجدار الجائع؛ يذهبان إلى بيت لحم معًا، عادة أيّام السبت، هو يتفاوض مع الجزّارين، وهي تغرق في سلال التّحف التذكاريّة في محلّات الأشياء المستعملة. لم تكن لتتوقف عن هذا التقليد، بغضّ النّظر عمّن يضع قلمه على أيّ ورقة، وبغضّ النّظر أيّ مطرقة تسنّ القانون.

لكن رفض أمّي لم يكن سياسيًّا، بل لأنّ أسواق بيت لحم كانت ميدانها؛ محلّات الأشياء المستعملة فيها لا مثيل لها في فلسطين. شيء متعلّق بالأرض وبأيادي المزارعين جعل المنتجات هنا خاصّة، وأرخص، لأنّه وبمجرّد أن يُلْصقوا على تفّاحنا وبرتقالنا علامة بالعبريّة، بالطّبع، يتضاعف سعرها ثلاث مرّات. فعلت أمّي ما كان عليها فعله: تهرّب أكياسًا من اللّحوم والبيض والفواكه والخضروات تحت مقعد السيّارة. إذا قُبِضَ علينا ونحن نهرّب، كرتونة بيض على سبيل المثال، سنُغَرَّمُ عشرات آلاف الشواكل. المُقامرة، في تلك اللحظة، بدت لا تستحقّ المغامرة.

لكنّي كنت مقتنعًا بأنّ الأمر بالنسبة إلى أمّي لا يتعلّق بالمال، بل بالكرامة. الصّبّار من بيت لحم في مطبخنا في القدس يعني أنّ حدودهم انتهت عند الإسمنت. لم تمتدّ إلى تفسيرنا نحن لجغرافيّتنا.

{وَجَعَلْنَا مِن بَيْنِ أَيْدِيهِمْ سَدًّا...}.

مع مرور كلّ عام، كنت أُدرك أكثر المفارقة في هذه الآية القرآنيّة: في الواقع، هم الّذين وضعوا أمامنا سدًّا أو حاجزًا. عندما ارتفع الجدار تغيّر كلّ شيء؛ مَنْ كان يومًا جارًا لنا أصبح مُغتربًا في المنفى. استولى الاحتلال على مساحات كاملة من وطننا وعلّمها بقلم أحمر وعزلها بالمستعمرات. لقد سرقوا روتين الحياة الّذي عرفته أمّي. المكان الّذي كان يستغرق الوصول له دقائق بالسيّارة أصبح يستغرق ساعات عبر حواجز وطبوغرافيا مصطنعة، وأحيانًا يستغرق حياة الإنسان. اتوجّس من هذا التنقّل الشبيه بالمتاهة. التنقّل بالحافلات والسيّارات من مدينة إلى أخرى يخلق انطباعًا بأنّ فلسطين أكبر مساحة ممّا هي عليه. لقد ذُهِلتُ عندما علمت أنّ بيت لحم على بُعْد أقلّ من عشرة كيلومترات من القدس، ويُشار إليها باسم «المدينة التوأم» للقدس. بلدنا يقع في فضاء بين شرايين مسدودة، ونحن الدم الّذي يجري في تلك الدورة الدمويّة.

لقد قمنا بتلك الرّحلة كدوران السّاعة، كانت أمّي بارعة في تفكيك أوهام المُستعمِر، وفضح حواجزه بثمار الصّبّار، غريزتها هي الّتي جعلت الأسلاك الشائكة بلا معنى؛ فالحاجز العسكريّ لا يمثّل أكثر من حالة وجود مادّيّة: حاجز عقبة، ألم في الرّقبة لشخص تعتمد حياته في القدس على الحياة في بيت لحم؛ فالحاجز العسكريّ لم يمثّل سلطات ولا رسميّات، إنّه يقع هناك فقط.*

أمّي تعرف الأولاد الّذين يعملون في السوق، كلٌّ باسمه. غالبًا ما كانوا يدفعون عربة التسوّق الخاصّة بها مقابل بضعة شواكل، العديد منهم أكملوا دراستهم من هذا العمل، ولم يكن ثّمة شعر في ذلك الفقر. كانوا من مخيّمَيْ عايدة والدهيشة للّاجئين، حيث يرتقي طالب يرتدي زيّاً ملطّخًا بالدّماء شهيدًا في كلّ مرّة يقتحم الجيش المنطقة. كانت معرفتهم بالقدس مقتصرة على حكايا الأجداد الّذين سبقوا الاحتلال، أو على لقطات تلفزيونيّة للمقلاع وقبّة ذهبيّة. كانت أمّي تتحدّث قليلًا مع هؤلاء الأولاد وترسل تحيّاتها لأمّهاتهم. كنت أقف في كثير من الأحيان بصمت، أعدّ البلاط على الأرض. كنت أفكّر بأنّي خجول، لكنّ أمّي اعتقدت أنّي كنت وقحًا: " أنت لست أفضل منهم، في الواقع..". هناك الكثير ممّا يمكني قوله عن الشرذمة. كيف يعيش صديق في حيفا على كوكب مختلف تمامًا، كيف يعرف شخص من مخيّم عايدة للّاجئين أشياء لا يعرف "خبراء الشرق الأوسط" شيئًا عنها.

لقد حان دورنا أخيرًا للتفتيش؛ اقترب الجنديّ من نافذة السيّارة، يرافقه كلب مقيّد إلى جانبه. أستطيع أن أروي كلّ شيء: إذلال في الانتظار، إذلال في التفتيش، إذلال في الأسئلة الموجّهة إلينا، إذلال في تلاوة شهادات ميلادنا، إذلال الجدار الإسمنتيّ المبنيّ بين أعيننا، لكنّي لن أفعل؛ فجوهر هذه القصّة هو تجاوز الجنود وتهريب بيت لحم تحت مقعد سيّارة والدتي، إنّه الحفل الّذي أقامته ذلك المساء، الكرامة في مواجهة الإسمنت.

---

* بالطبع، كانت ولا زالت آثار الجدار، من تجزئة وعنف وسرقة، ملموسة على الفلسطينيين ولكنه ليس مصدرا لسلطة.

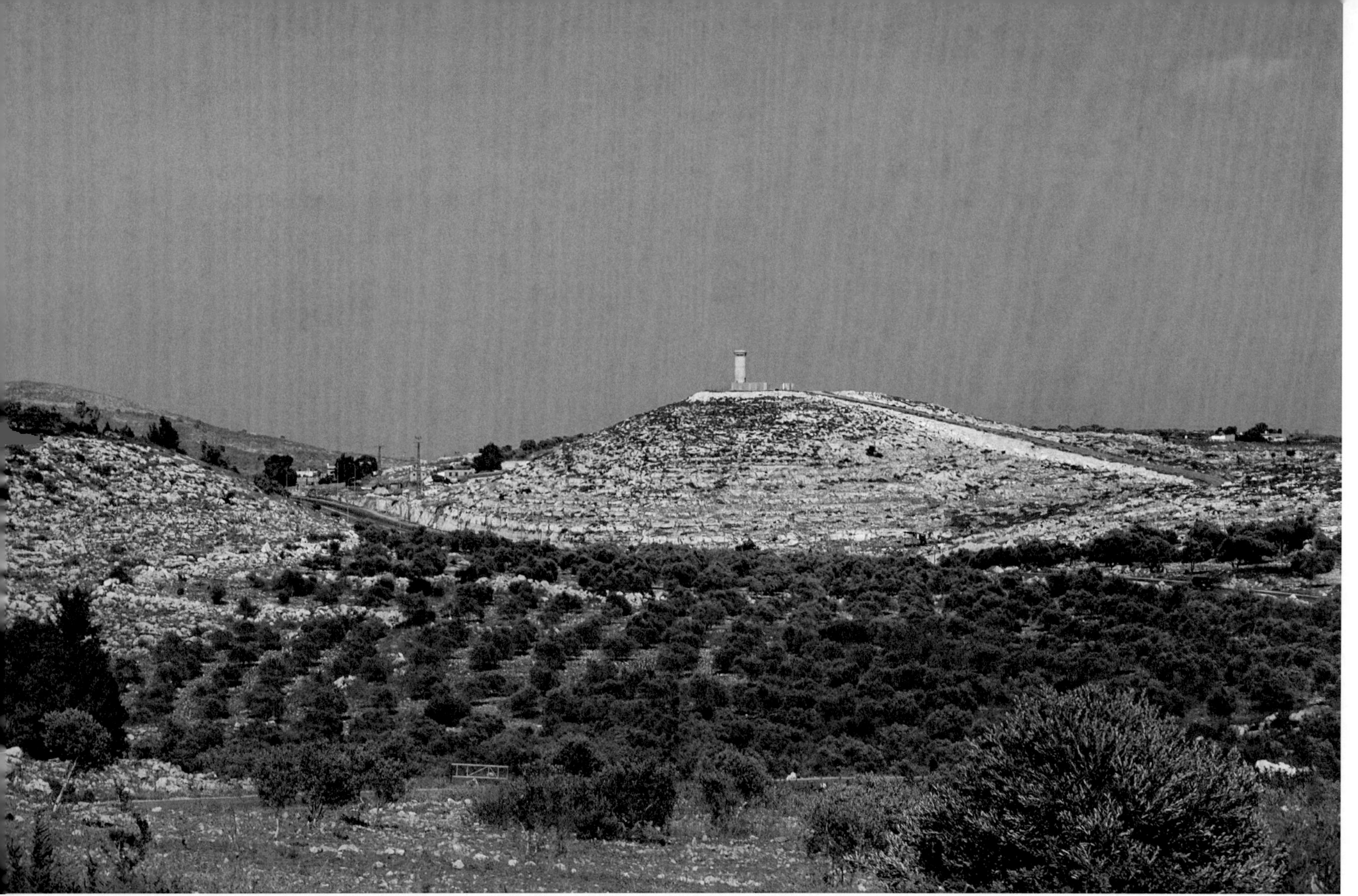

Surveilling the land on the road between Tulkarim and Jenin, 2013

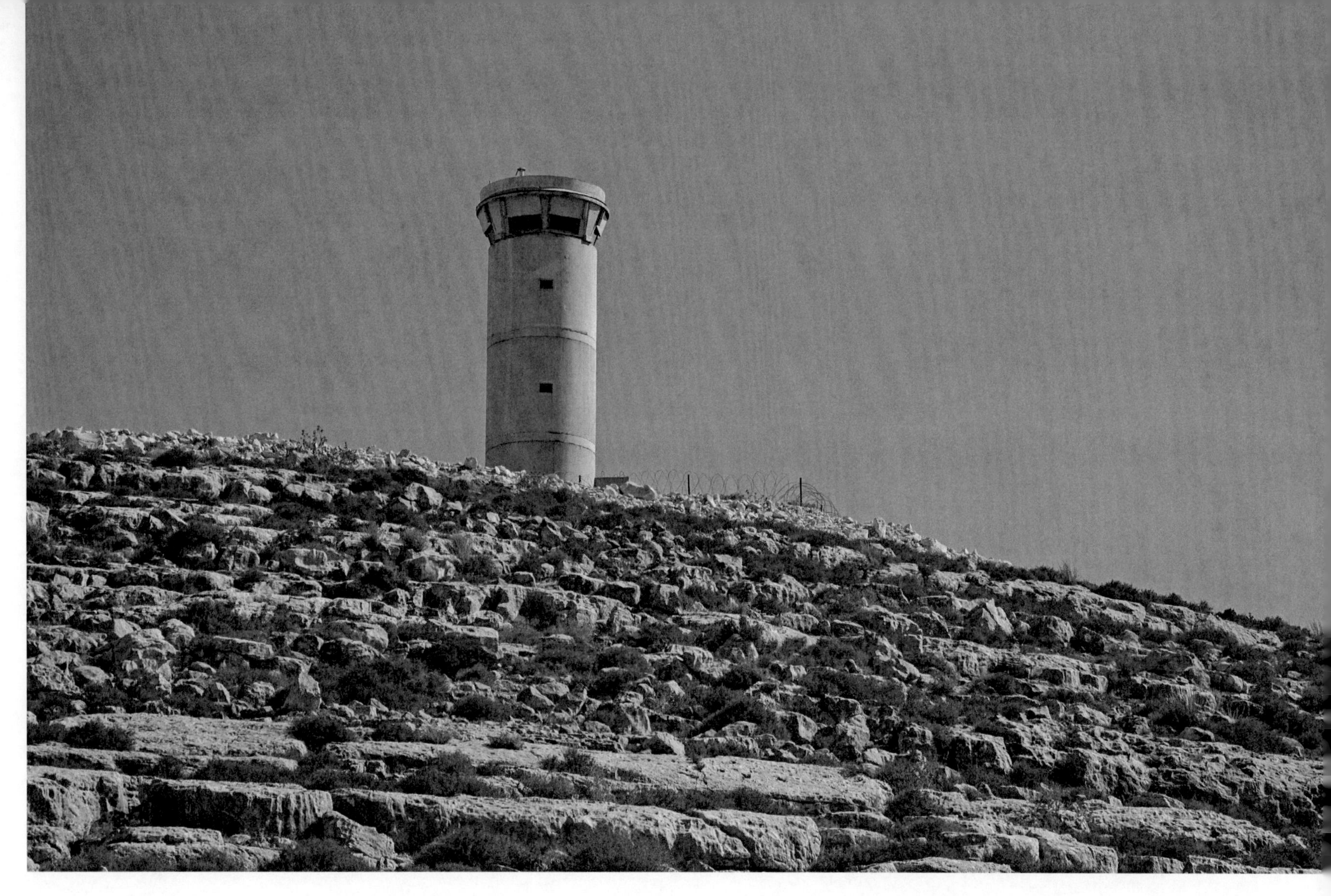

مراقبة الأراضي في الطريق ما بين طولكرم وجنين، 2013

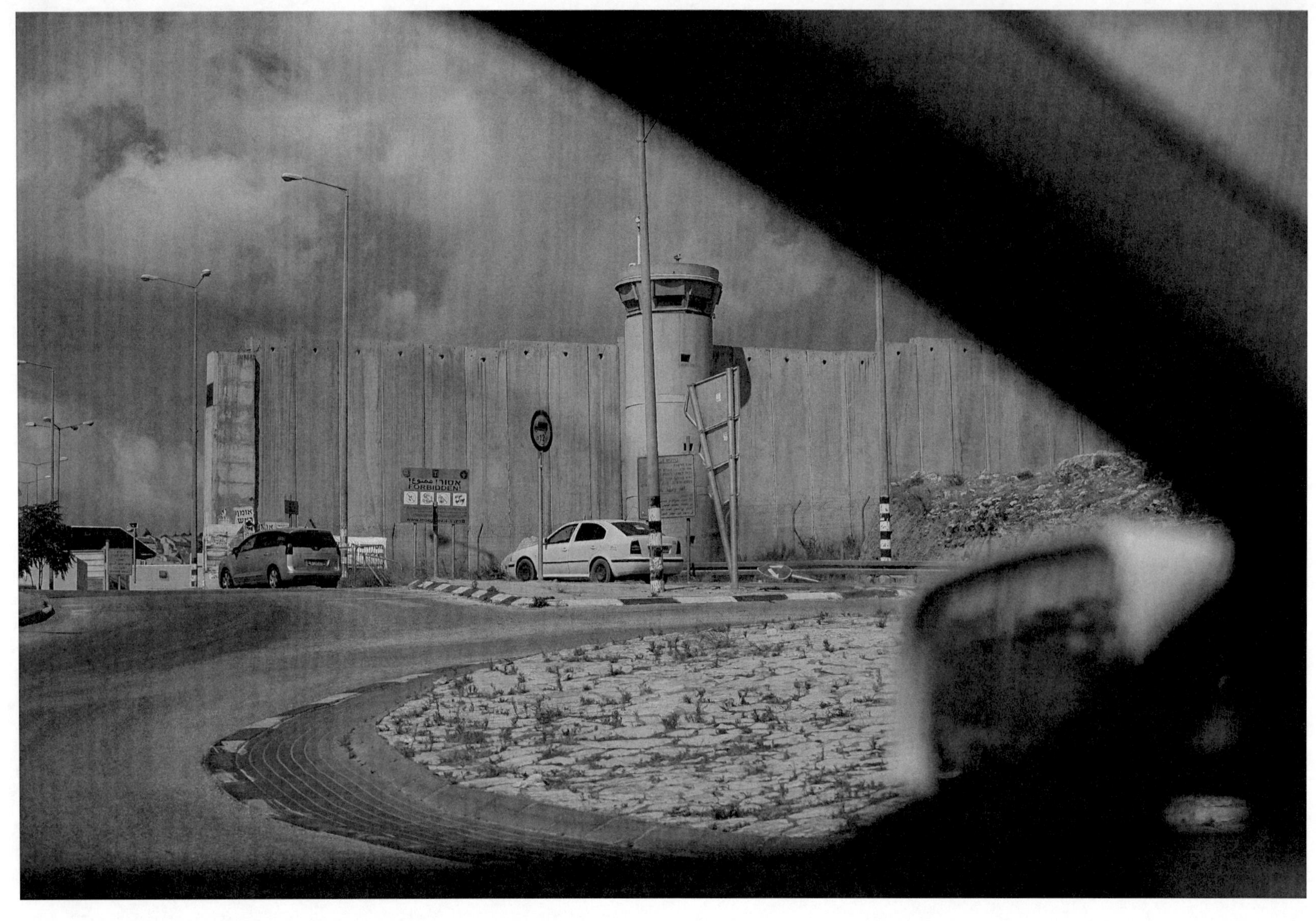

Driving through the village of Hisma, Jerusalem district, 2016

المرور عبر قرية حزما، محافظة القدس، 2016

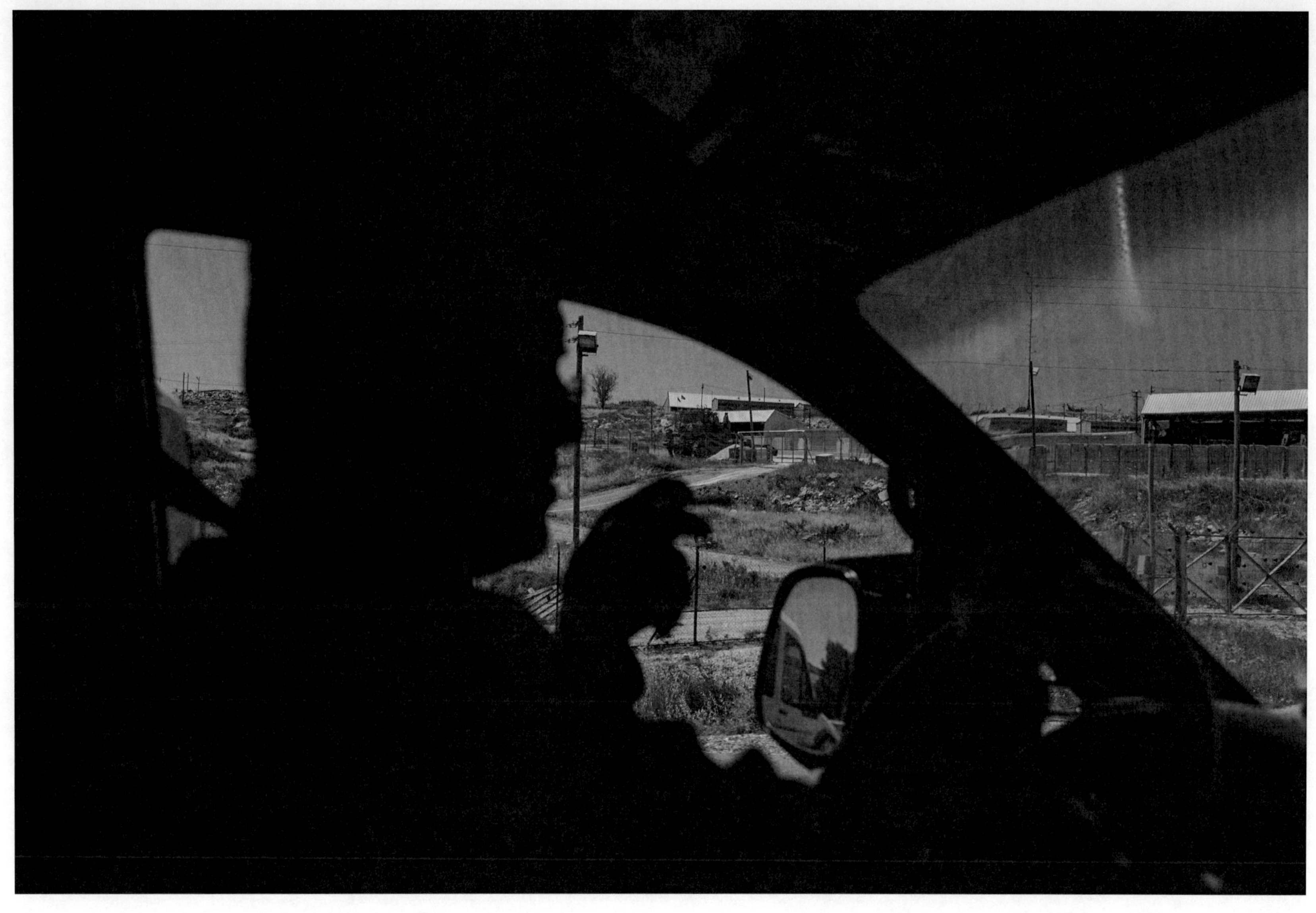

On the road between Bethlehem and Ramallah, near an
Israeli military camp, 2010

على الطريق بين بيت لحم ورام الله، بالقرب من معسكر لجيش
الاحتلال الإسرائيلي، 2010

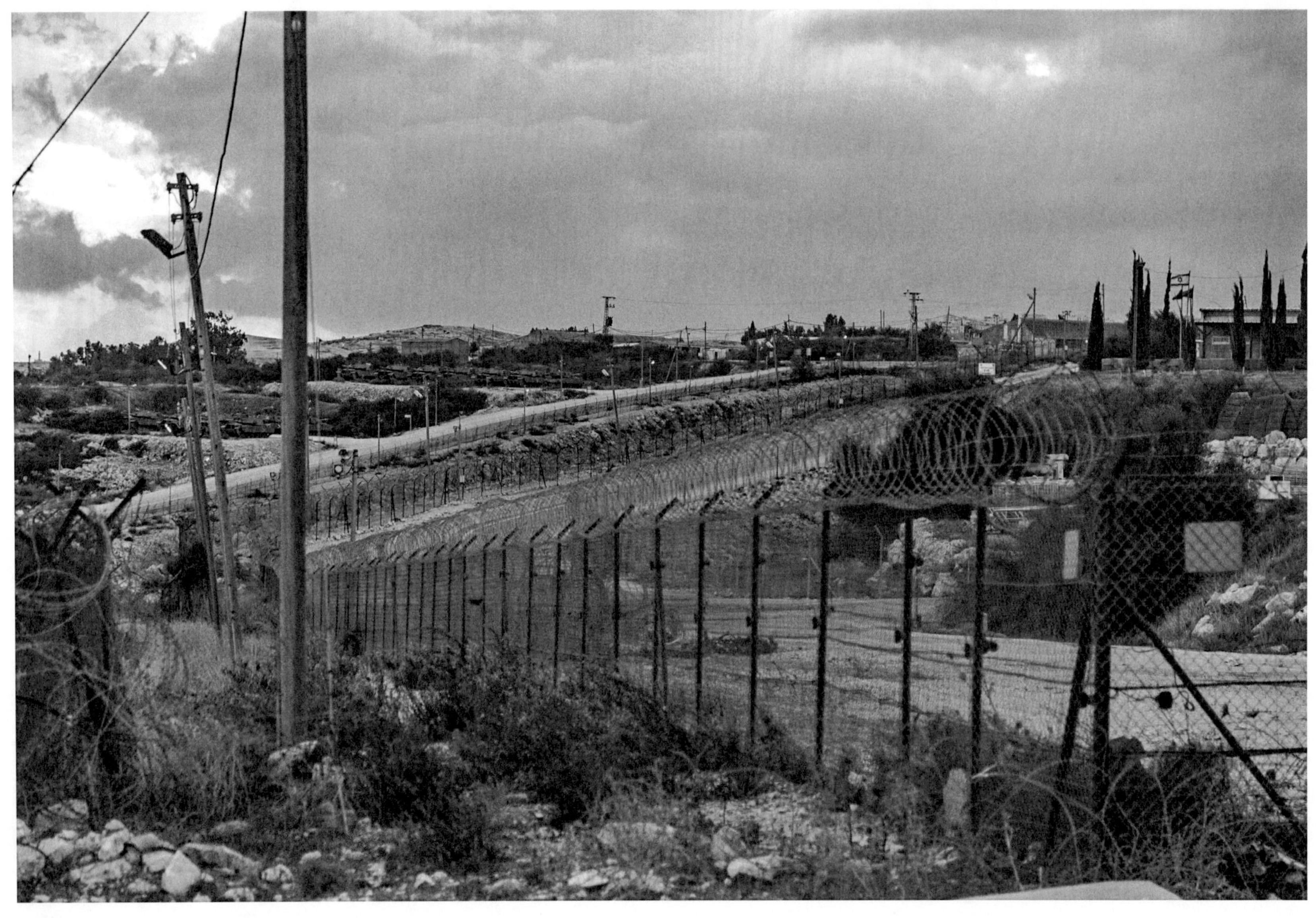

Driving by an Israeli military camp between Bethlehem
and Ramallah, 2015

المرور بمحاذاة معسكر لجيش الاحتلال الإسرائيلي على الطريق بين بيت
لحم ورام الله، 2015

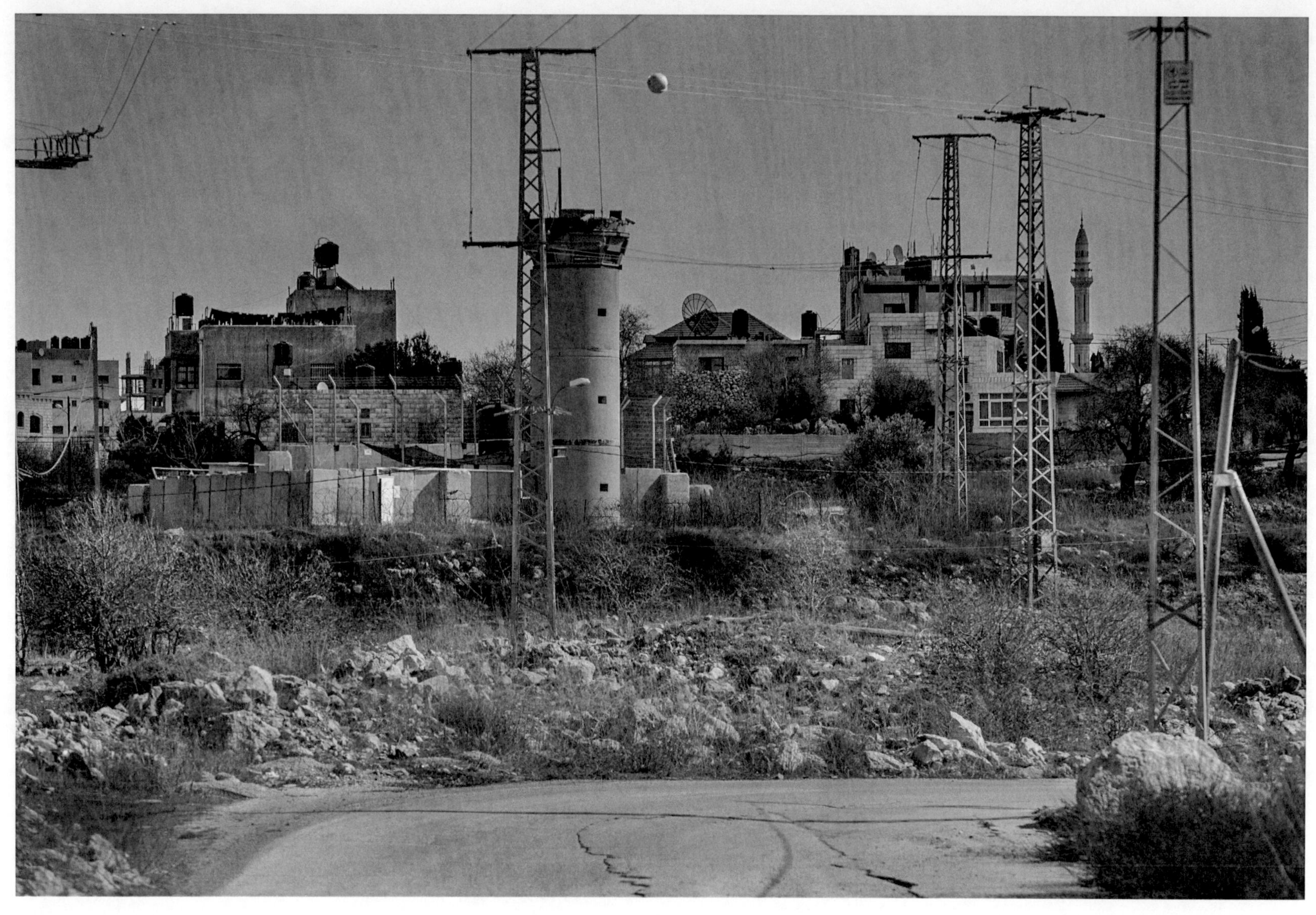

The village of Silwad, Ramallah governorate, 2020

قرية سلواد، محافظة رام الله، 2020

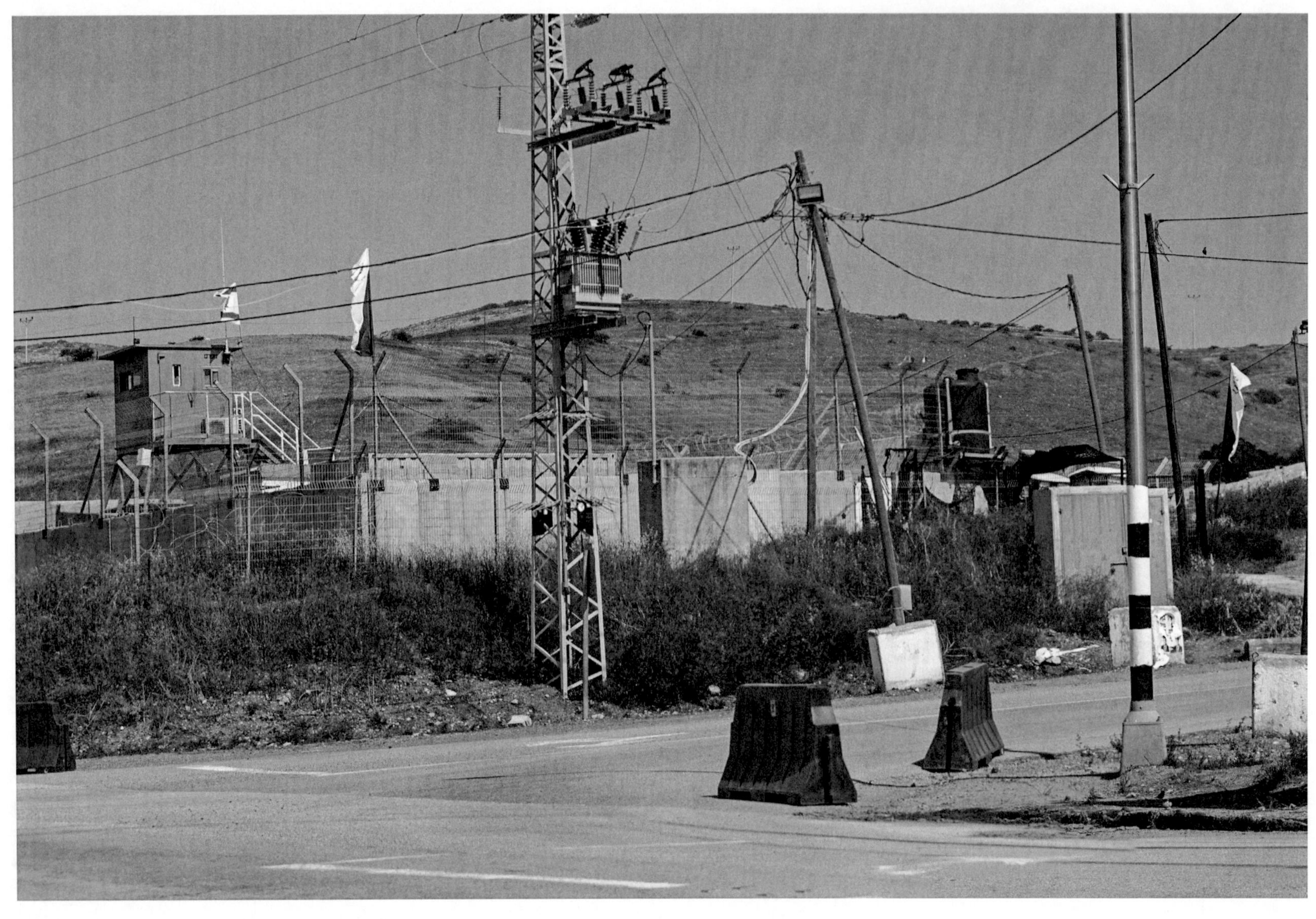

On the road to Jenin from Jericho, 2020

على الطريق إلى جنين من أريحا، 2020

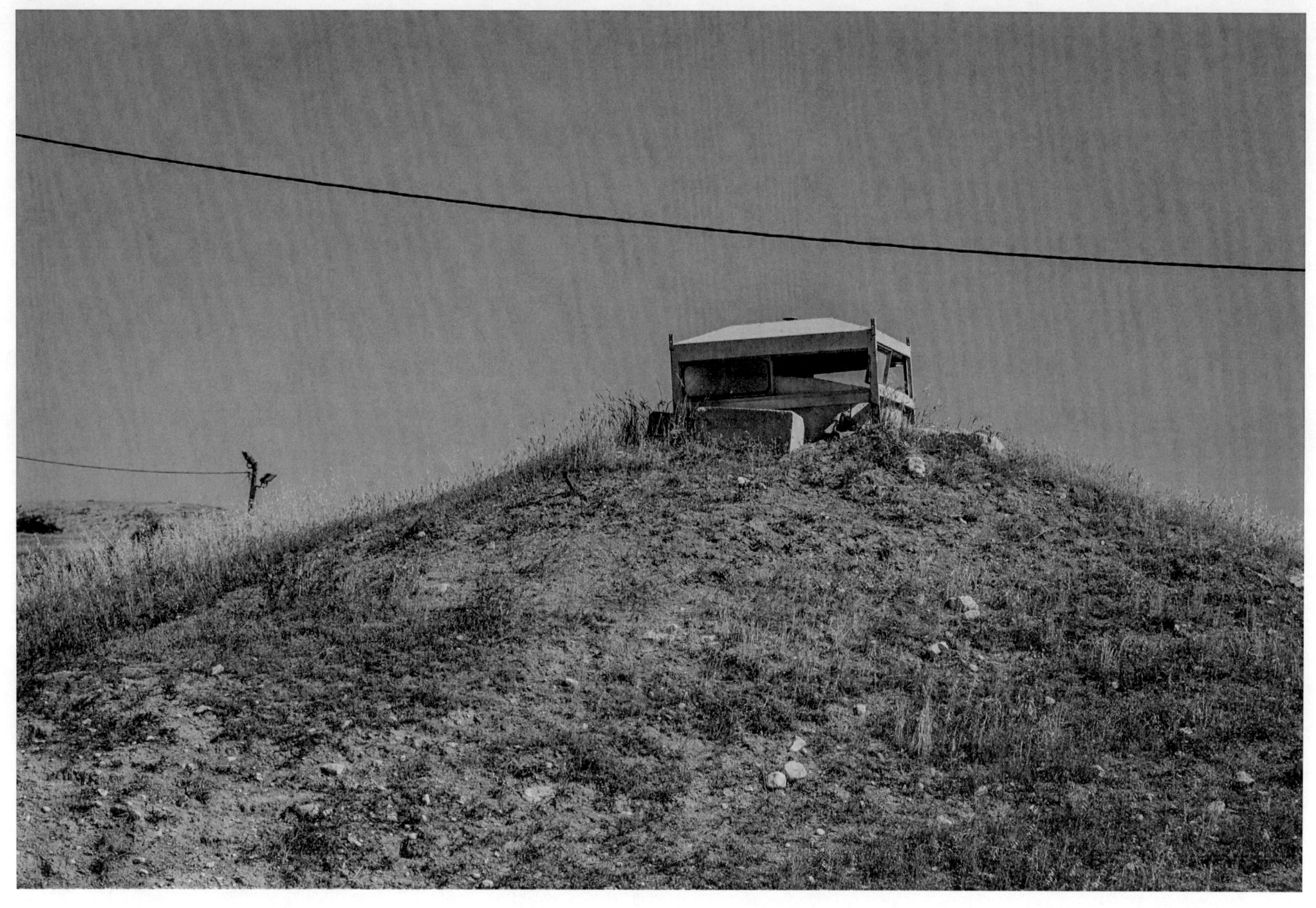

Driving from Jericho to Tubas, 2020

مغادرة أريحا إلى طوباس، 2020

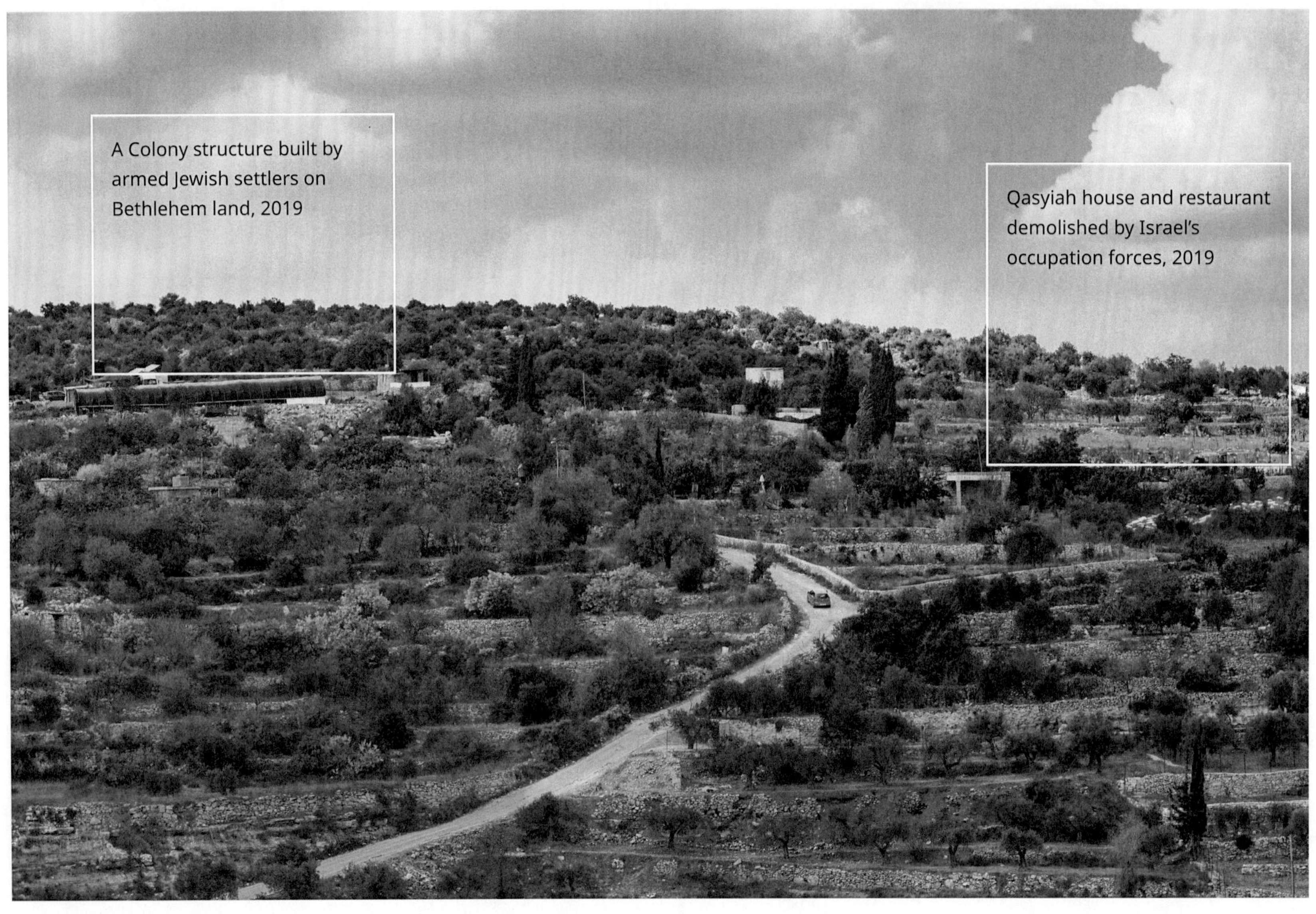

An illegal colony post being built by armed Jewish settlers on Makhrour hills in Beit Jala under the protection of occupation forces, Bethlehem, 2019

نواة منشأة استعماريّة تقام على أراضي المخرور في بيت جالا من قبل مستوطنين مُسلّحين، تحت حماية جيش الاحتلال، بيت لحم، 2019

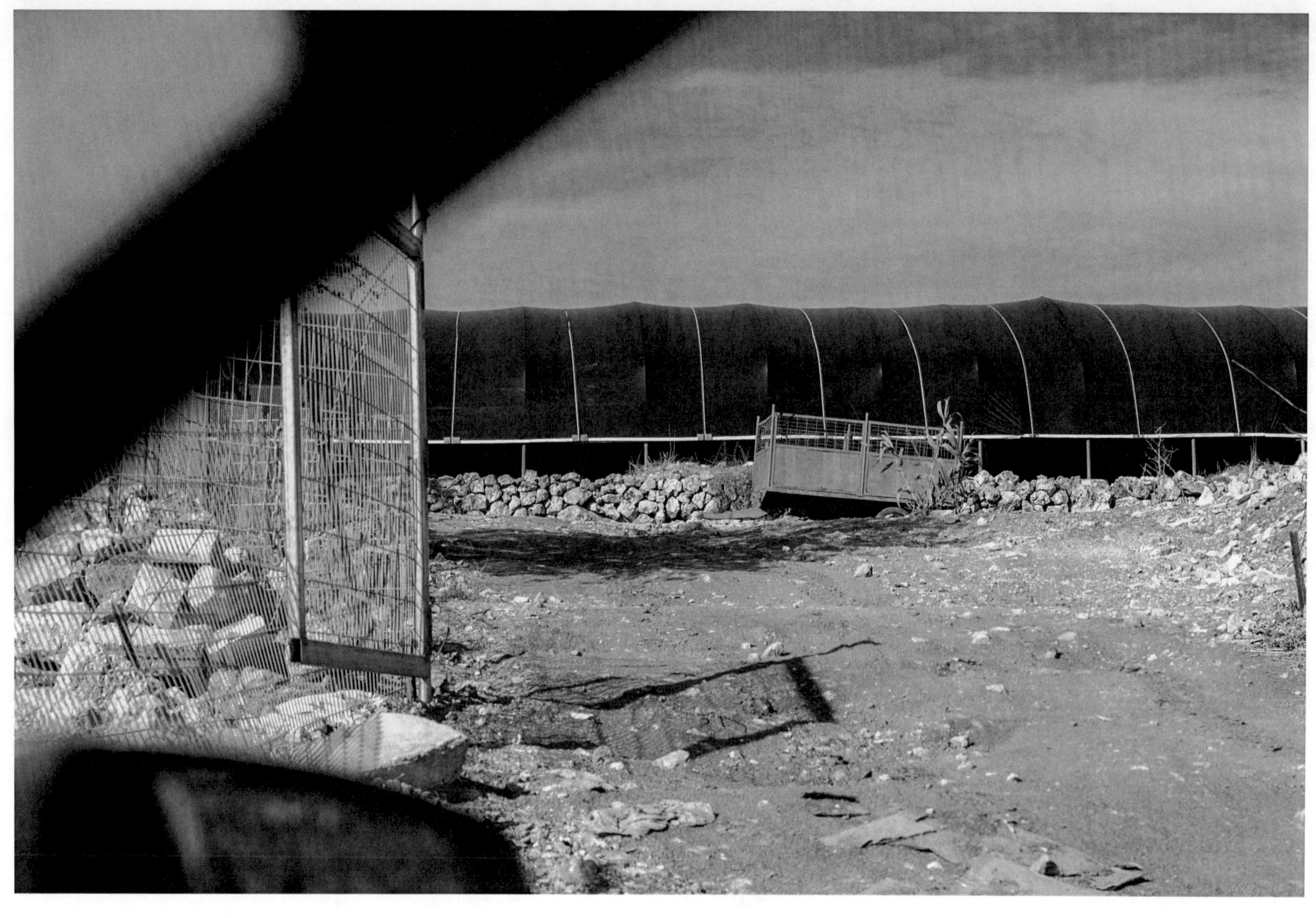

A close up view of the illegal colony post on the land
 of Beit Jala, 2019

صورة مقرّبة لمنشأة استيطانية غير شرعيّة على أراضي المخرور، بيت جالا، 2019

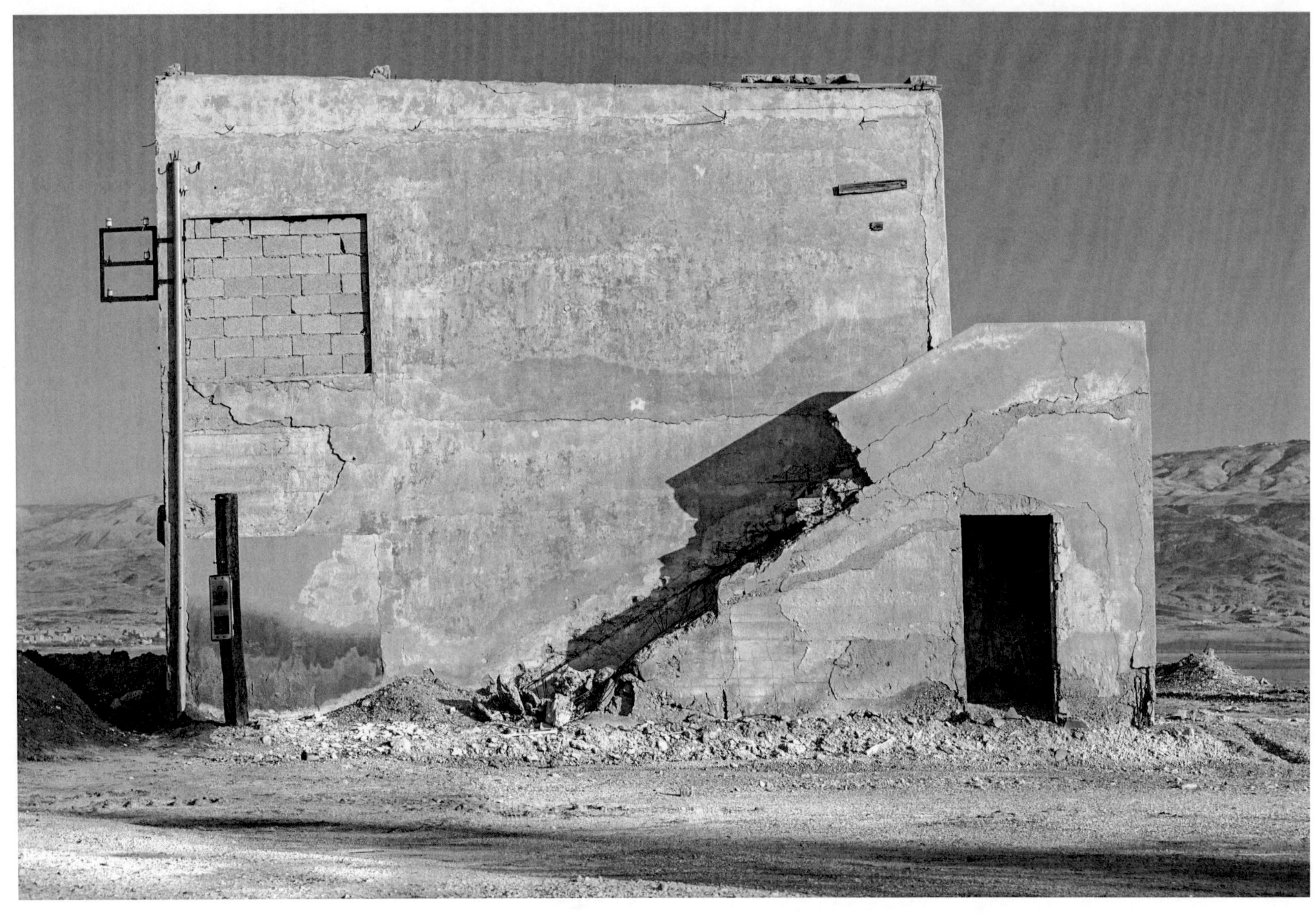

مبنى فلسطيني على البحر الميت في الضفّة الغربيّة دمرته جزئيّا سلطات الاحتلال الإسرائيلي وأغلقته عام 1967 وأعلنته منطقة عسكريّة مغلقة، 2020

Palestinian building partly destroyed, sealed, and declared closed military zone since 1967 at the Dead Sea in the West Bank, 2020

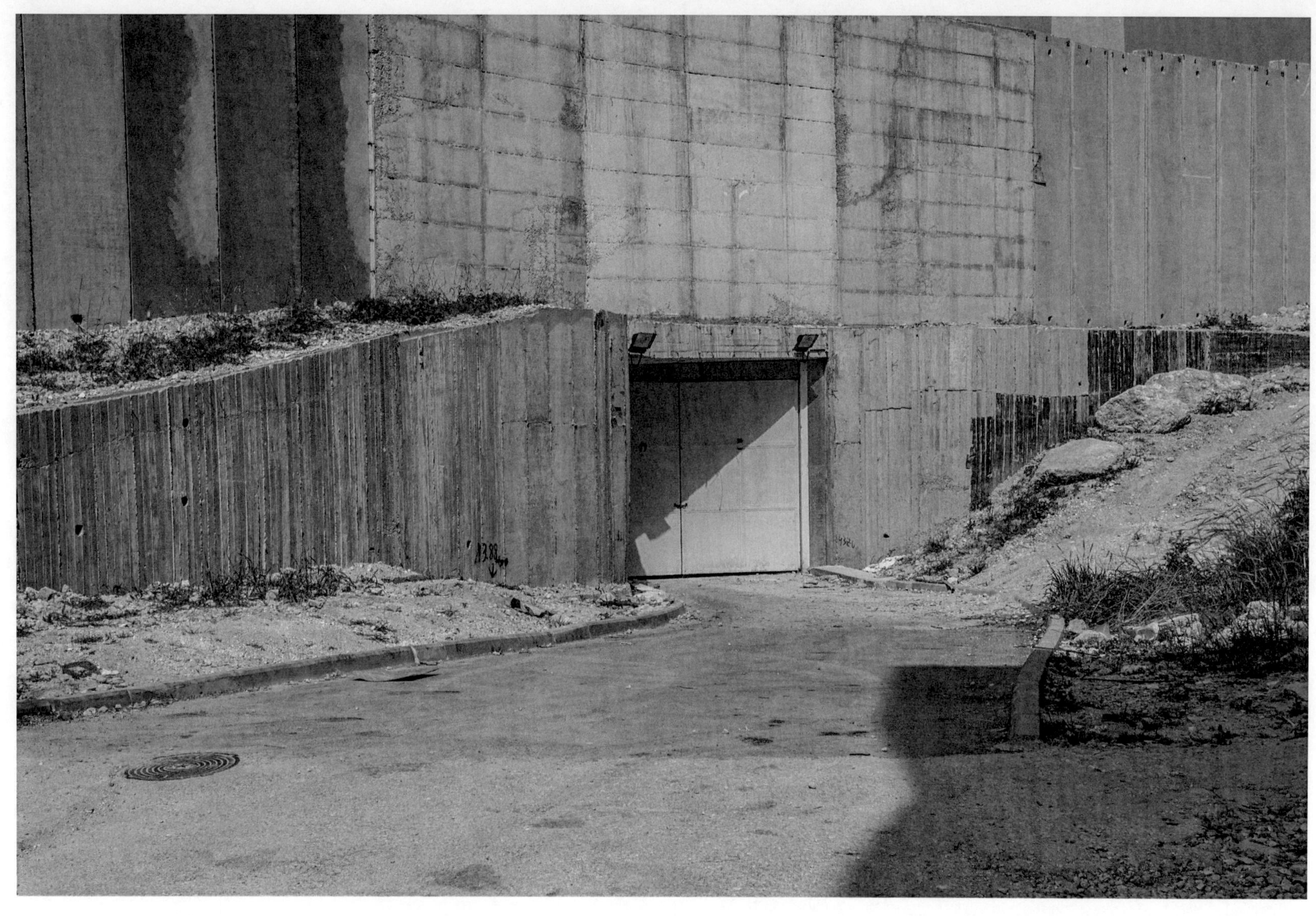

An "agricultural gate" in the Apartheid Wall in Beit Jala separates farmers from their land behind the Wall, 2017

"بوّابة زراعيّة" تفصل بين المزارعين وأراضيهم الواقعة خلف جدار الفصل العنصري في بيت جالا، 2017

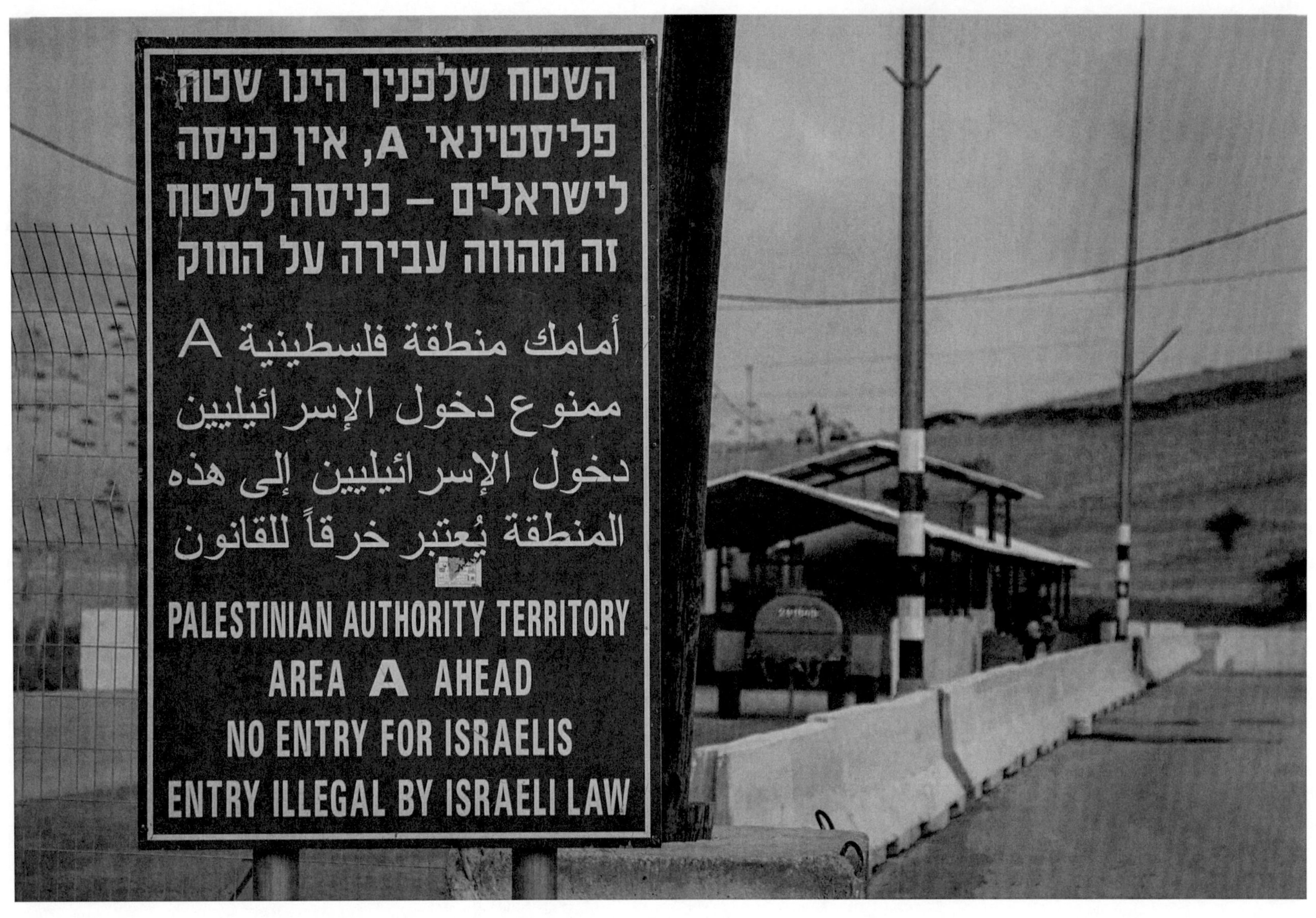

One of the racist signs on Alhamra checkpoint between Jericho and east West Bank, 2010

لافتة عنصريّة على حاجز الحمراء العسكري بين أريحا وغرب الضفّة الغربيّة، 2010

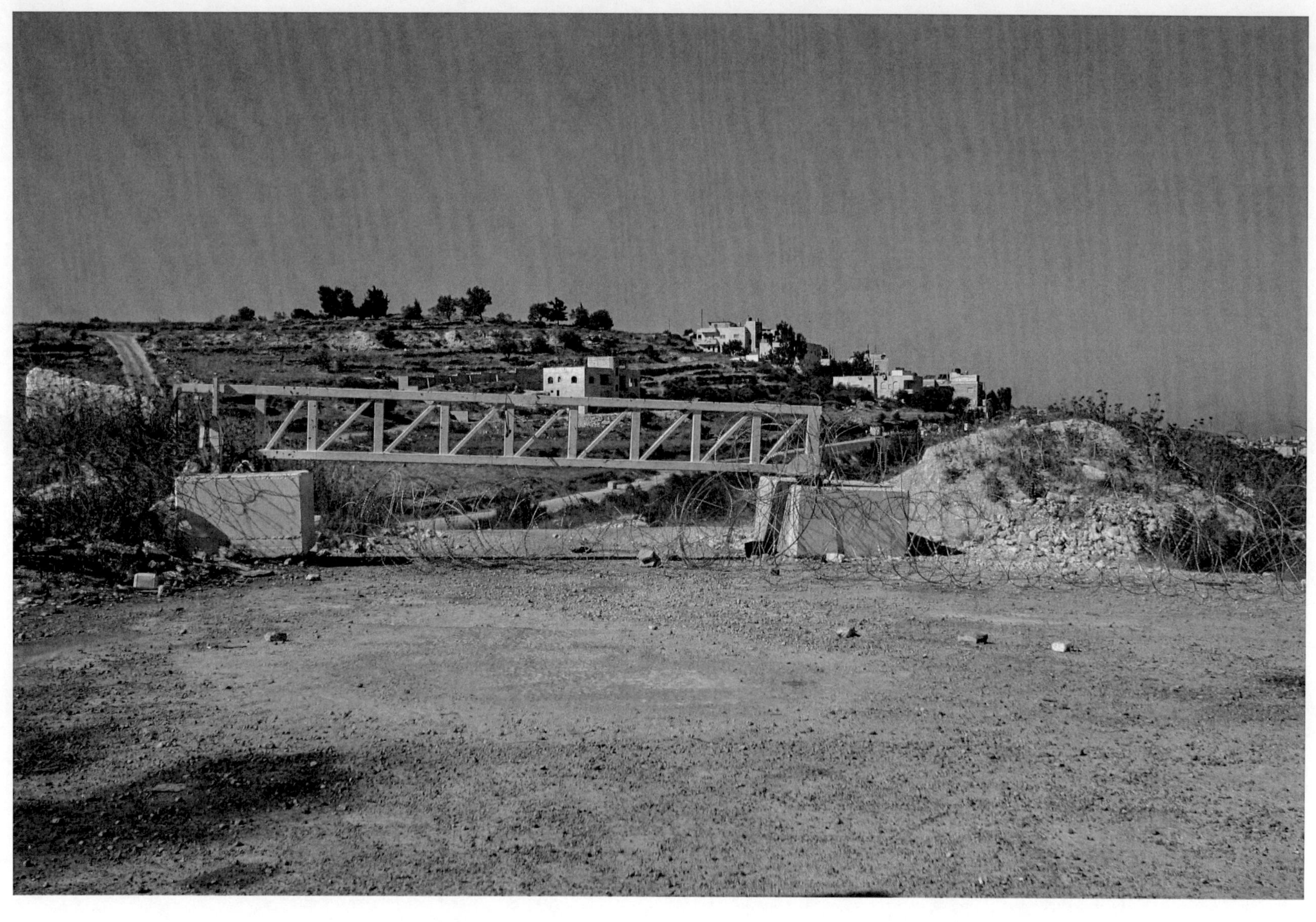

A road to Ramallah from Nablus closed to Palestinians by
Israel's occupation forces, 2010

طريق إلى رام الله من نابلس أغلقته قوّات الاحتلال الإسرائيلي، 2010

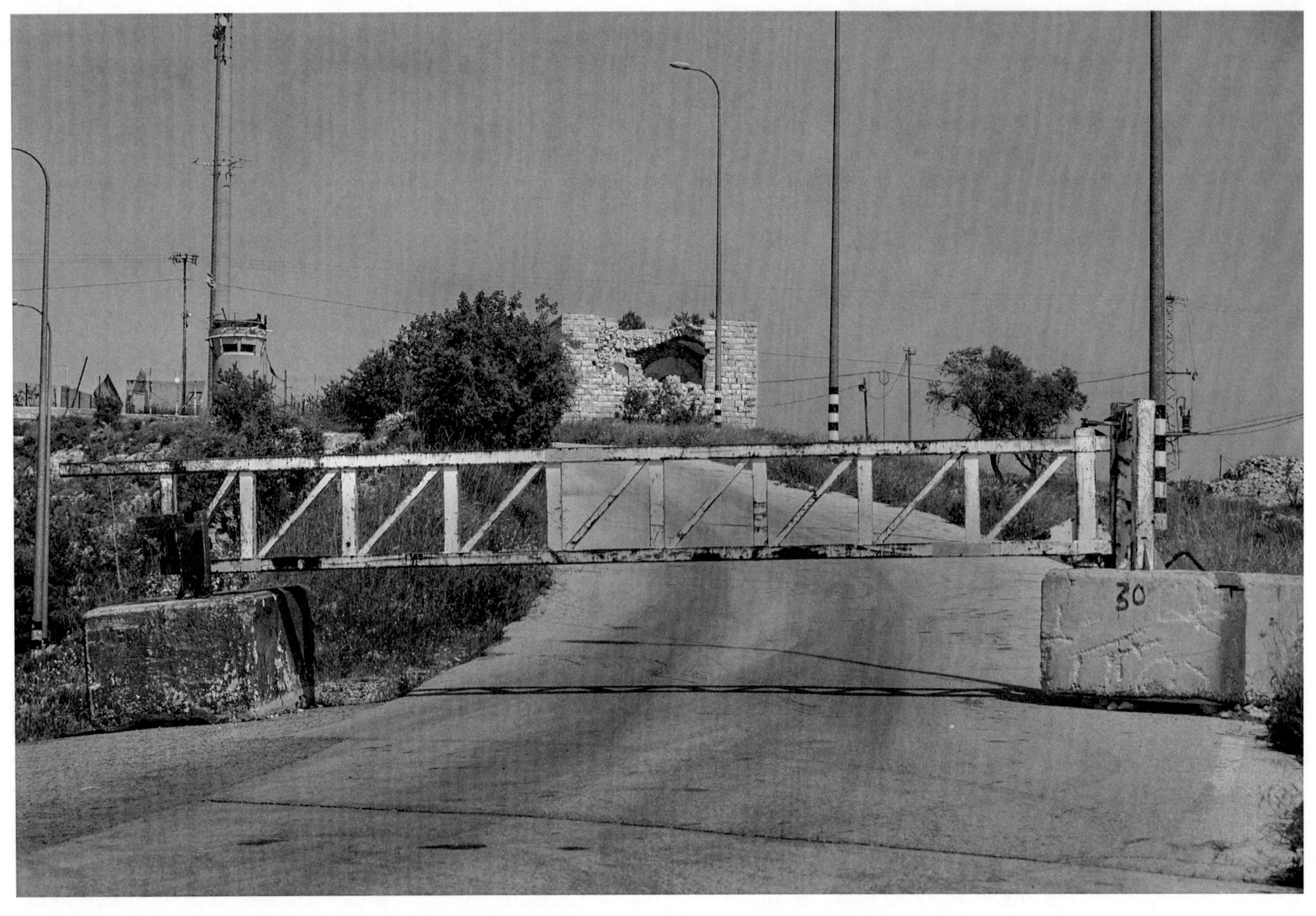

A road to Nablus from Ramallah closed to Palestinians by Israel's occupation forces, 2020

طريق إالى رام الله من نابلس أغلقته قوّات الاحتلال الإسرائيلي، 2020

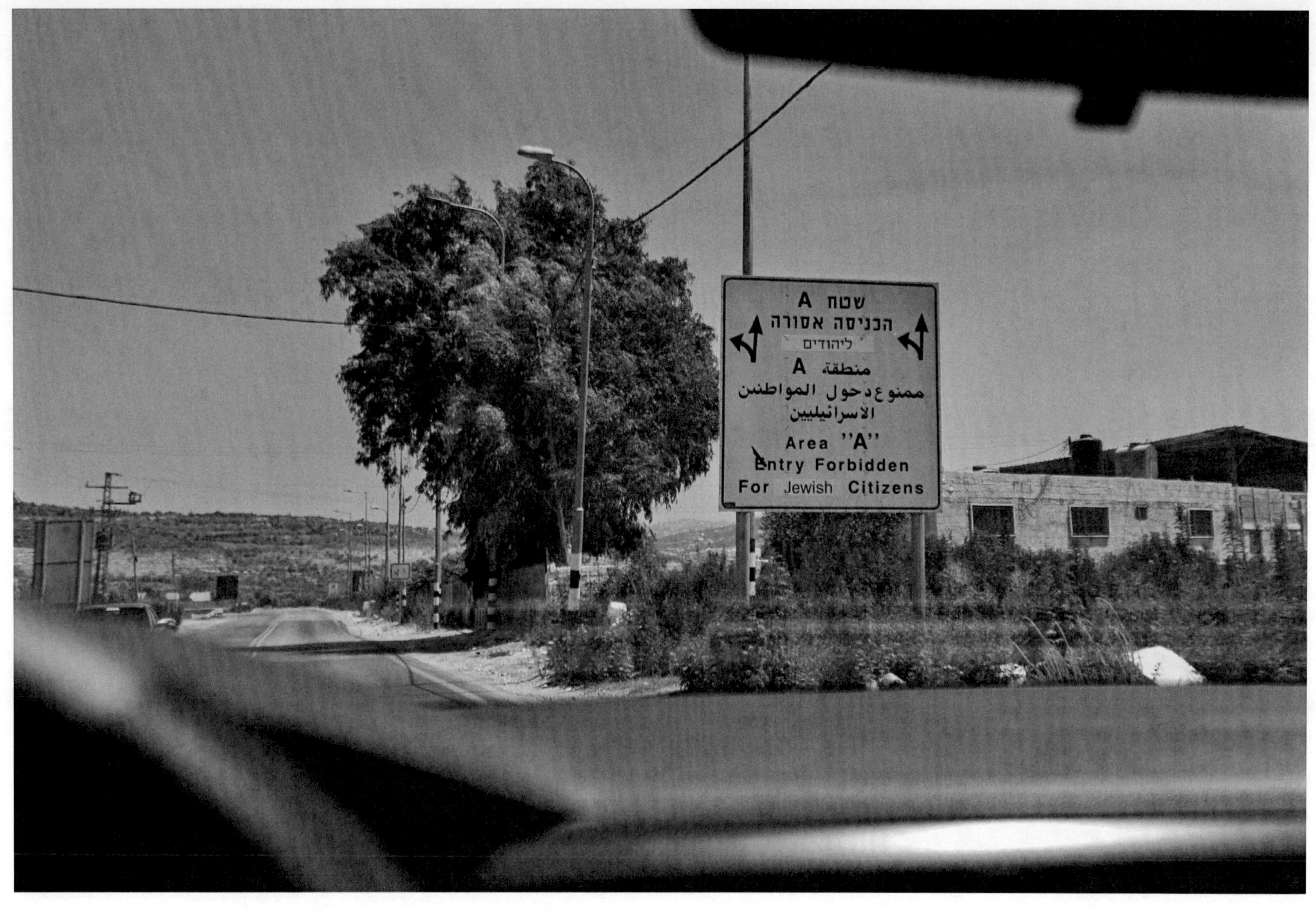

A racist sign on the road between Ramallah and Nablus, 2018

لافتة عنصرية على الطريق بين رام الله ونابلس، 2018

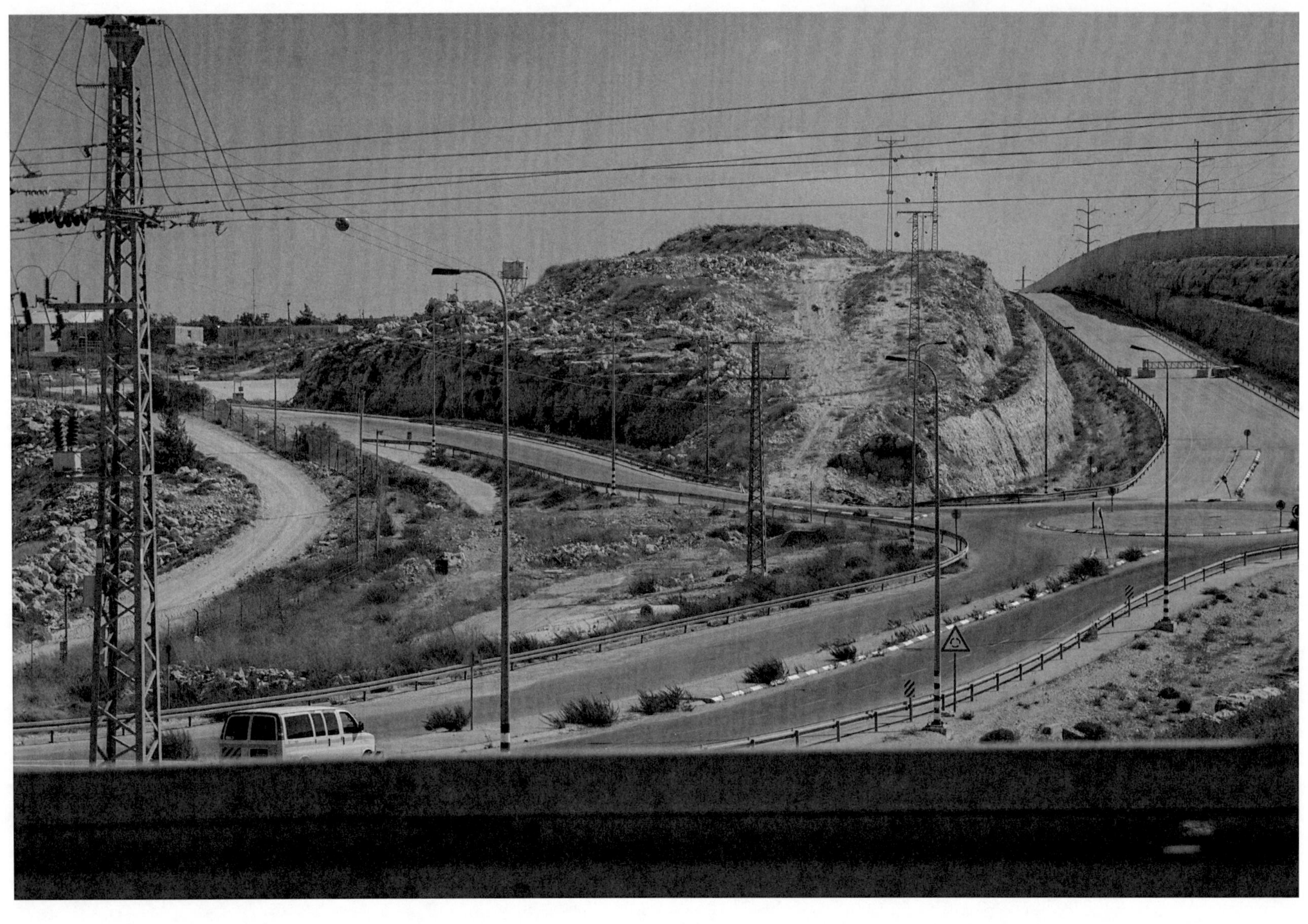

Driving near an Israeli-only road on our way to Ramallah from Bethlehem, 2013

المرور بجانب شارع مخصّص لاستخدام الإسرائيليين فقط على الطريق بين رام الله وبيت لحمر، 2013

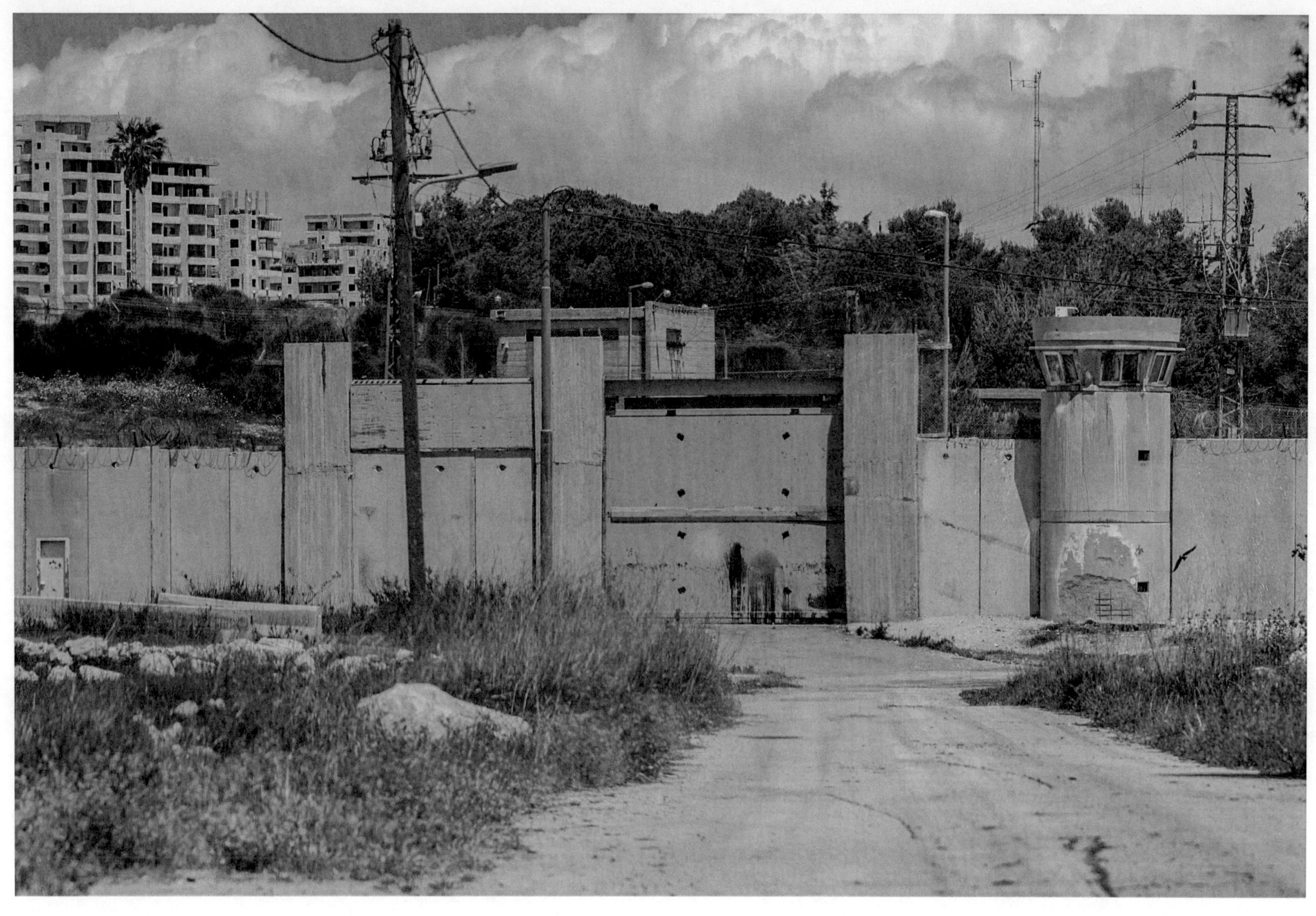

The village of Qalandia surrounded and isolated from its urban center Jerusalem by the Apartheid Wall, 2020

بلدة قلنديا التي عزلها جدار الاحتلال العنصري عن مركزها القدس، 2020

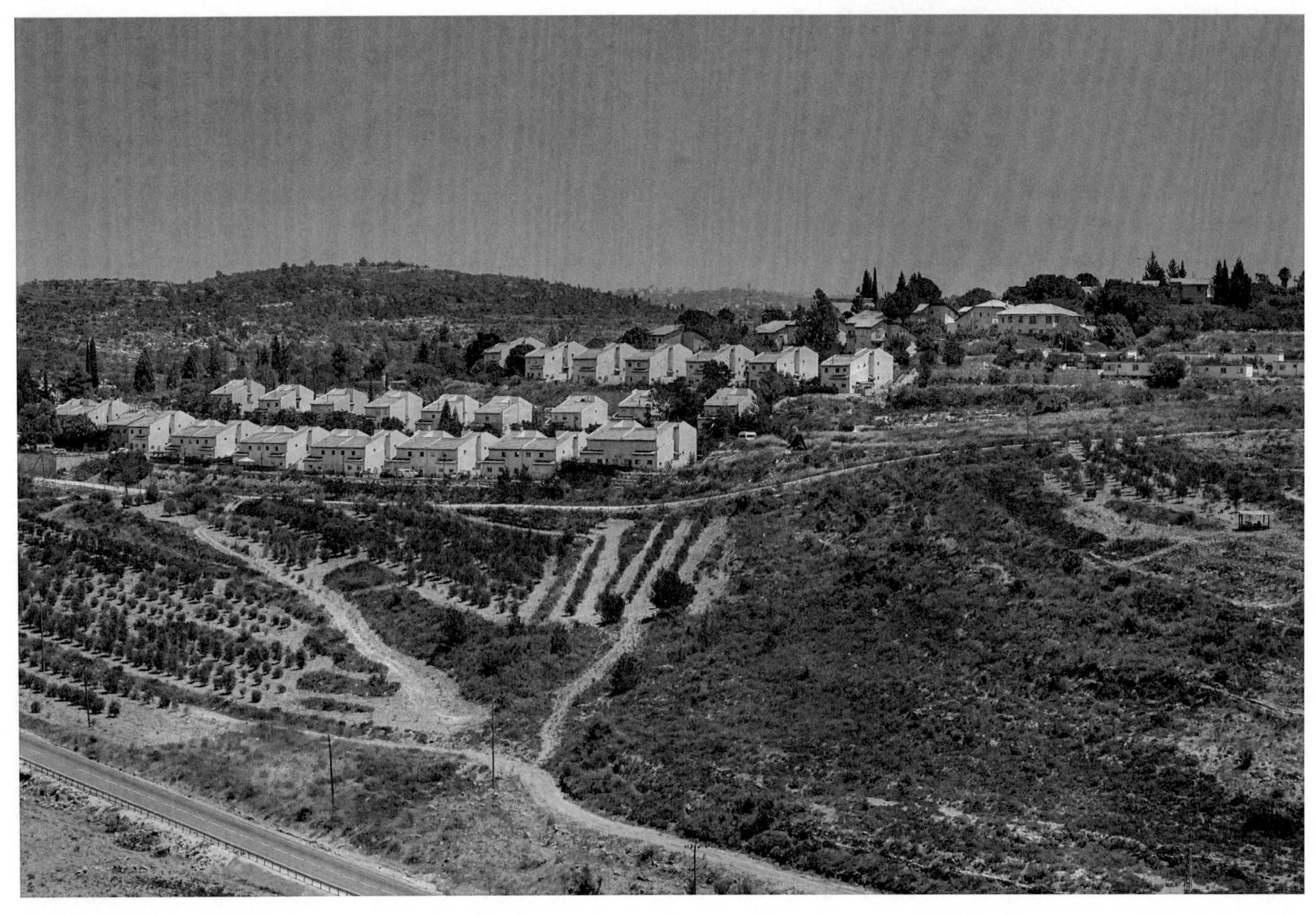

Illegal Jewish-only colony on the land of Nabi Saleh, Ramallah and Al-Bireh governorate, 2013

مستعمرة غير شرعية على أراضي بلدة النبي صالح في محافظة رام الله-البيرة، 2013

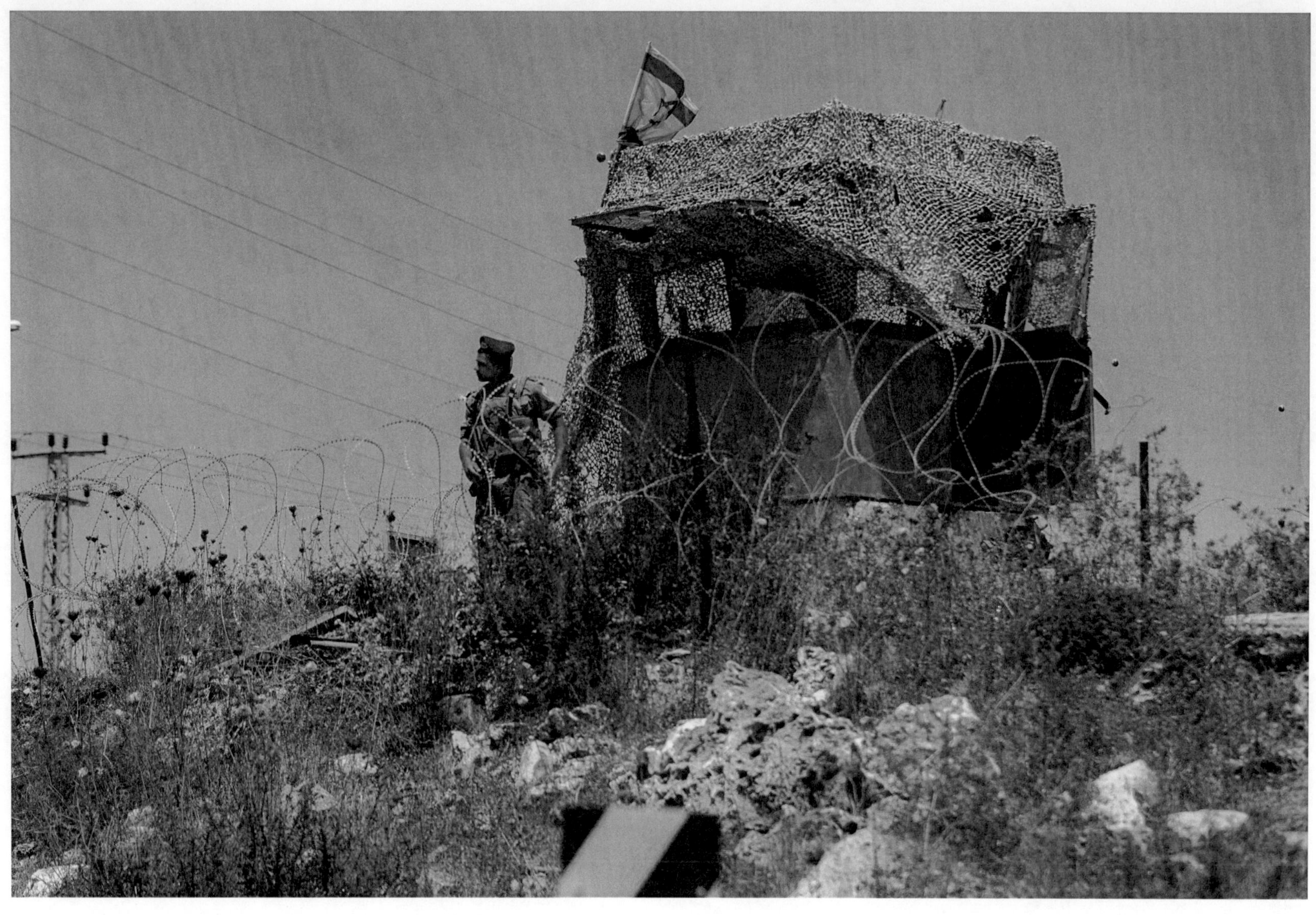

Driving to Jenin from Ramallah, 2013

الطريق من جنين إلى رام الله عام 2013

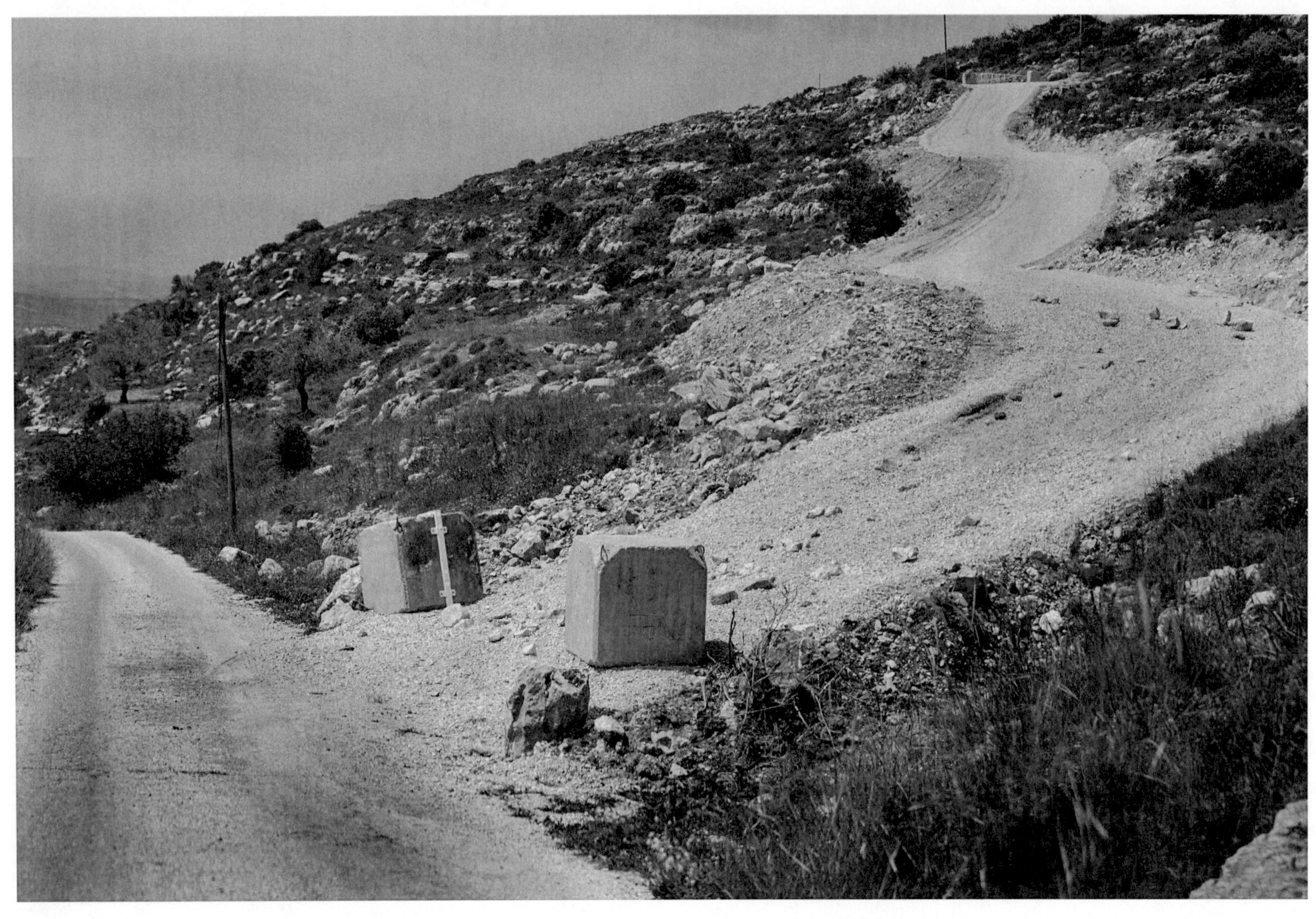

The land of Mazraa Gharbiyeh destroyed by Jewish settlers to build a road to an illegal colony on the hills of the village, 2020

أرض عائدة لقرية المزرعة الغربيّة دمّرها مستوطنون يهود لفتح طريق إلى مستعمرة غير شرعيّة أقيمت على أراضي القرية، 2020

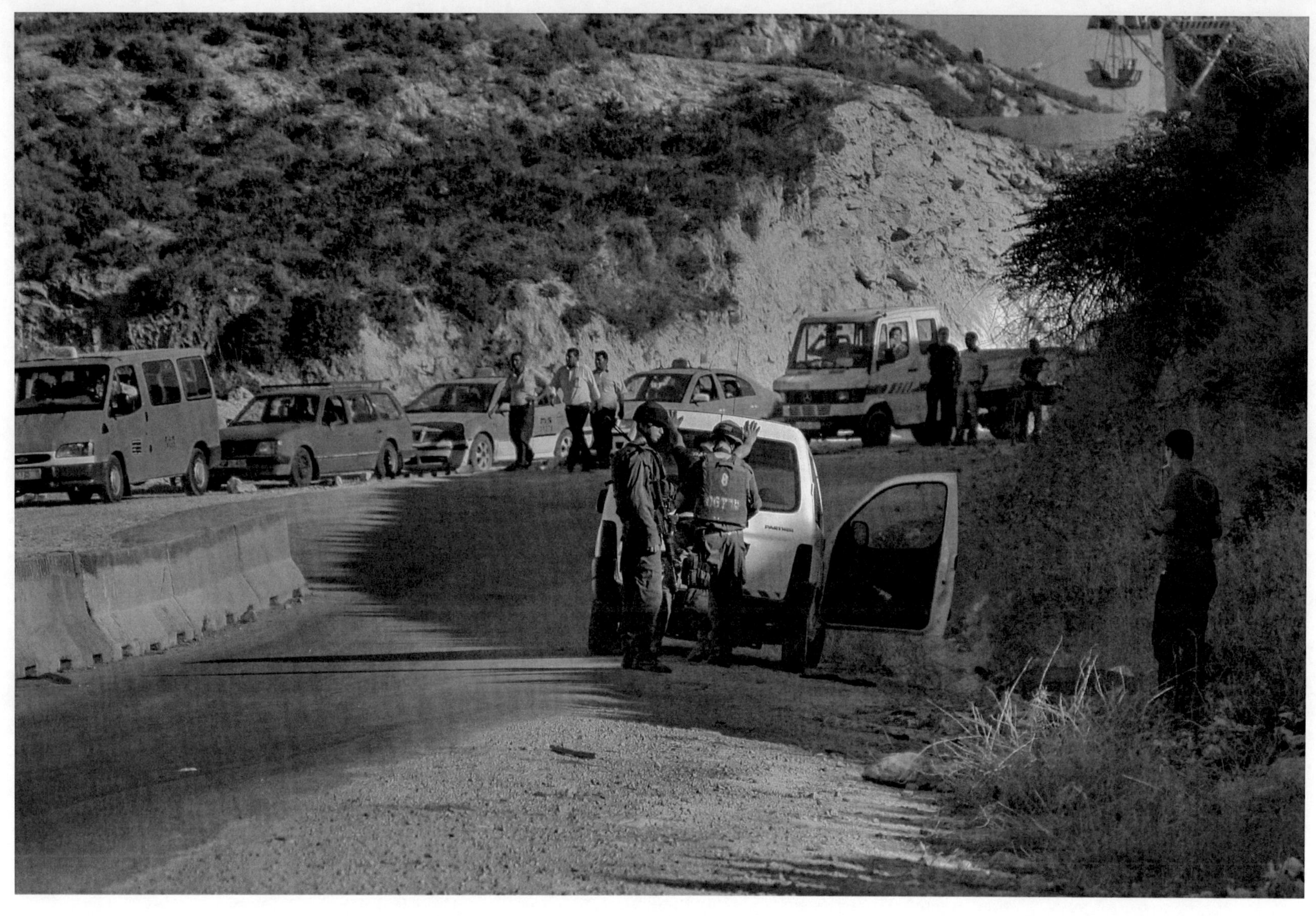

Stopping at a flying checkpoint on the road to Nablus from Jenin, 2010

التوقّف على حاجز عسكري طيّار على الطريق إلى نابلس من جنين، 2010

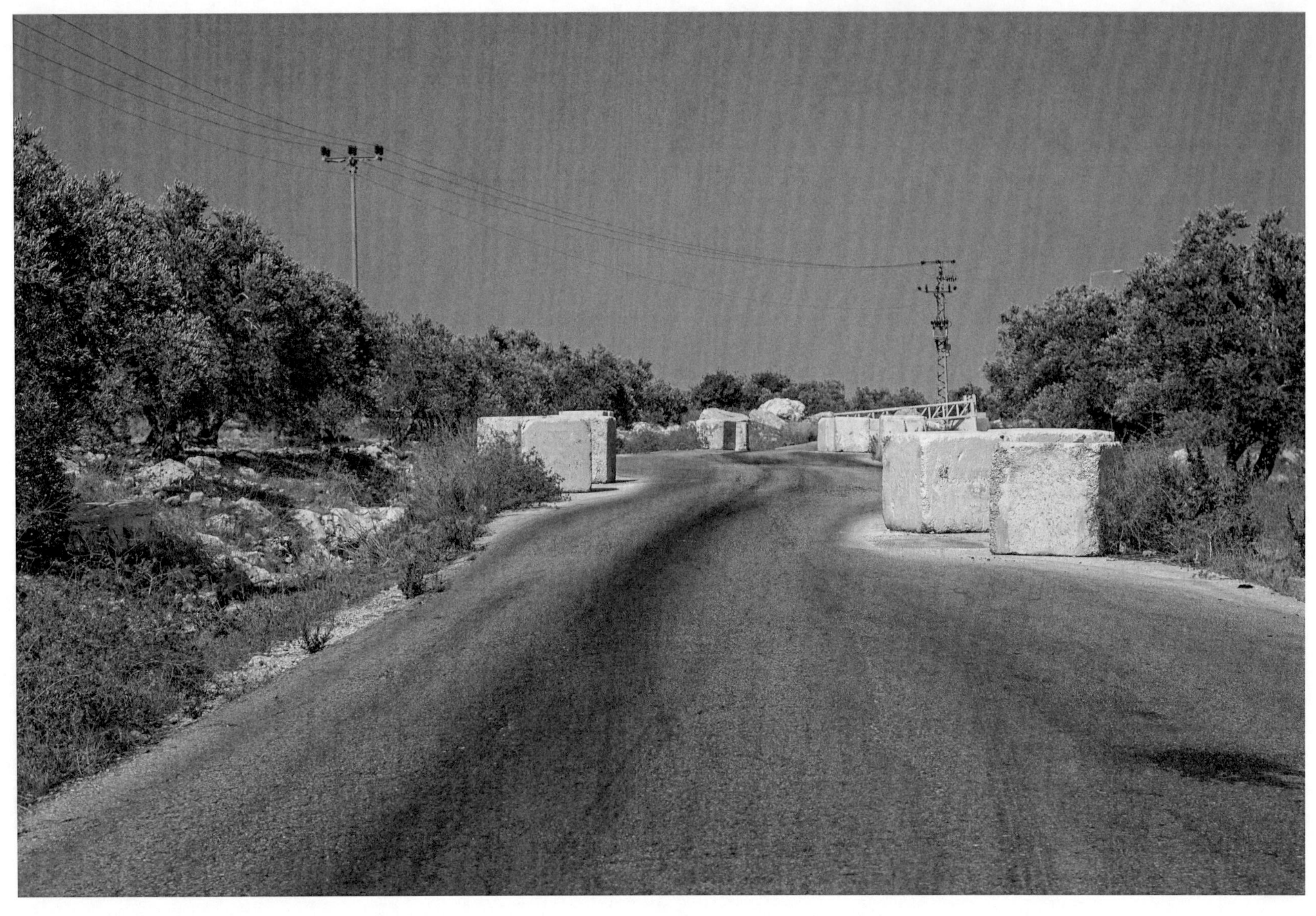

On the road between Tulkarim and Jenin, 2013

على الطريق بين طولكرم وجنين، 2013

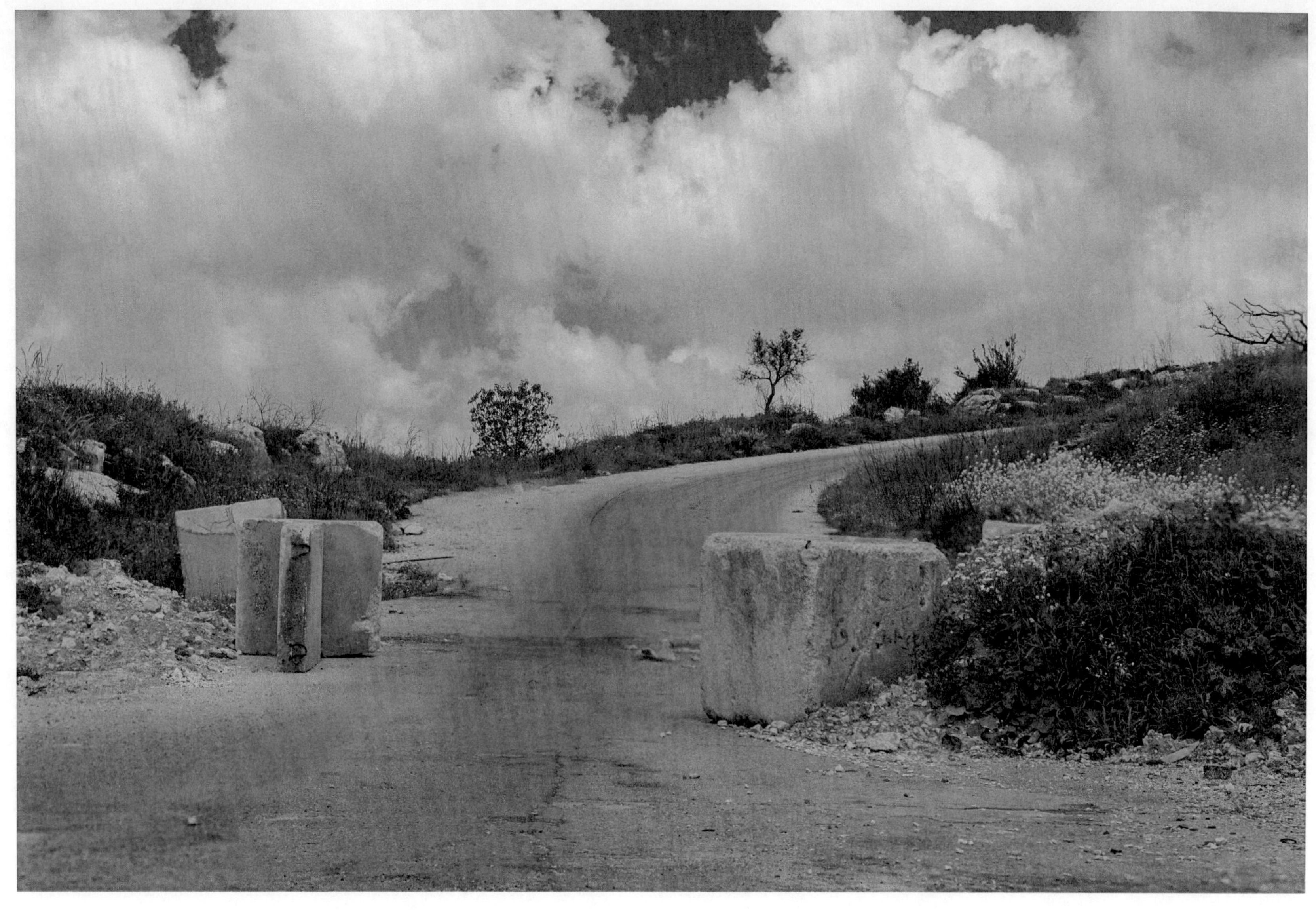

On the road to Nablus from Jenin, 2020

على الطريق بين نابلس وجنين، 2020

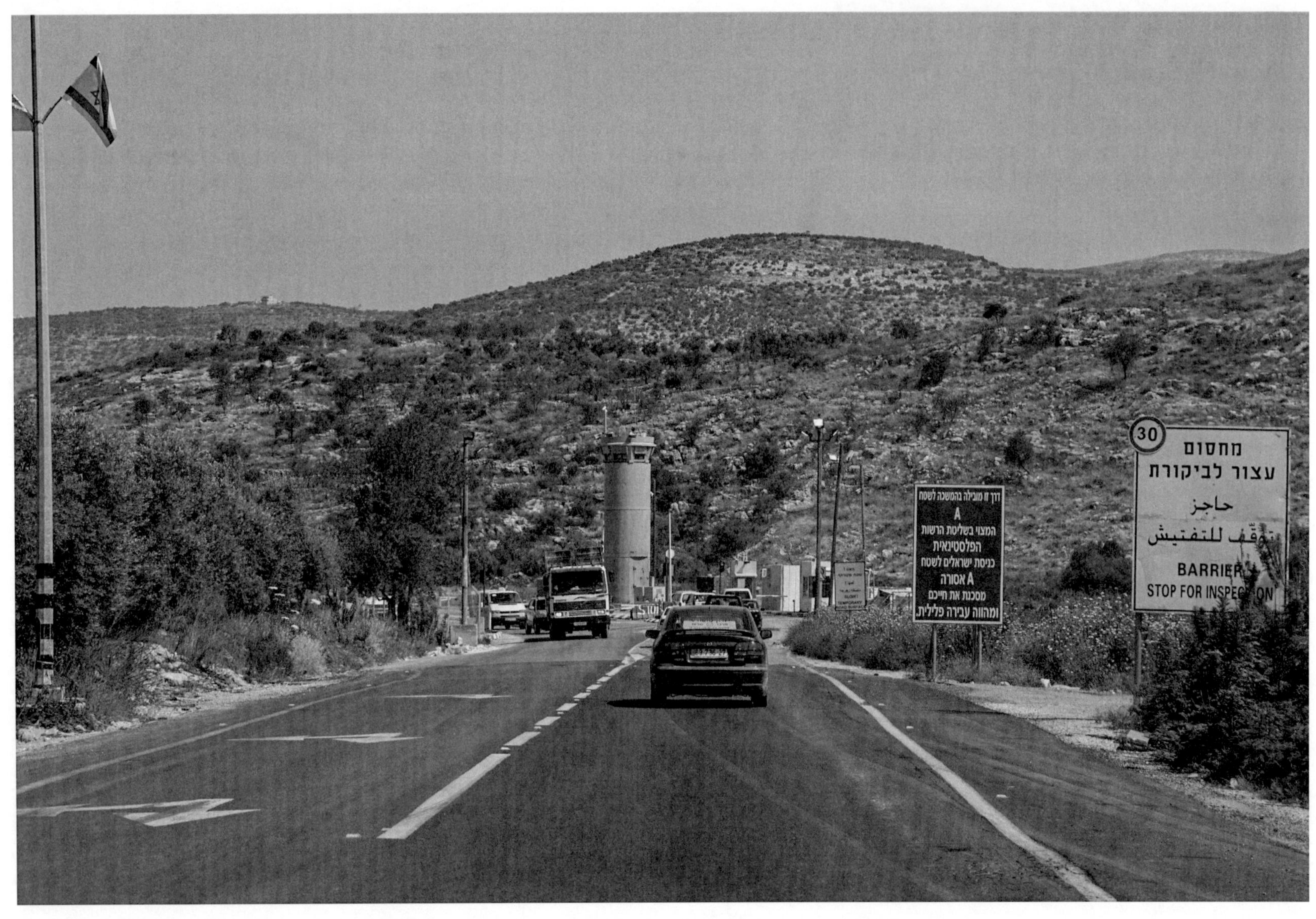

On the road to Tulkarim from Nablus, 2010

على الطريق إلى طولكرم من نابلس، 2010

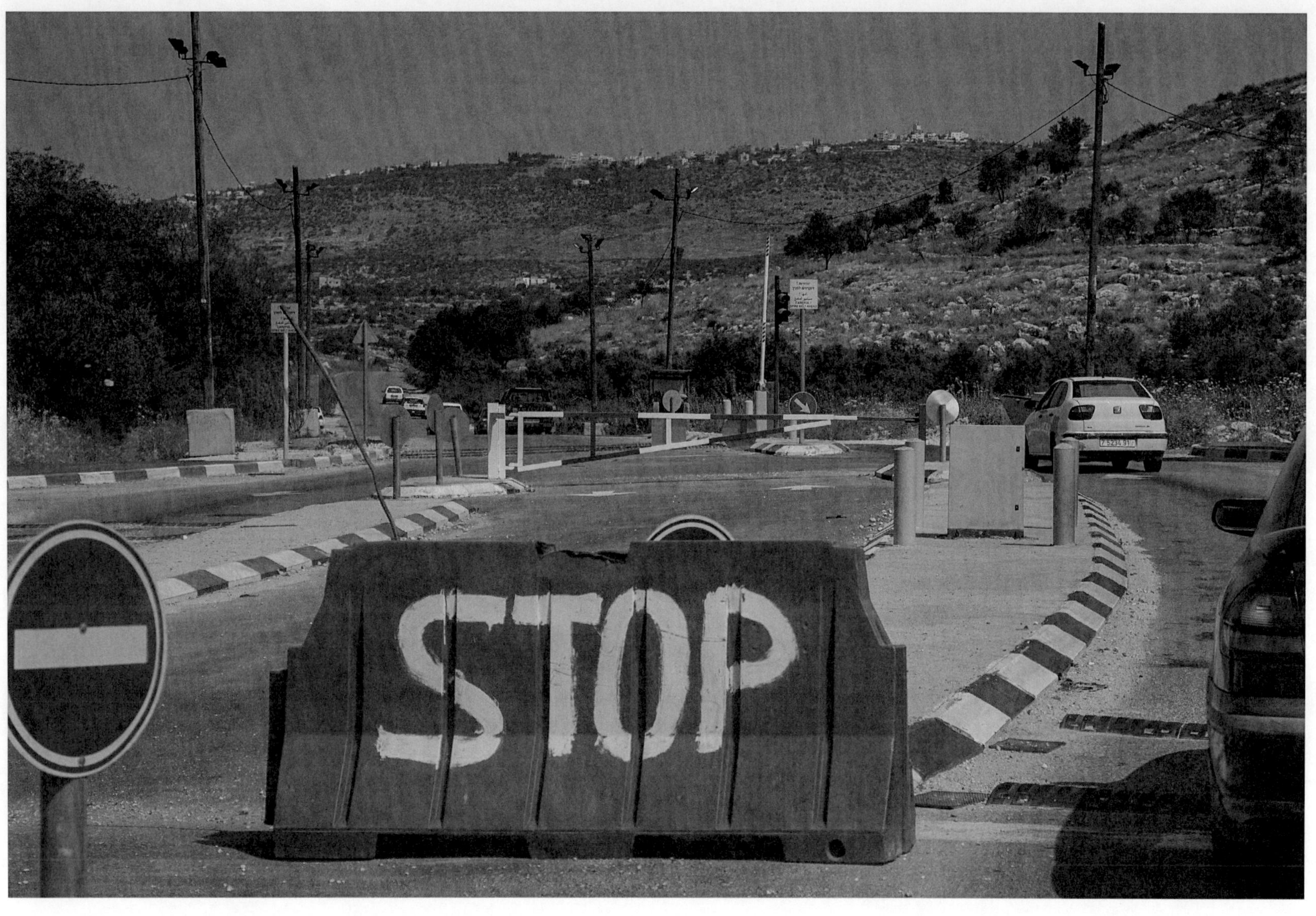

Driving from Nablus to Tulkarim, 2010

على الطريق بين طولكرم ونابلس، 2010

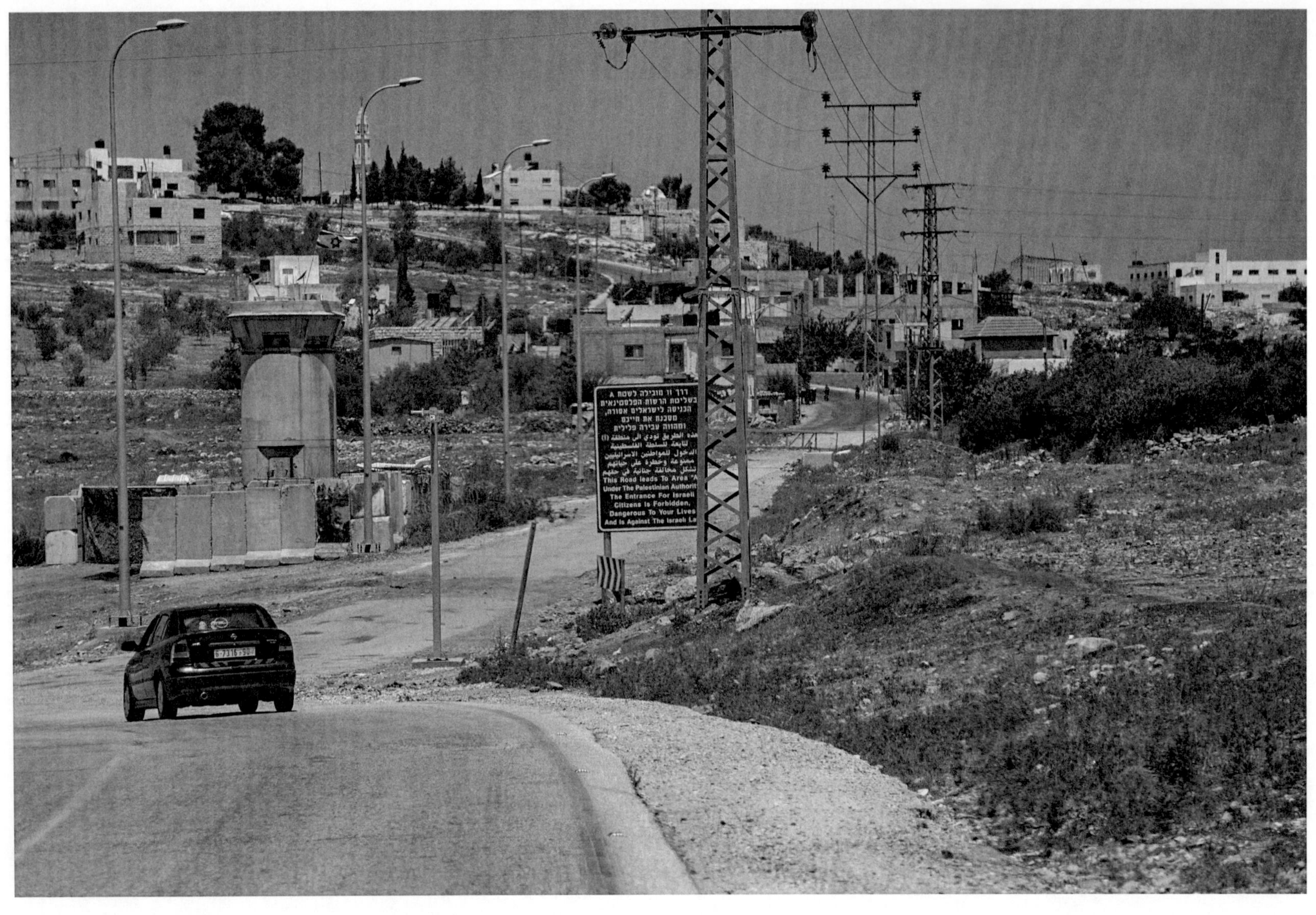

The village of Kafr Eldeek, Salfit governorate, 2013

قرية كفر الديك، محافظة سلفيت، 2013

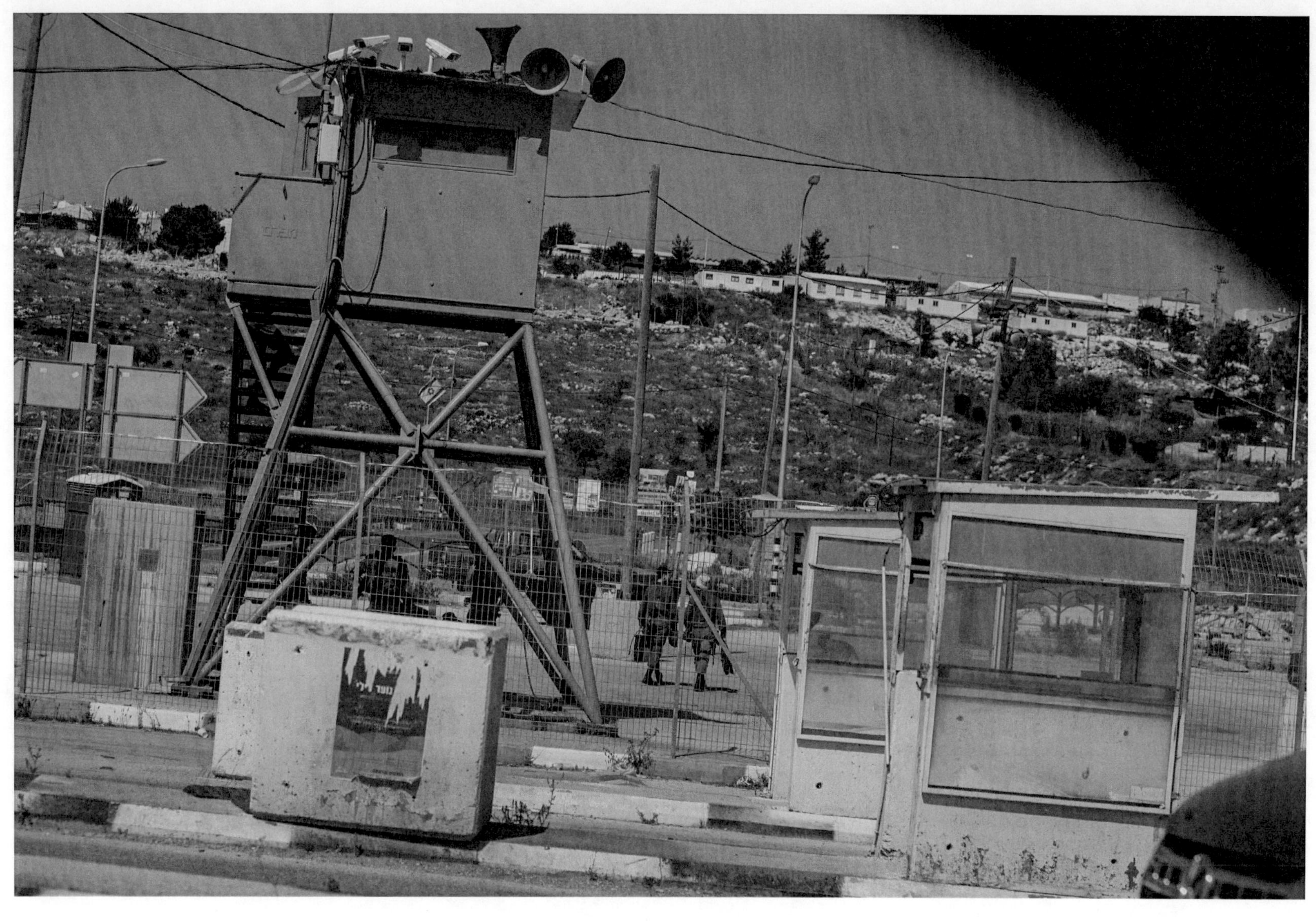

Za'tara checkpoint on the way from Nablus to Ramallah, 2018

المرور عبر حاجز زعترة العسكري في الطريق إلى رام الله من نابلس، 2018

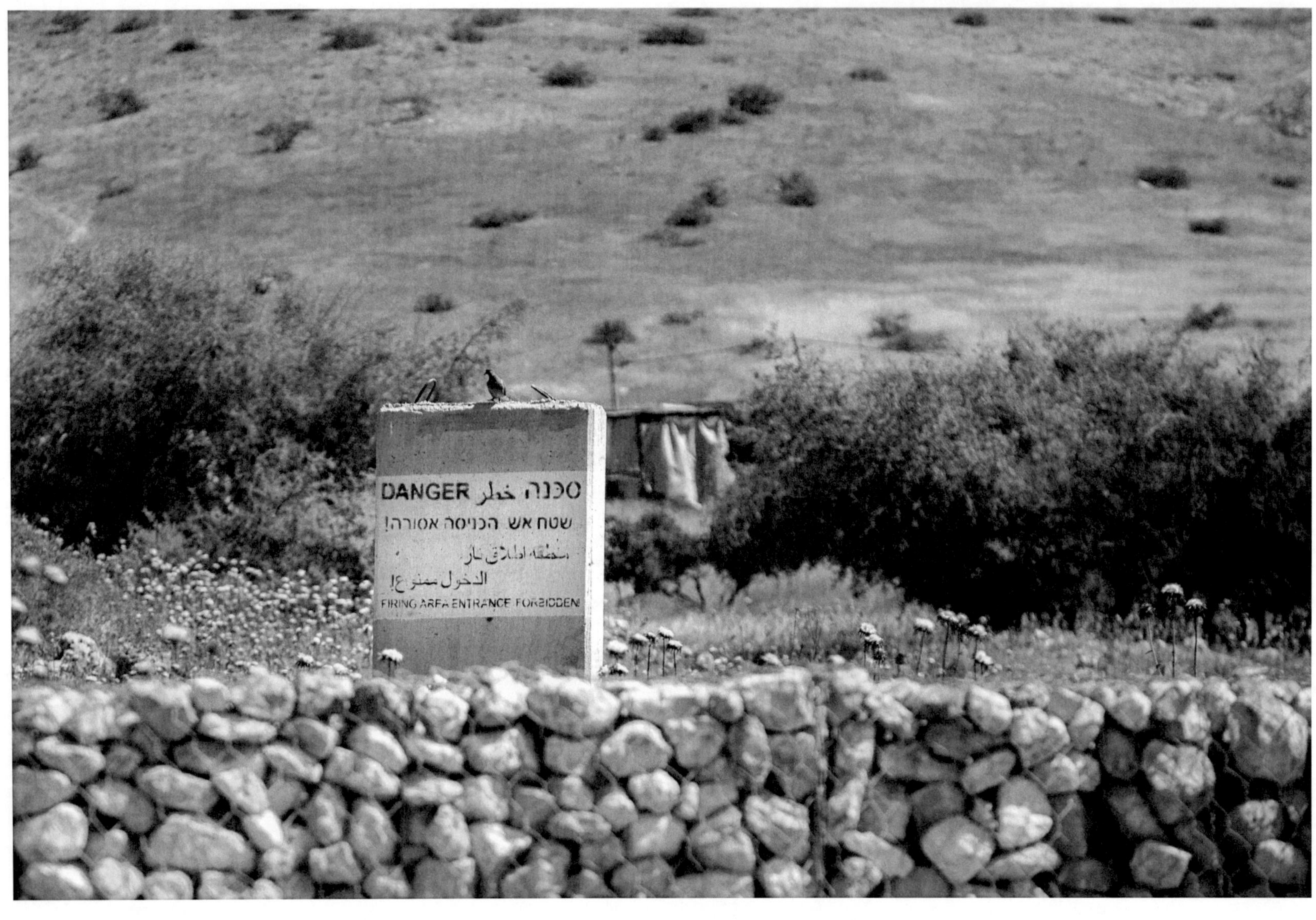

An Israeli military training site near Tubas used as pretext for land theft, 2020

منطقة تدريب عسكري إسرائيليّة بقرب طوباس ، بهدف مصادرة الأرض، 2020

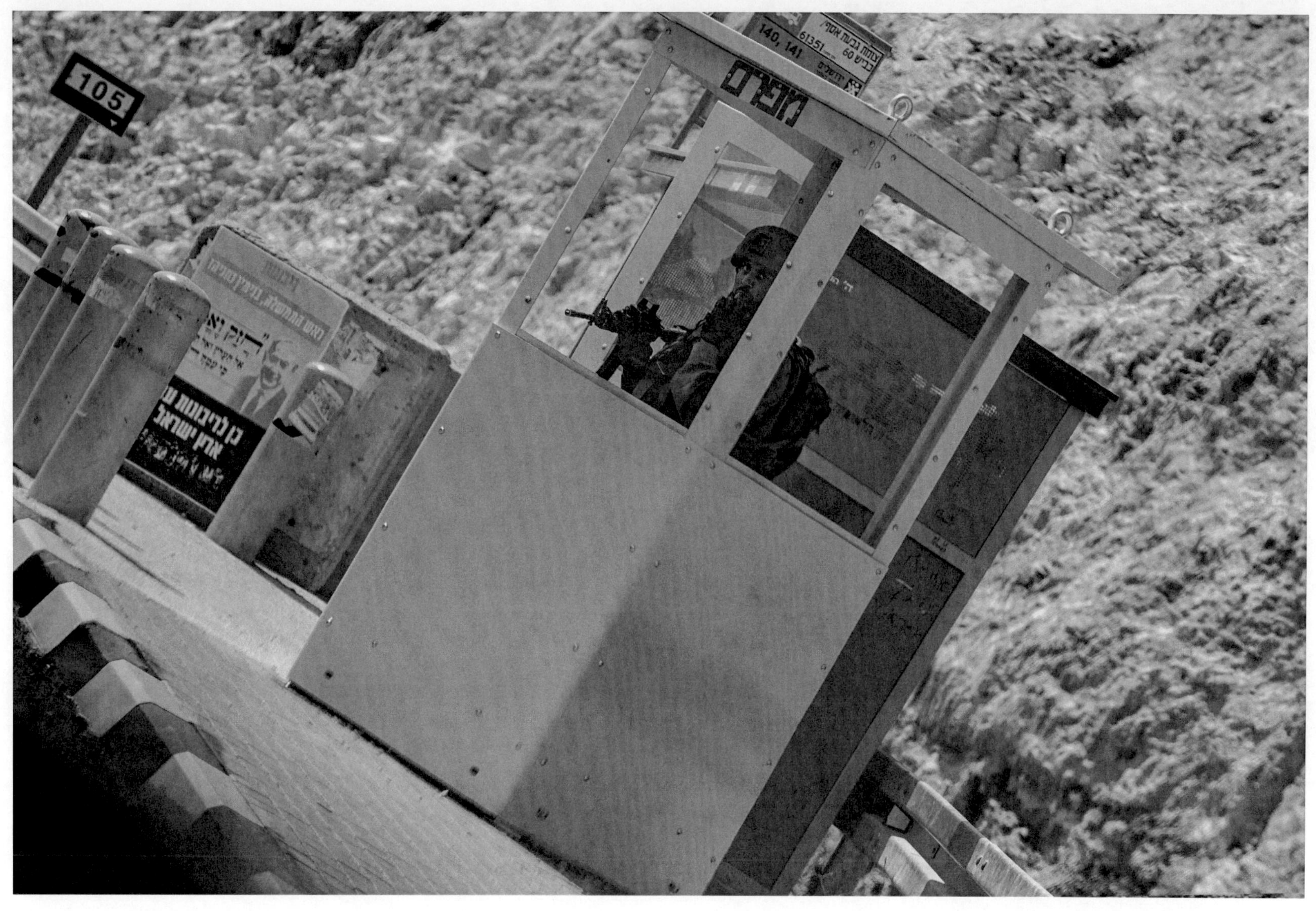

Driving to Jericho from Ramallah, 2020

على الطريق إلى أريحا من رام الله، 2020

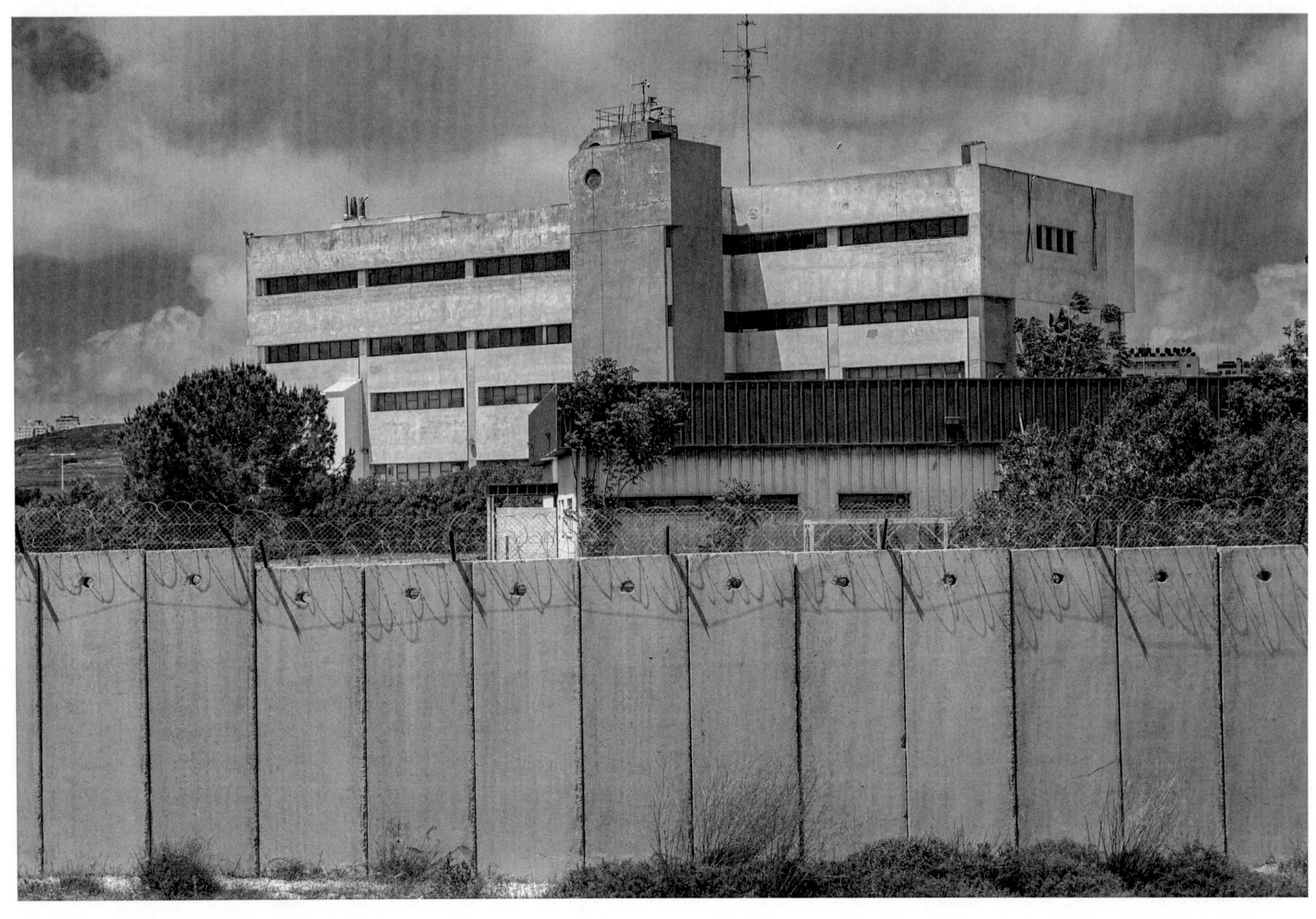

Qalandia Airport, established in the 1920s, seized by the occupation state in 1967, annexed by Israel after building the Apartheid Wall, 2020

مطار قلنديا الفلسطيني، تأسّس عام 1920 وسيطر عليه الاحتلال الإسرائيلي عام 1967 وتمّت مصادرته بعد بناء جدار الفصل العنصري، 2020

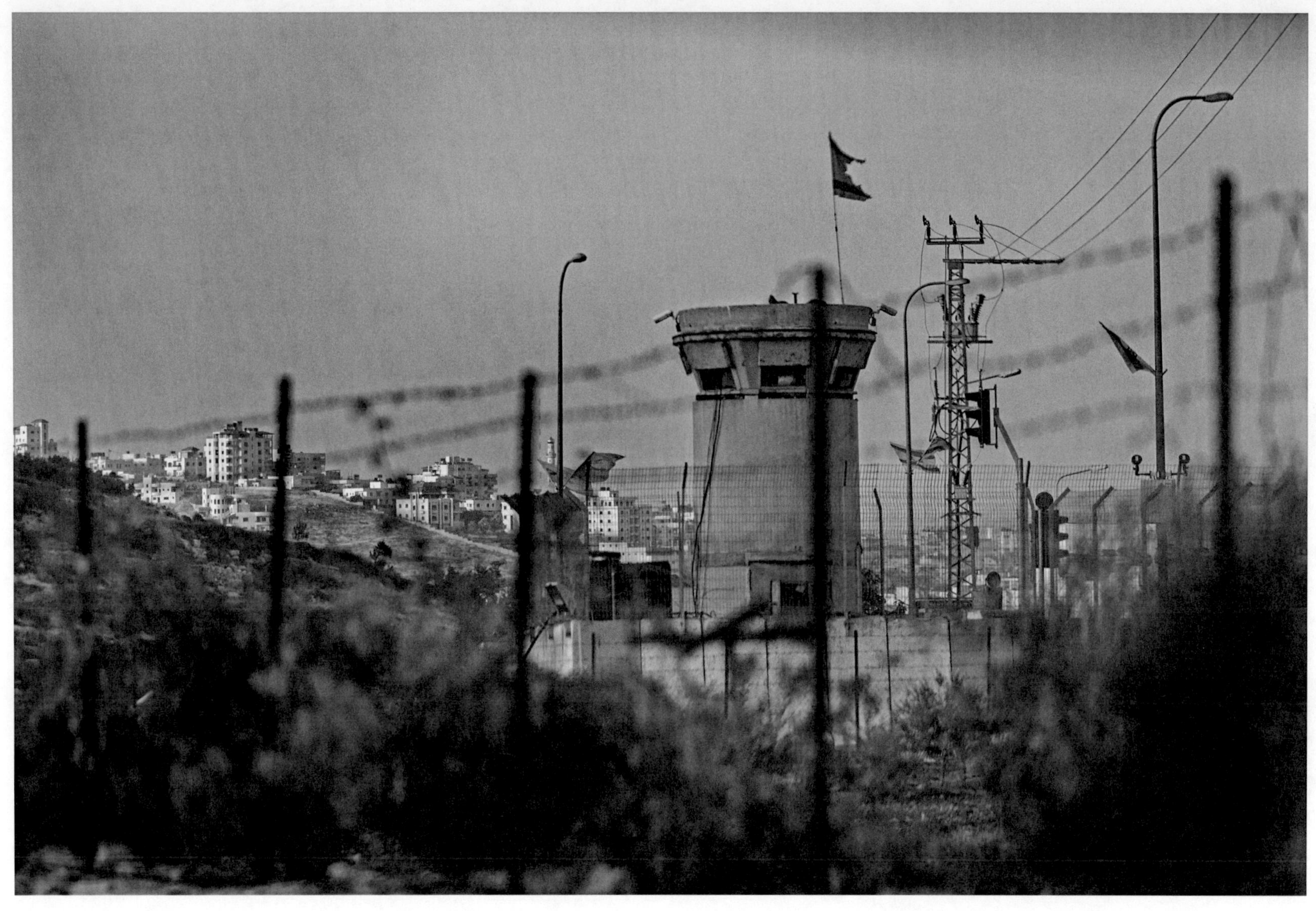

The southern entrance of Bethlehem, 2016 المدخل الجنوبي لمدينة بيت لحم، 2016

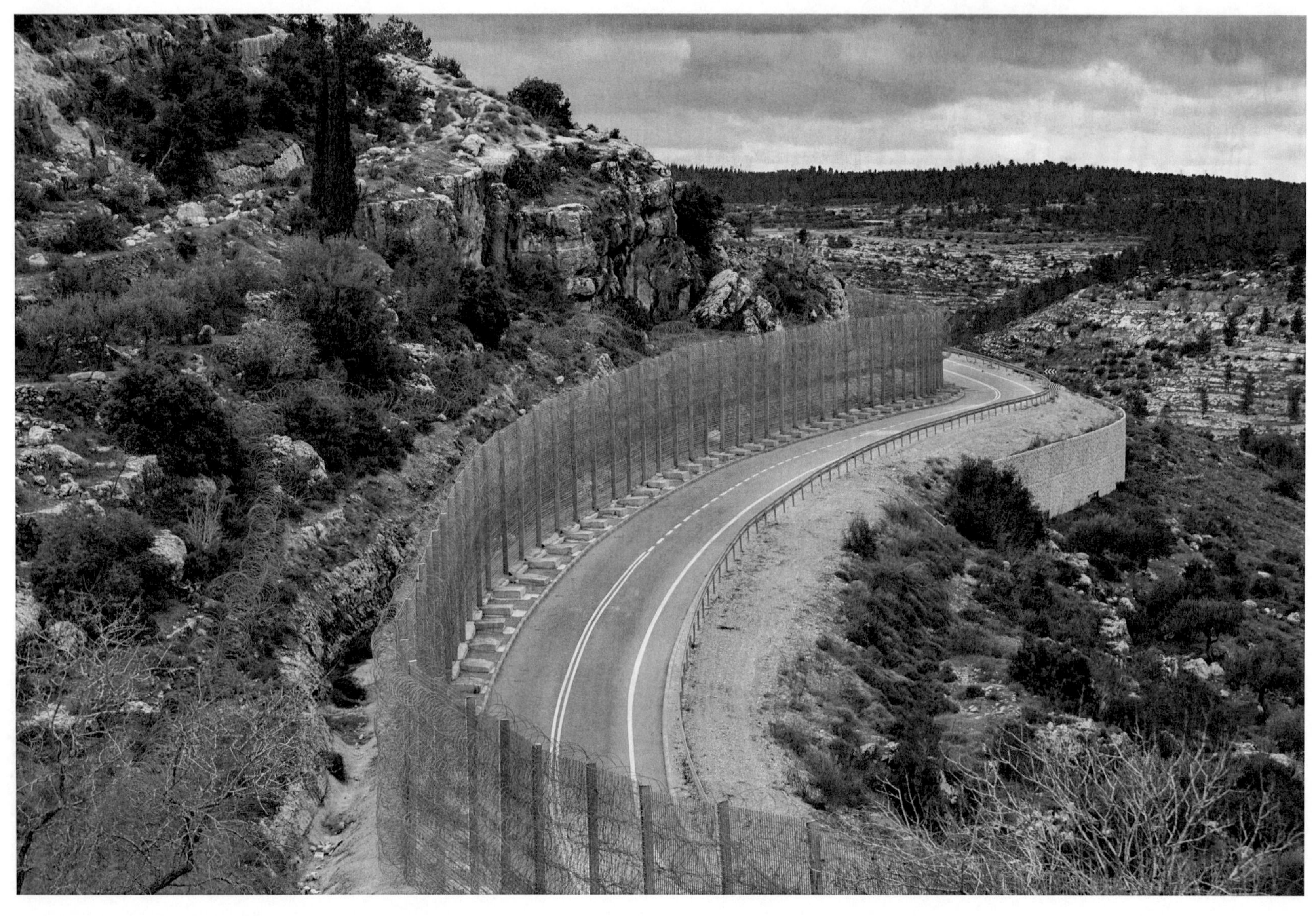

An Israeli fence for land theft in Wallajeh, Bethlehem district, 2019

سياج أقامته قوّات الاحتلال لسرقة أراضي بلدة الولجة، منطقة بيت لحم ، 2019

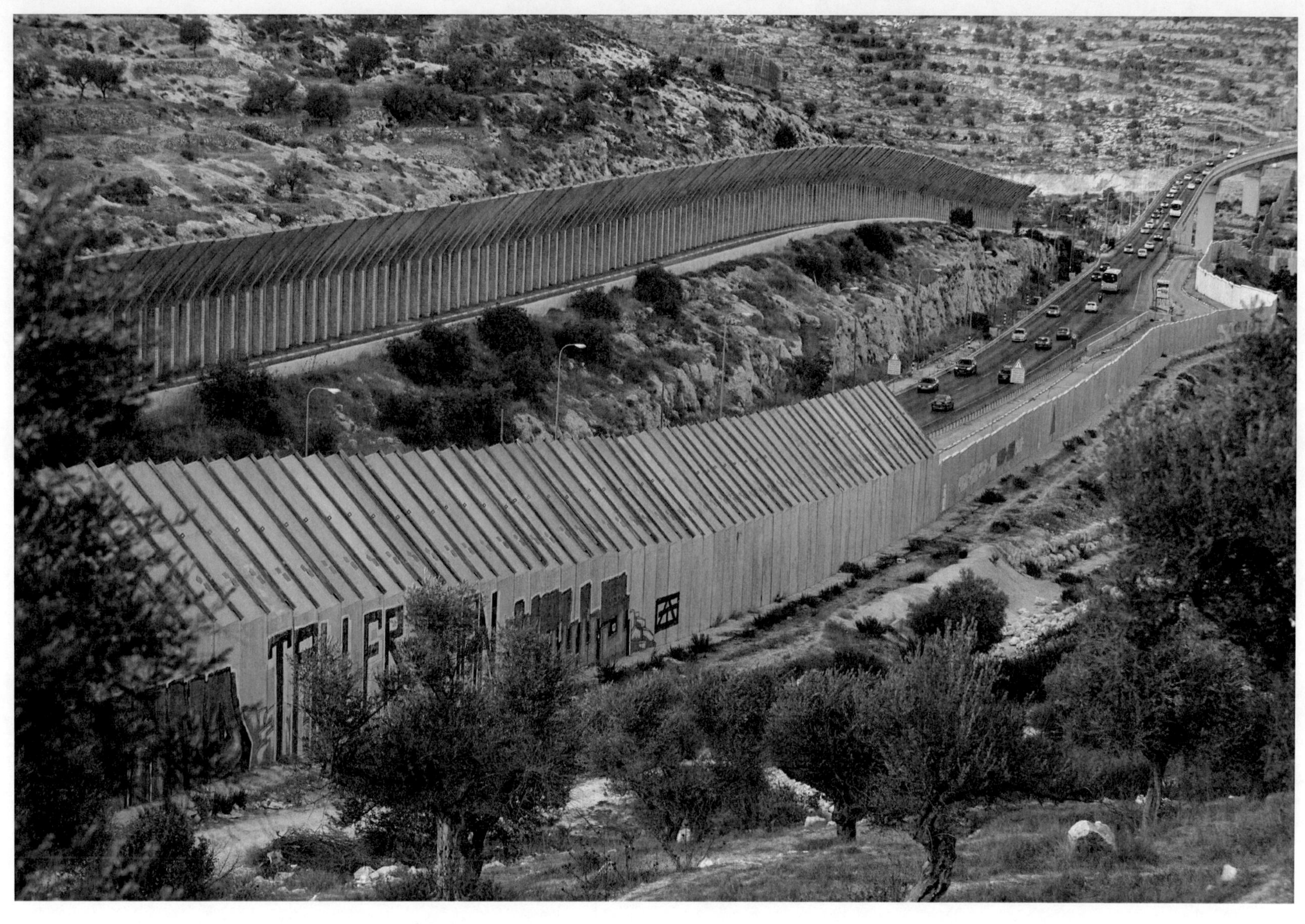

The Apartheid Wall and Israeli-only road in the town of Beit Jala, 2019

جدار الفصل العنصري وشارع لاستخدام الإسرائيليين فقط في بيت جالا، 2019

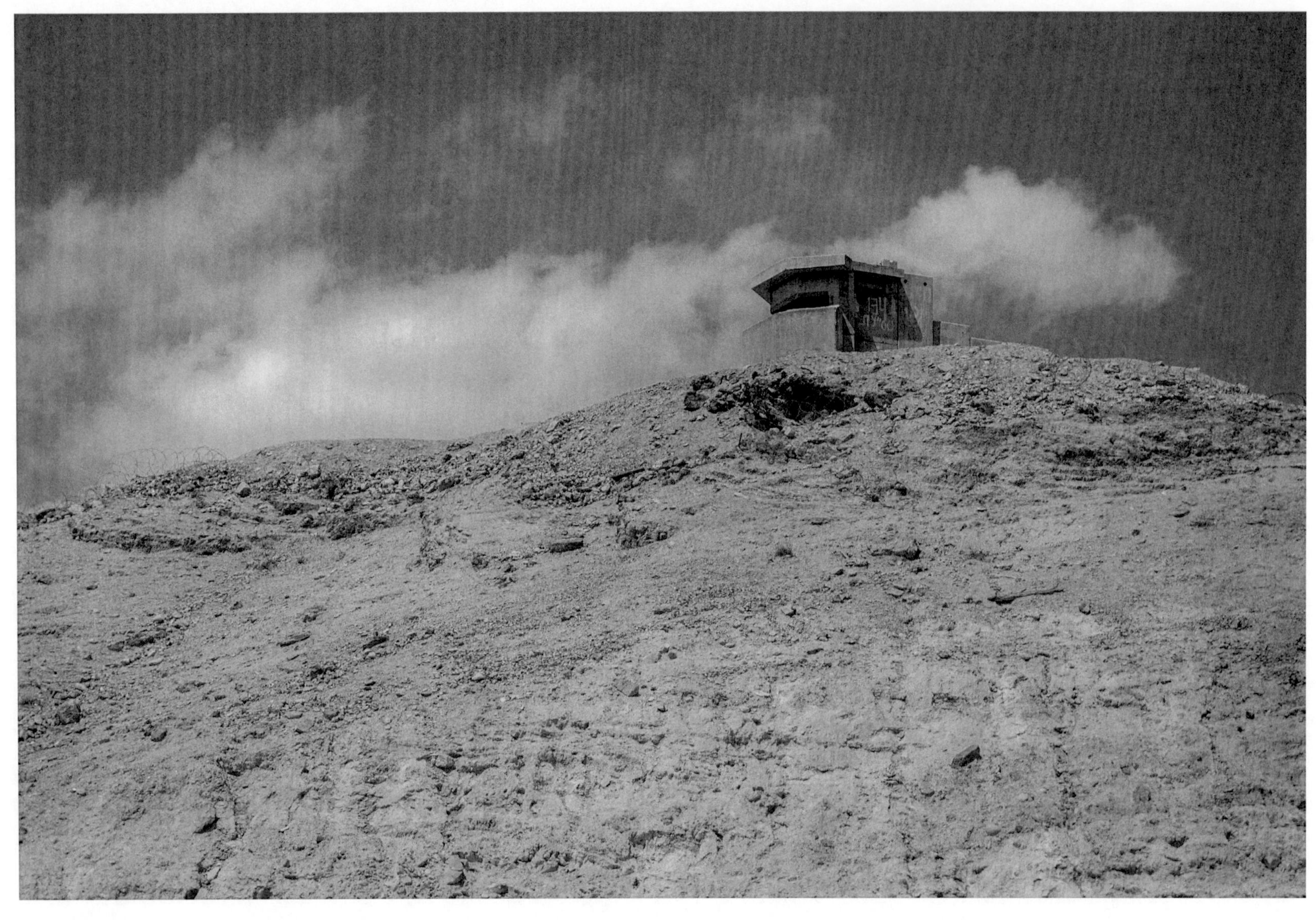

Driving to Jericho from Tubas, 2020

الطريق إلى أريحا من طوباس، 2020

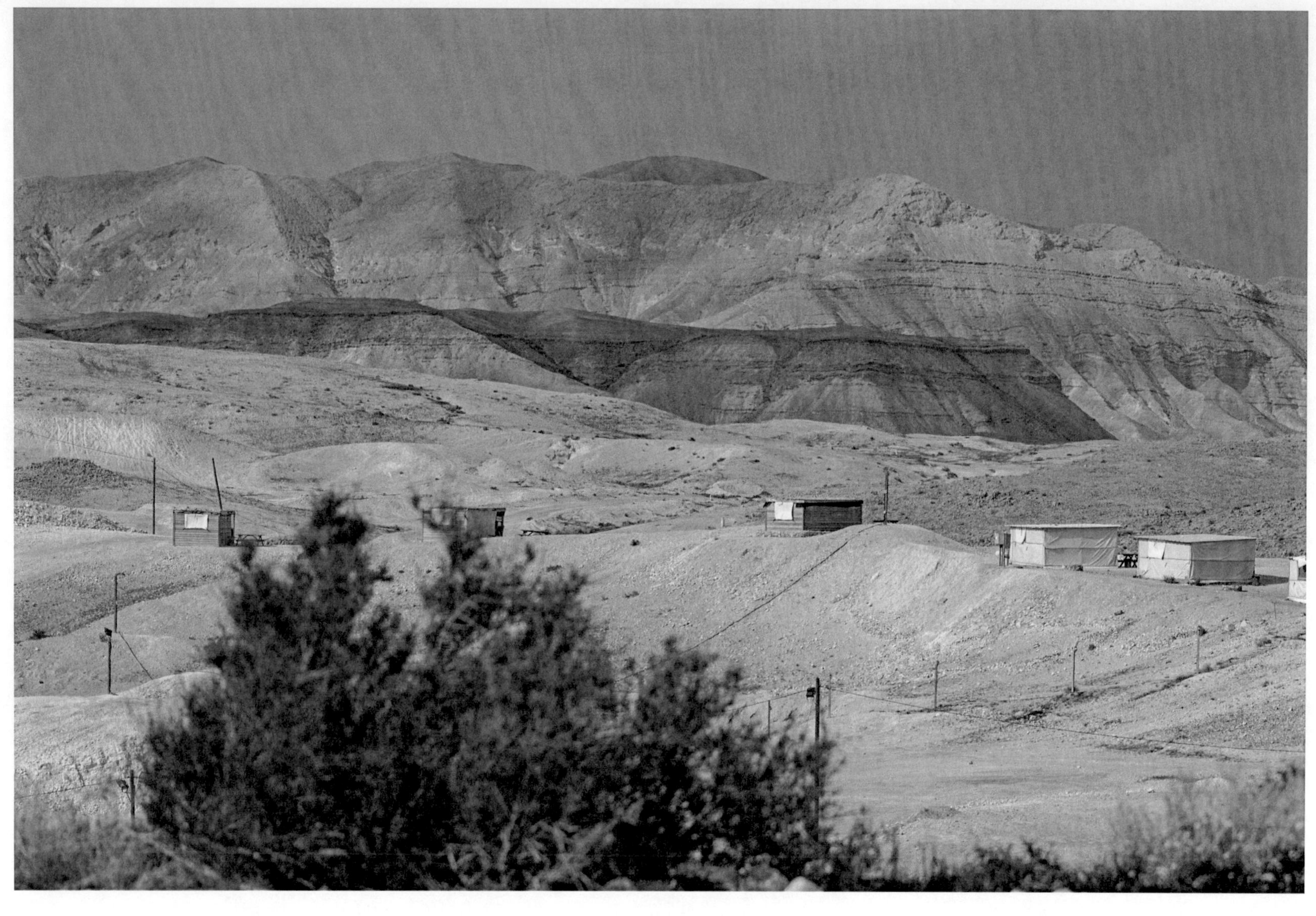

Driving on the hills across the Dead Sea in the West Bank, where illegal Jewish settlers are building an illegal colony, 2020

عبر منطقة البحر الميّت في الضفّة الغربيّة، حيث يقوم مستوطنون يهود ببناء مستعمرة غير شرعيّة، 2020

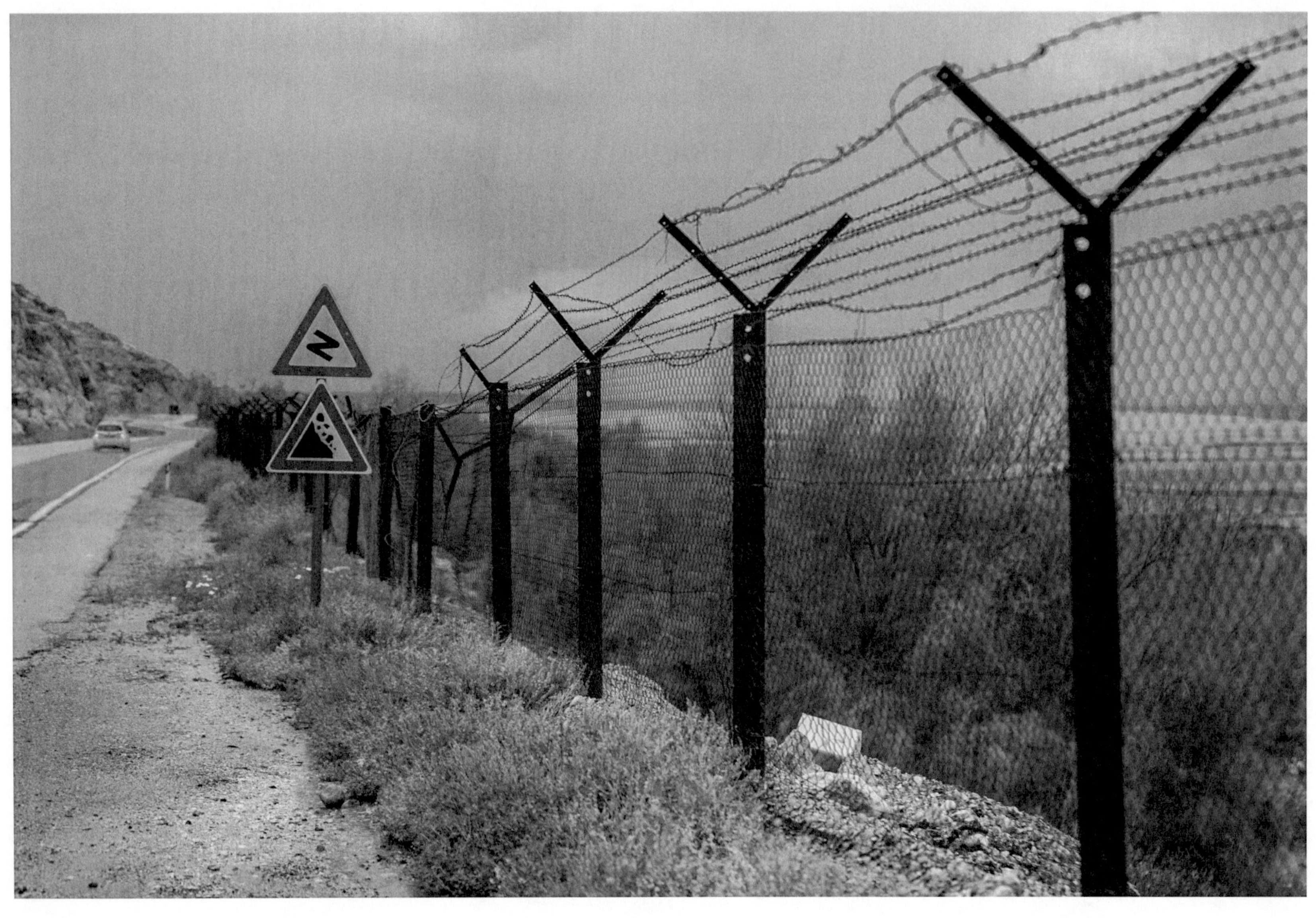

Driving along the Dead Sea, West Bank, 2020

في وادي الأردن بالقرب من البحر الميت، الضفّة الغربيّة، 2020

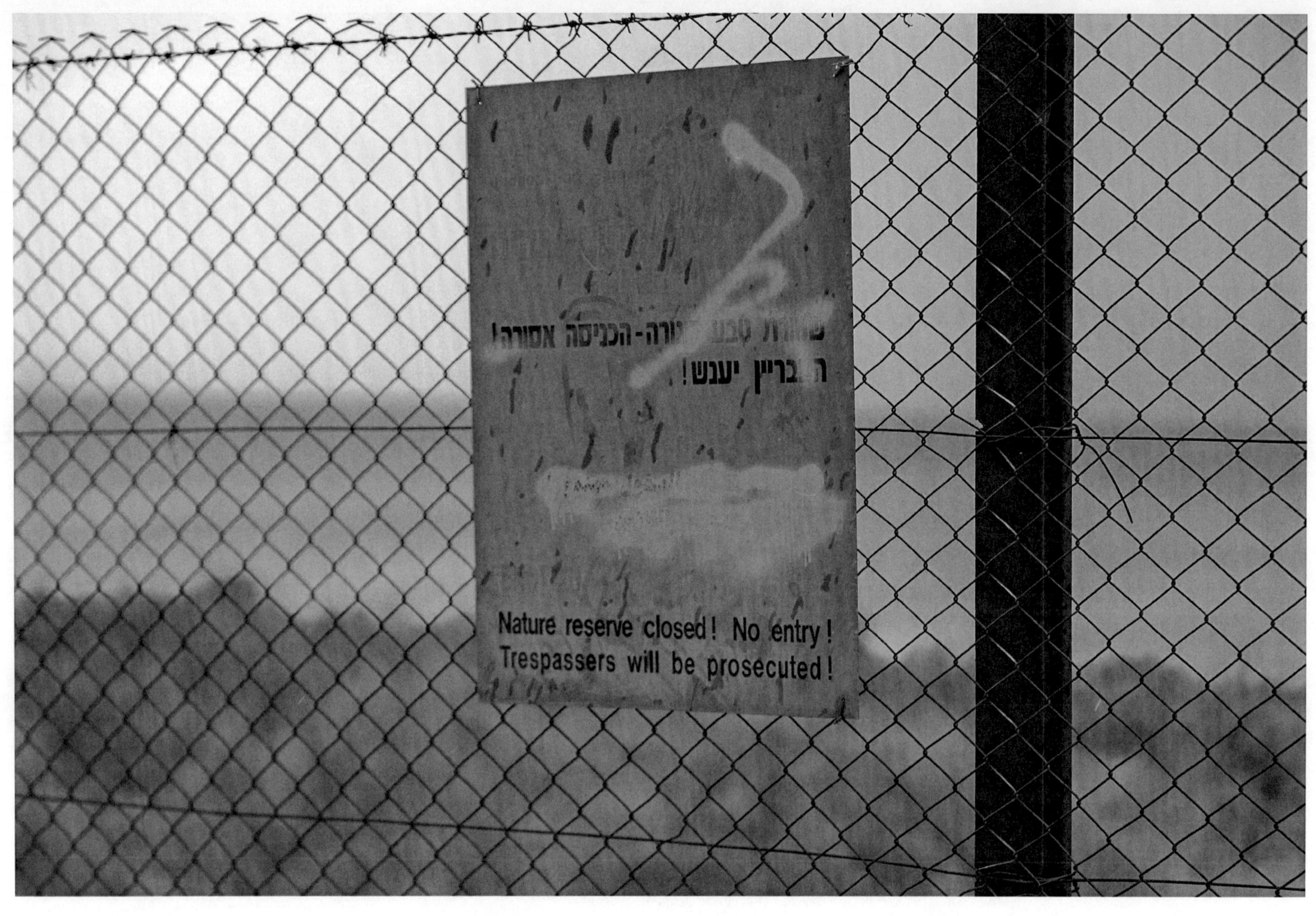

"Nature Reserve" sign on the Dead Sea, a pretext for land theft, West Bank, 2020

سرقة الأرض الفلسطينيّة بذريعة "محميّة طبيعيّة" في منطقة البحر الميت في الضفّة الغربيّة، 2020

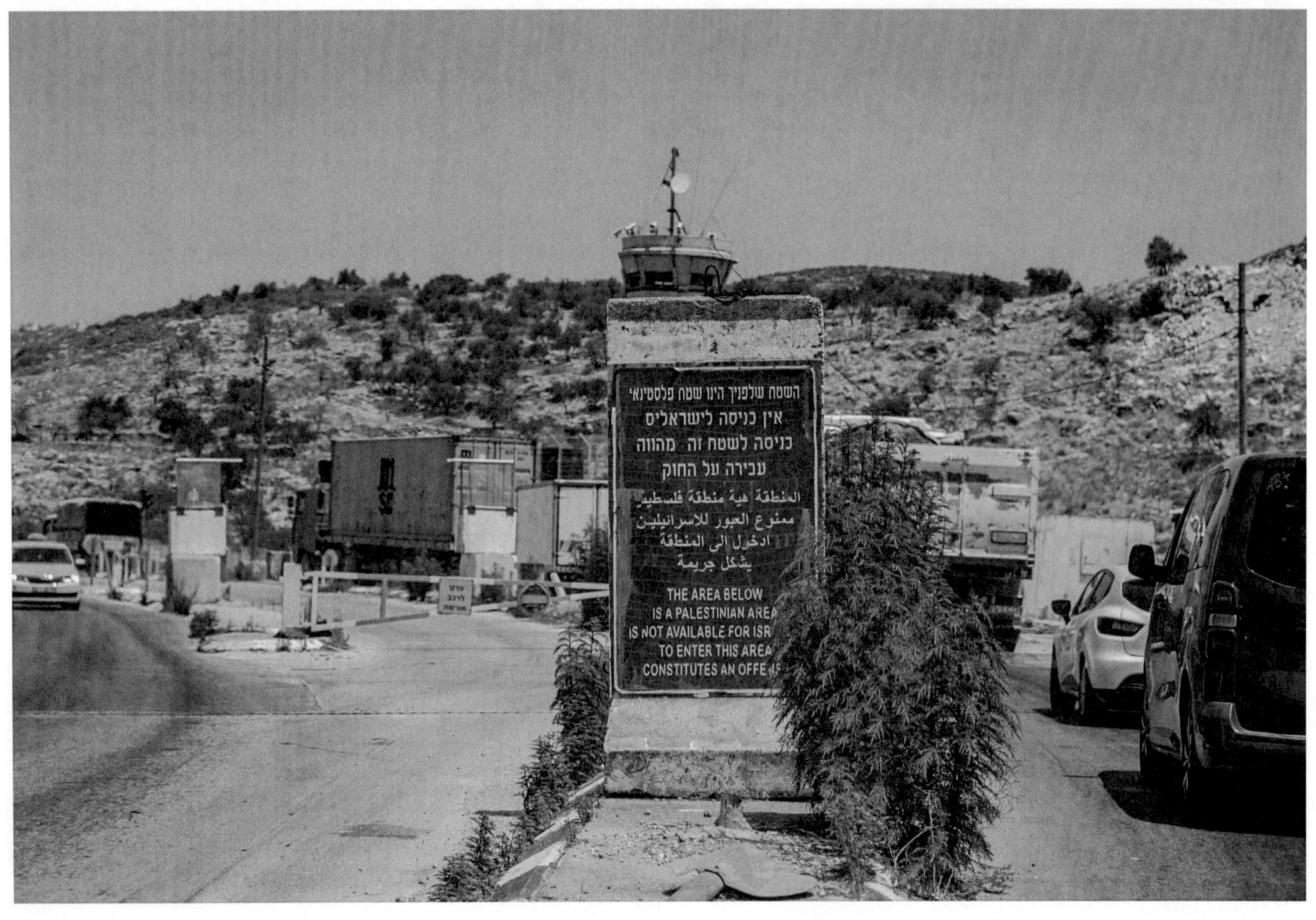

On the road to Tulkarim from Nablus, 2010

على طريق طولكرم—نابلس، 2010

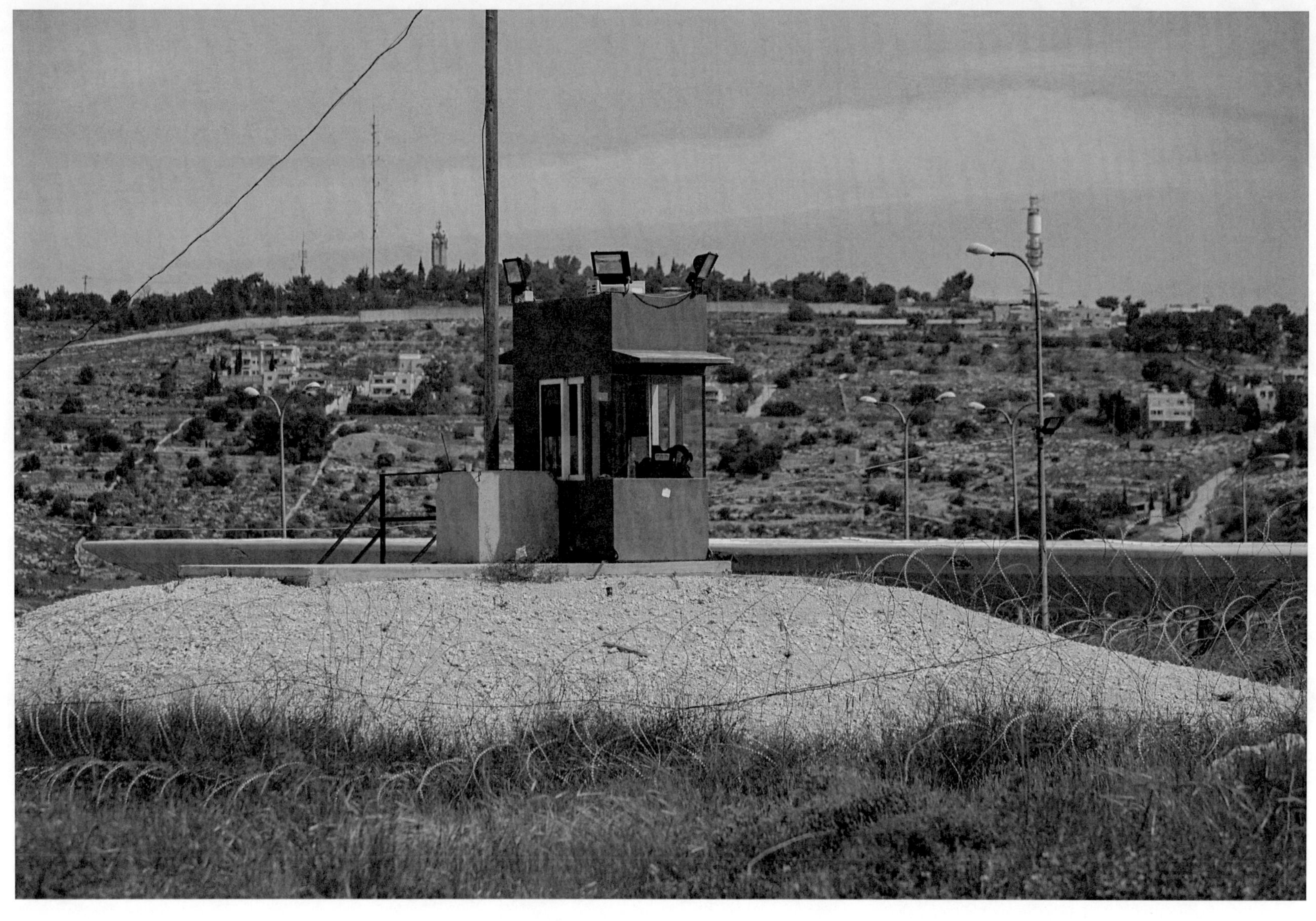

On a road that connects Bethlehem to Jerusalem, closed for
Palestinians, 2018

شارع يربط بيت لحم بالقدس، مغلق للفلسطينيين، 2018

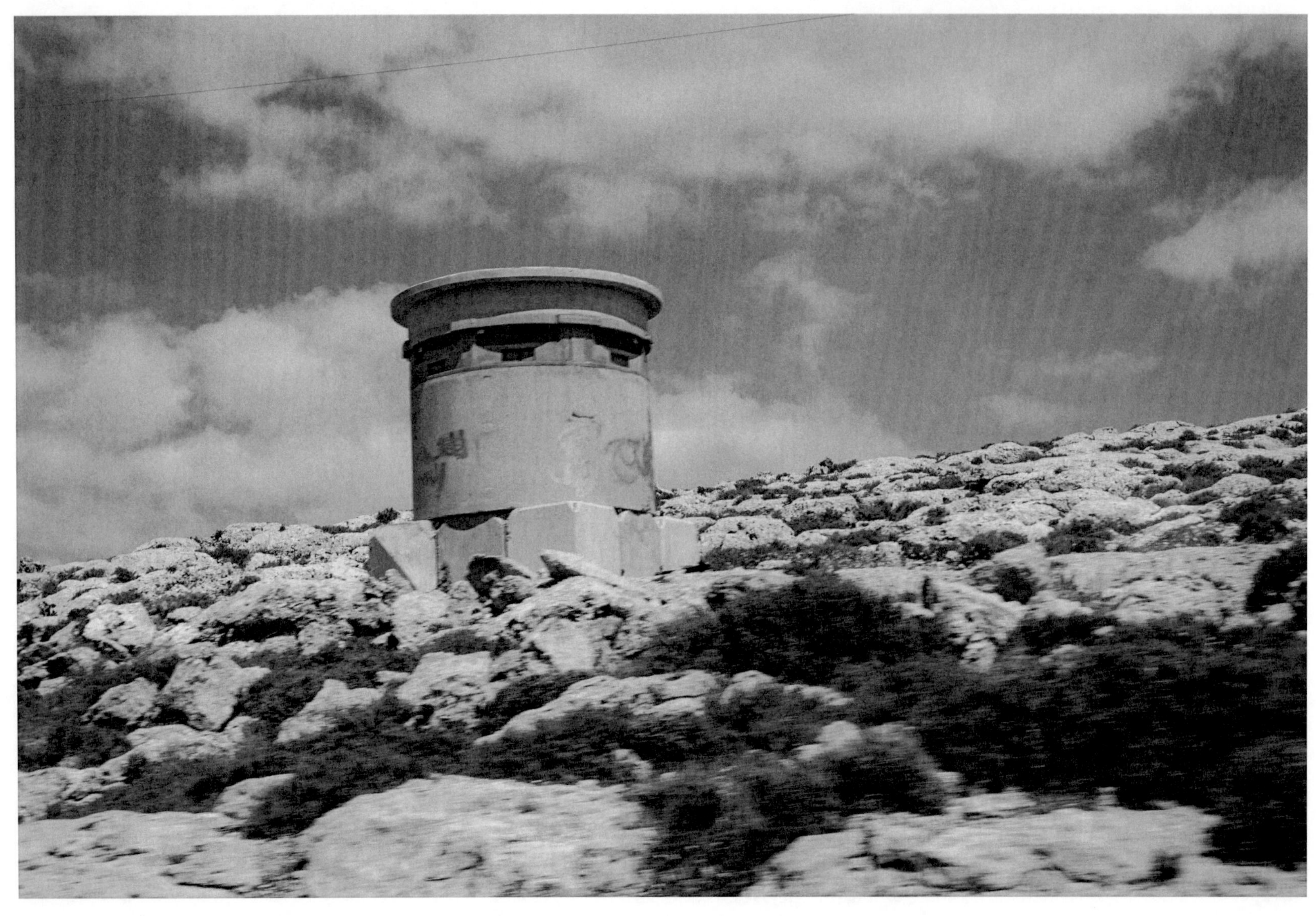

On the road to Jenin from Jericho, 2010

على الطريق إلى جنين من أريحا، 2010

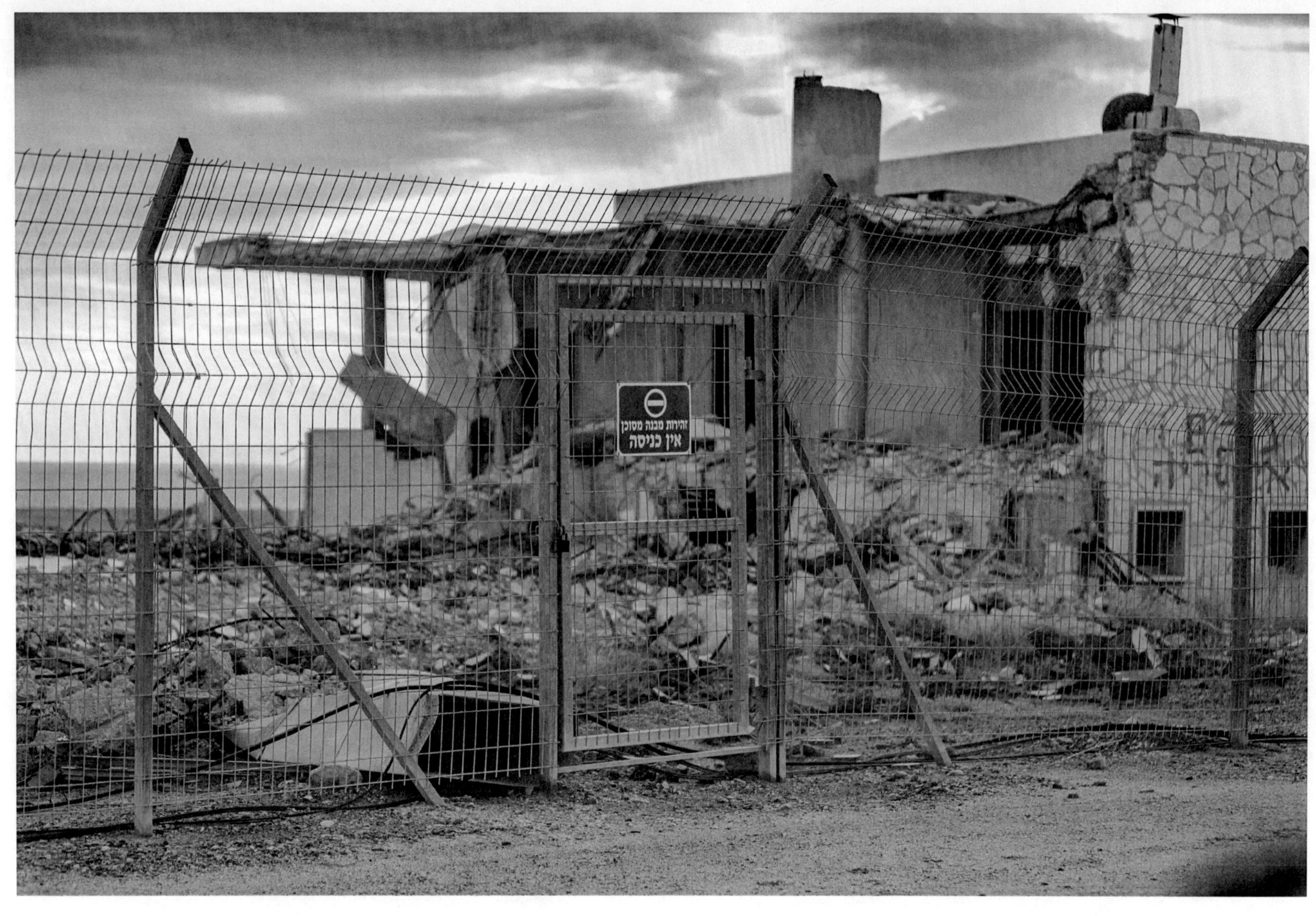

Driving near Palestinian properties destroyed in 1967 and declared a "closed military zone" by Israel, 2020

المرور بالقرب من منشآت فلسطينيّة دمّرتها إسرائيل عام 1967 وأعلنتها "مناطق عسكريّة مغلقة"، 2020

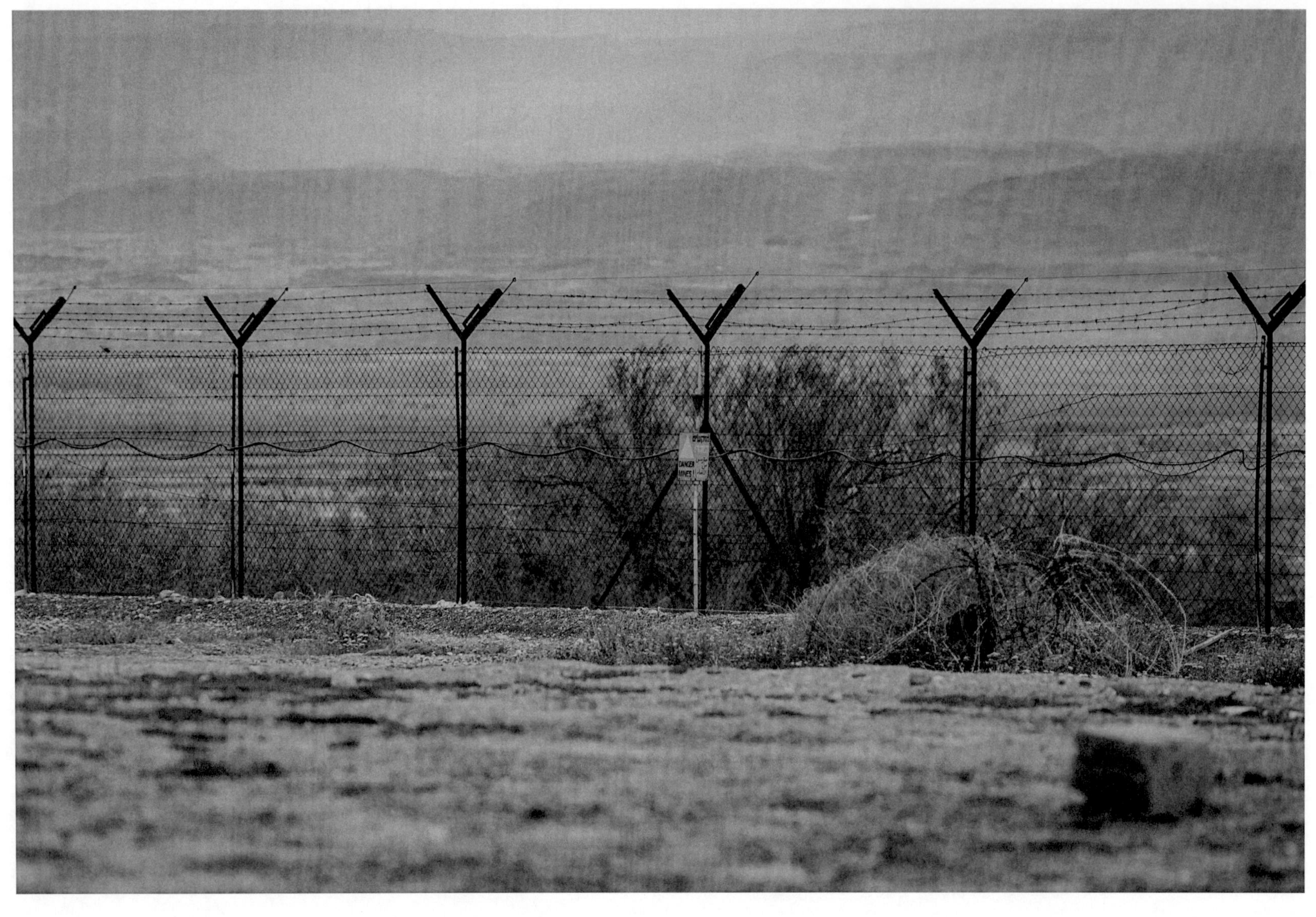

Landmines sign on the Dead Sea site, West Bank, 2020

لافتة تحذّر من وجود ألغام في منطقة البحر الميّت، الضفّة الغربيّة، 2020

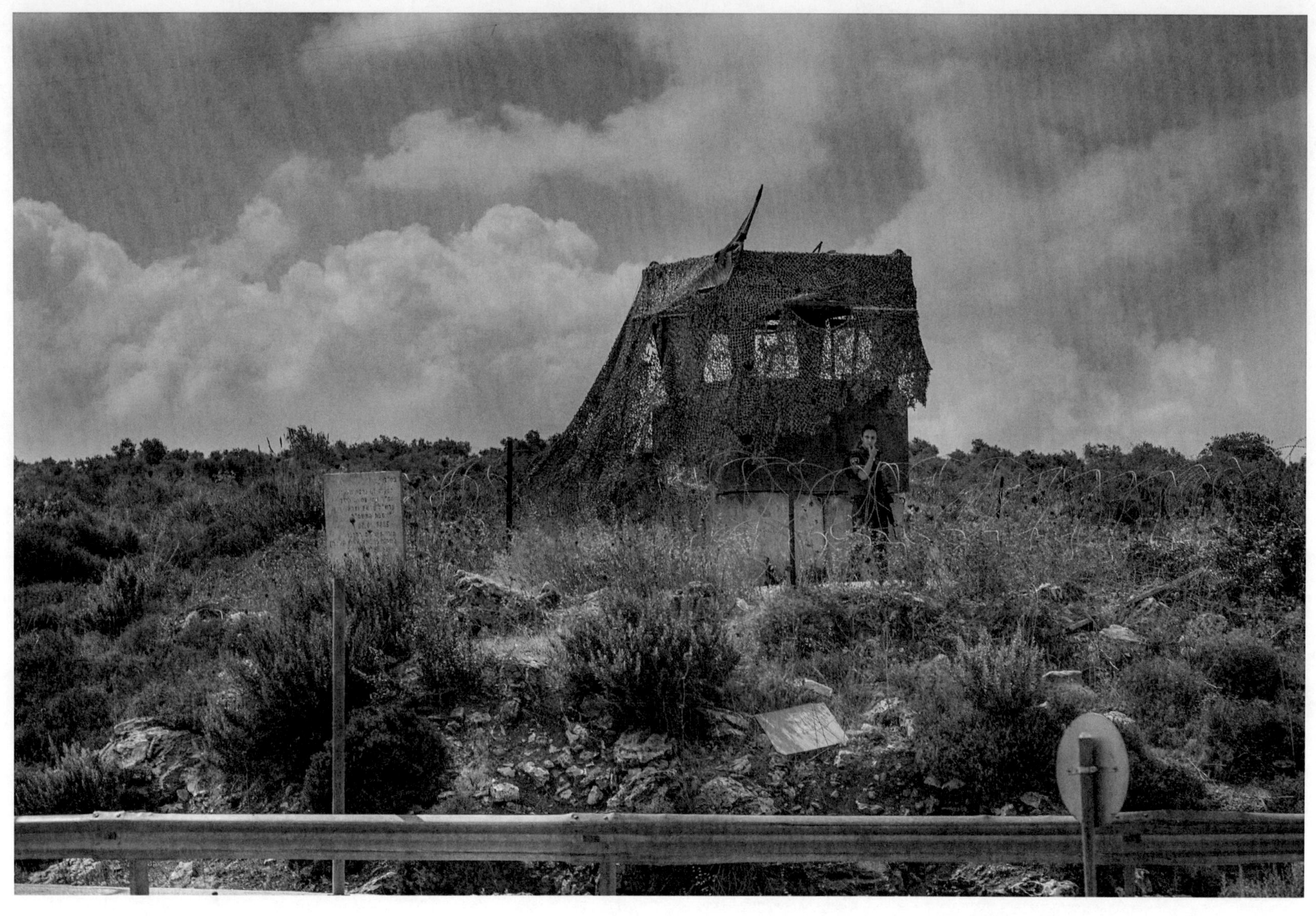

On the Road from Bethlehem to Jenin, 2013

على الطريق من بيت لحم إلى جنين، 2013

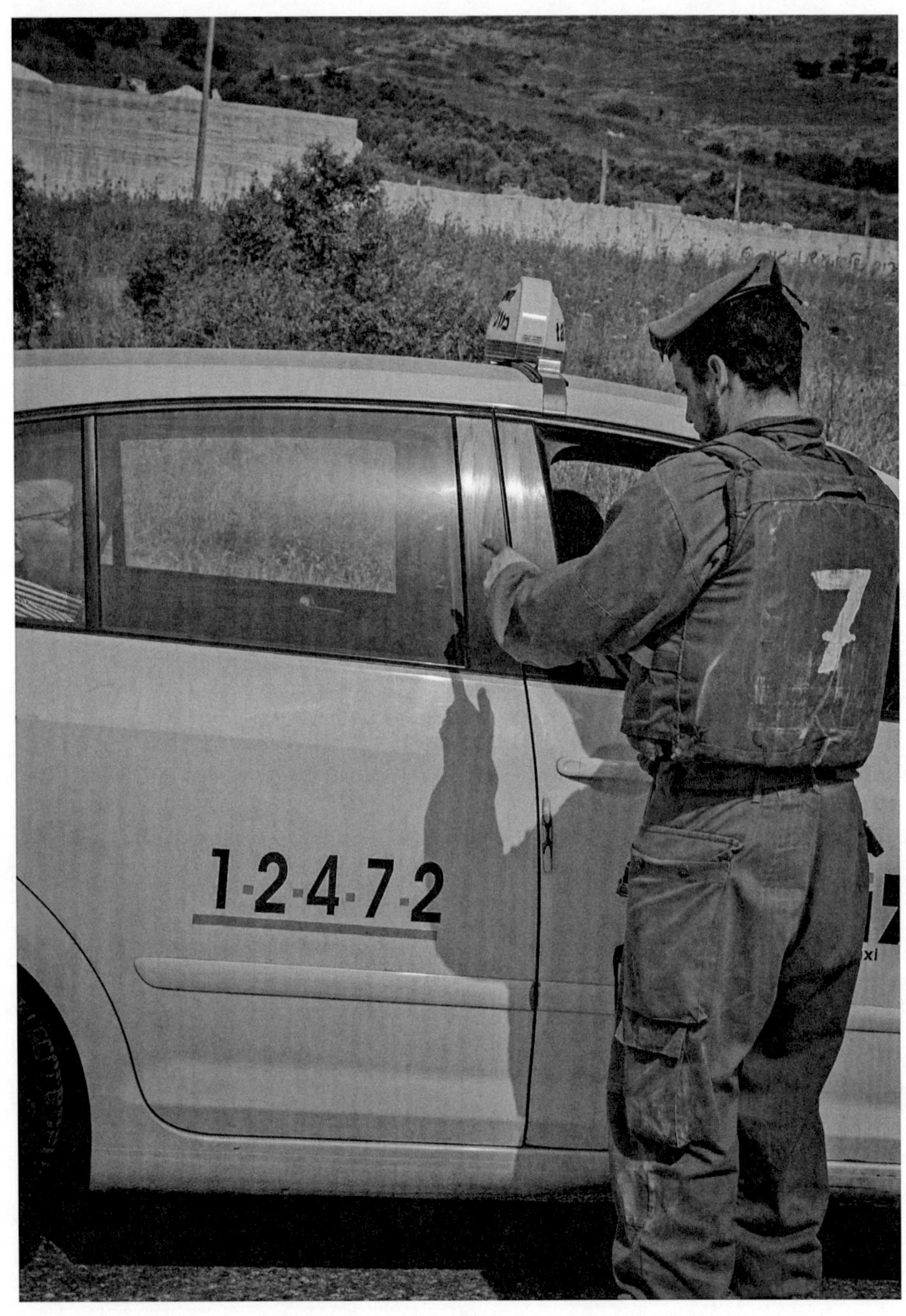

At Hiwarah military checkpoint, 2010

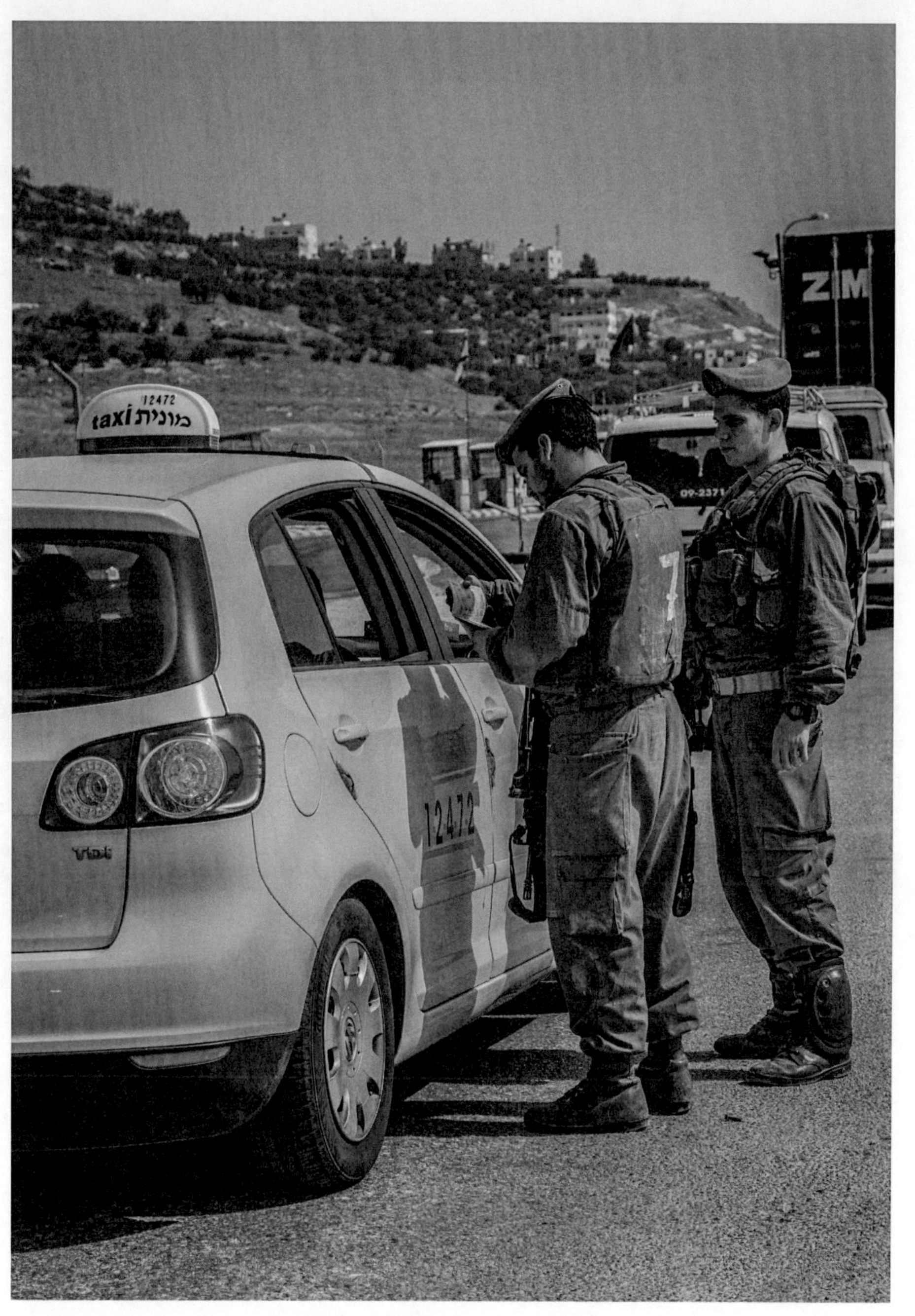

المرور عبر حاجز حوارة العسكري، 2010

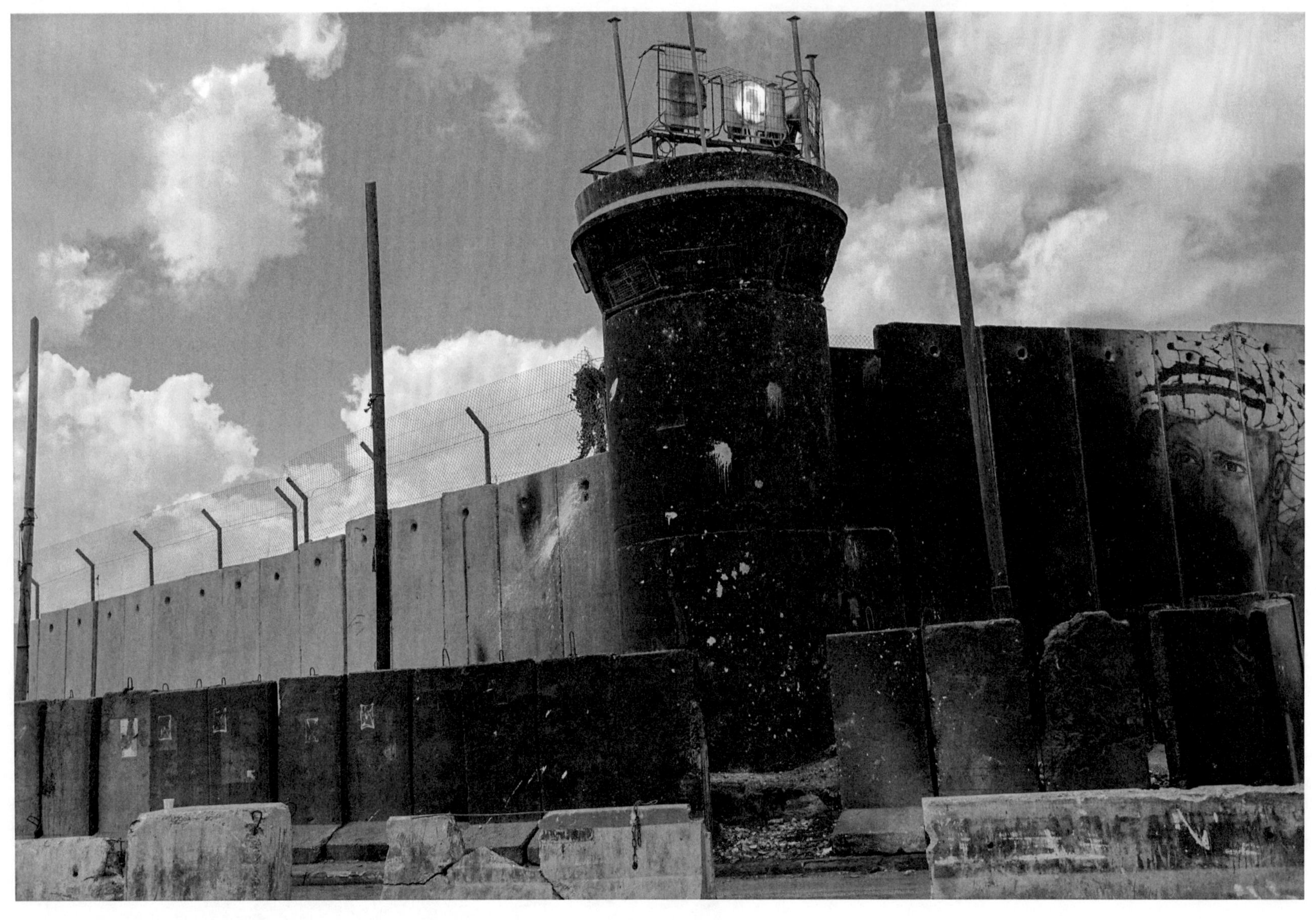

At Qalandia checkpoint, which divides northern West Bank
from Jerusalem, 2014

المدخل الجنوبي لمدينة رام الله، 2014

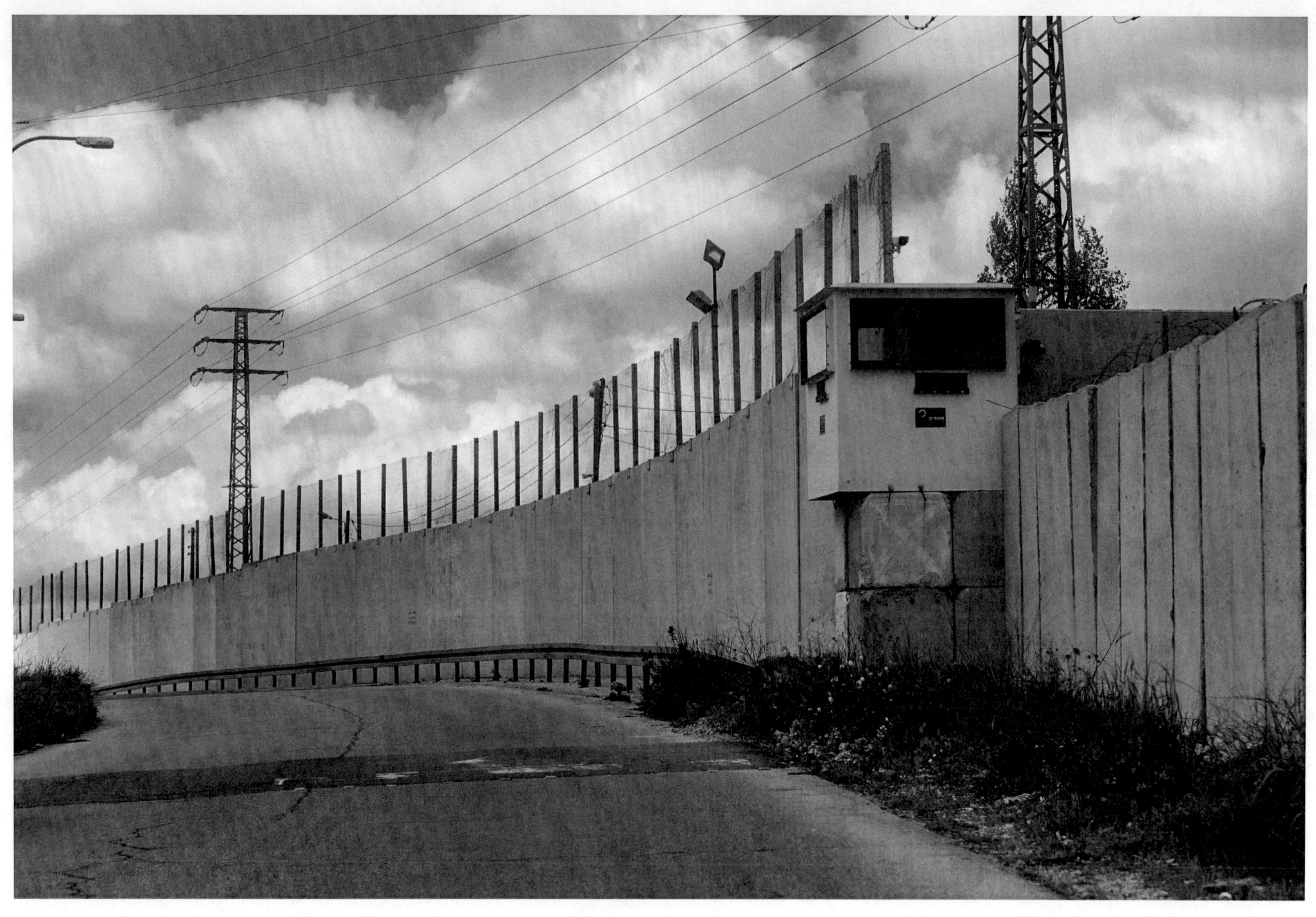

On the road by the illegal Jewish colony of Beit El built-on
Ramallah territories, across Al-Jalzoun refugee camp, 2020

على الطّريق بجانب مستعمرة "بيت إيل" الغير شرعية على أراضي
رام الله والواقعة مقابل مخيّم الجلزون للاجئين ، 2020

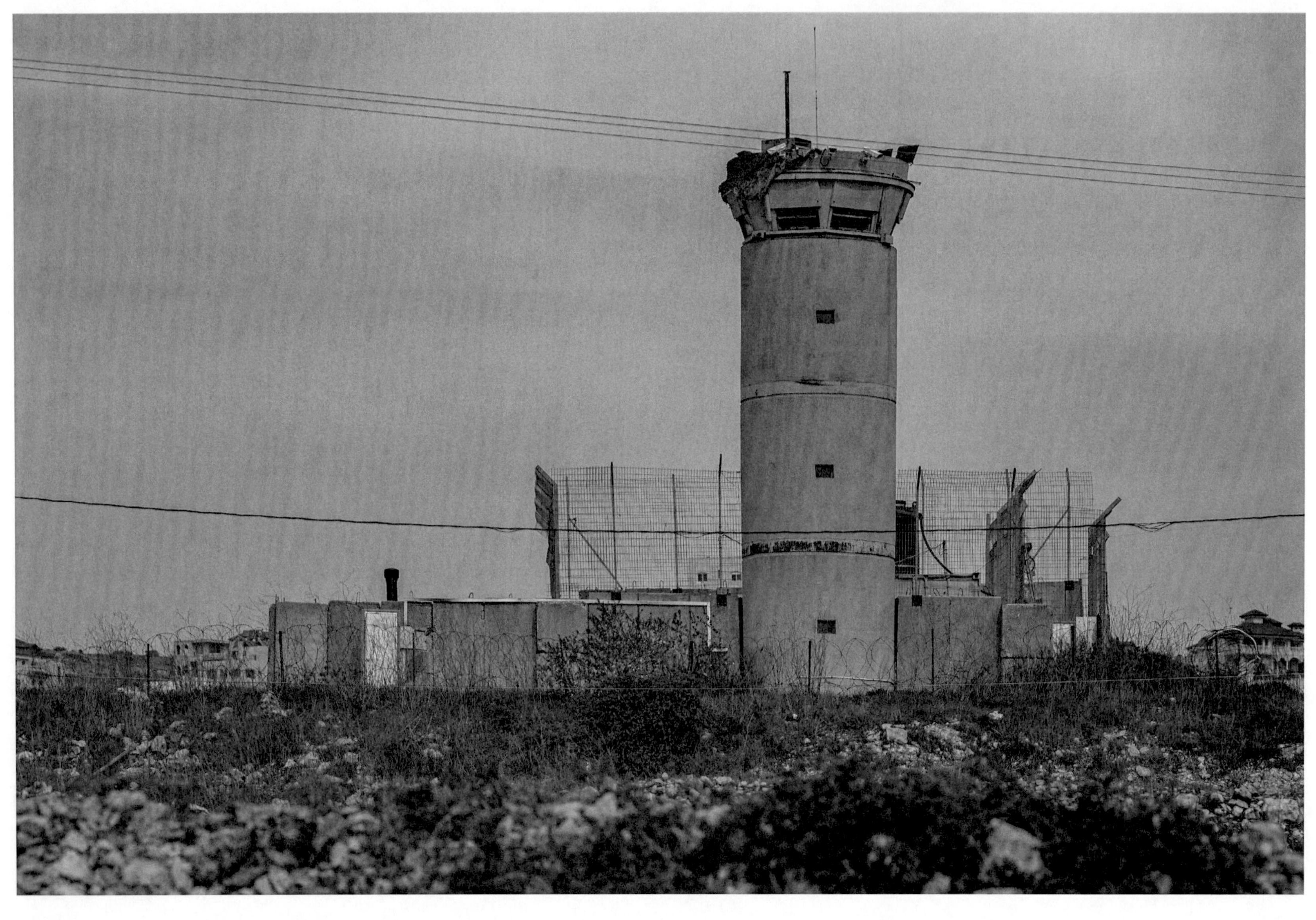

On the road from Jericho to Ramallah through Ein Yabroud,
Silwad, Beit Jreer, 2020

على الطريق من أريحا الى رام الله عبر عين يبرود، سلواد، وبيت جرير، 2020

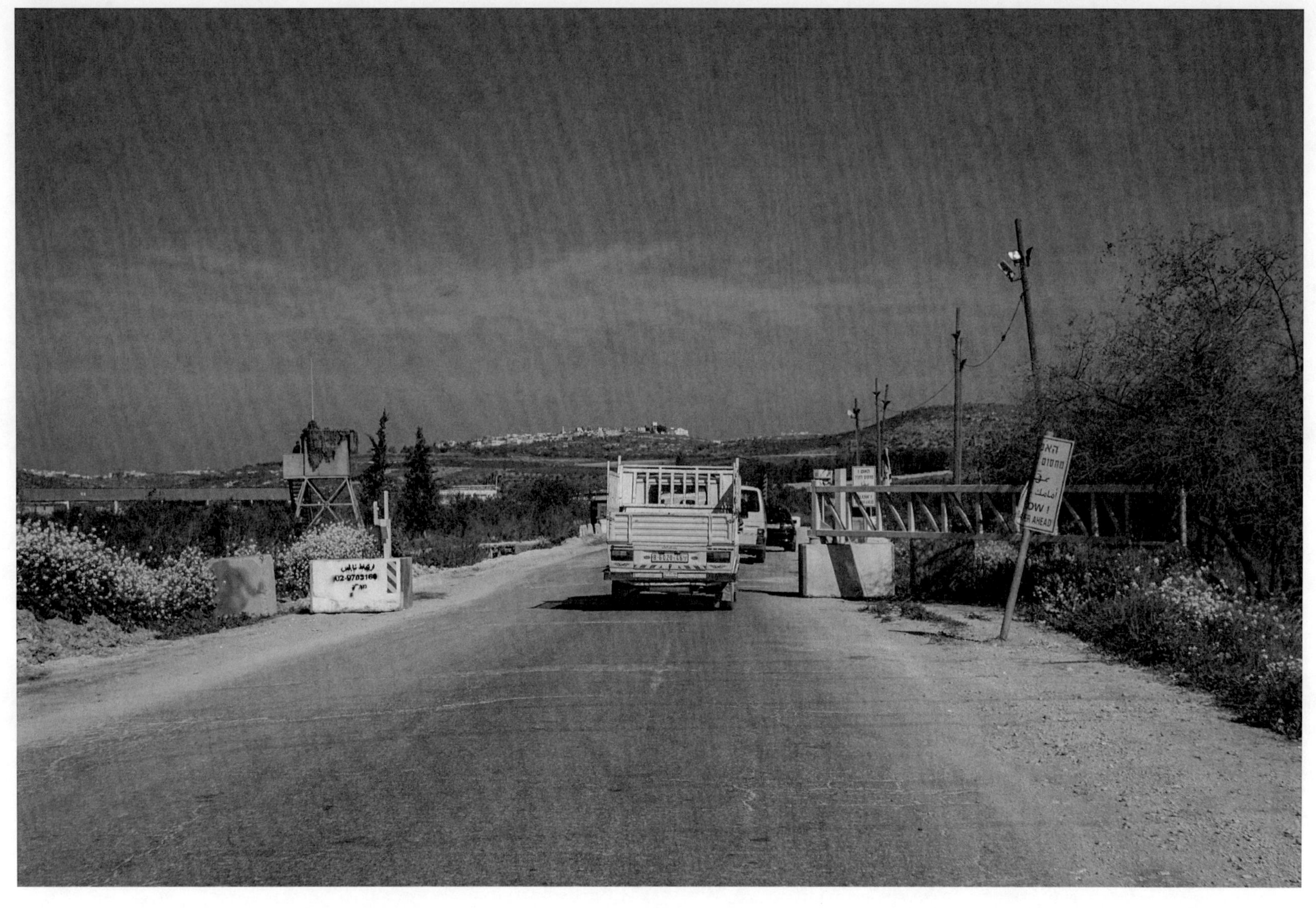

Northern entrance of Nablus, 2010

المدخل الشّمالي لمدينة نابلس، 2010

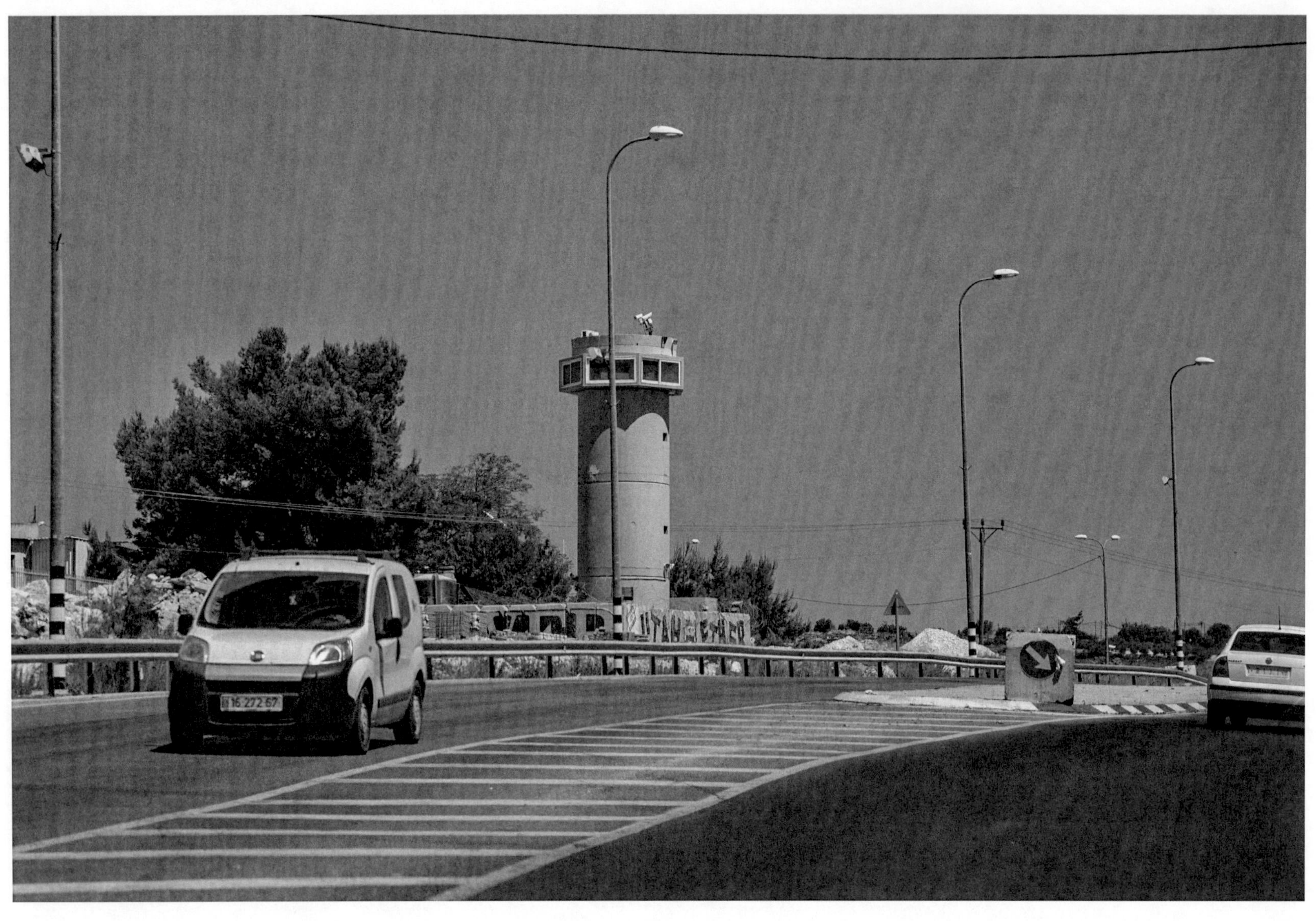

On the road to Bethlehem from Al-Khalil, 2013

في الطريق من الخليل إلى بيت لحم، 2013

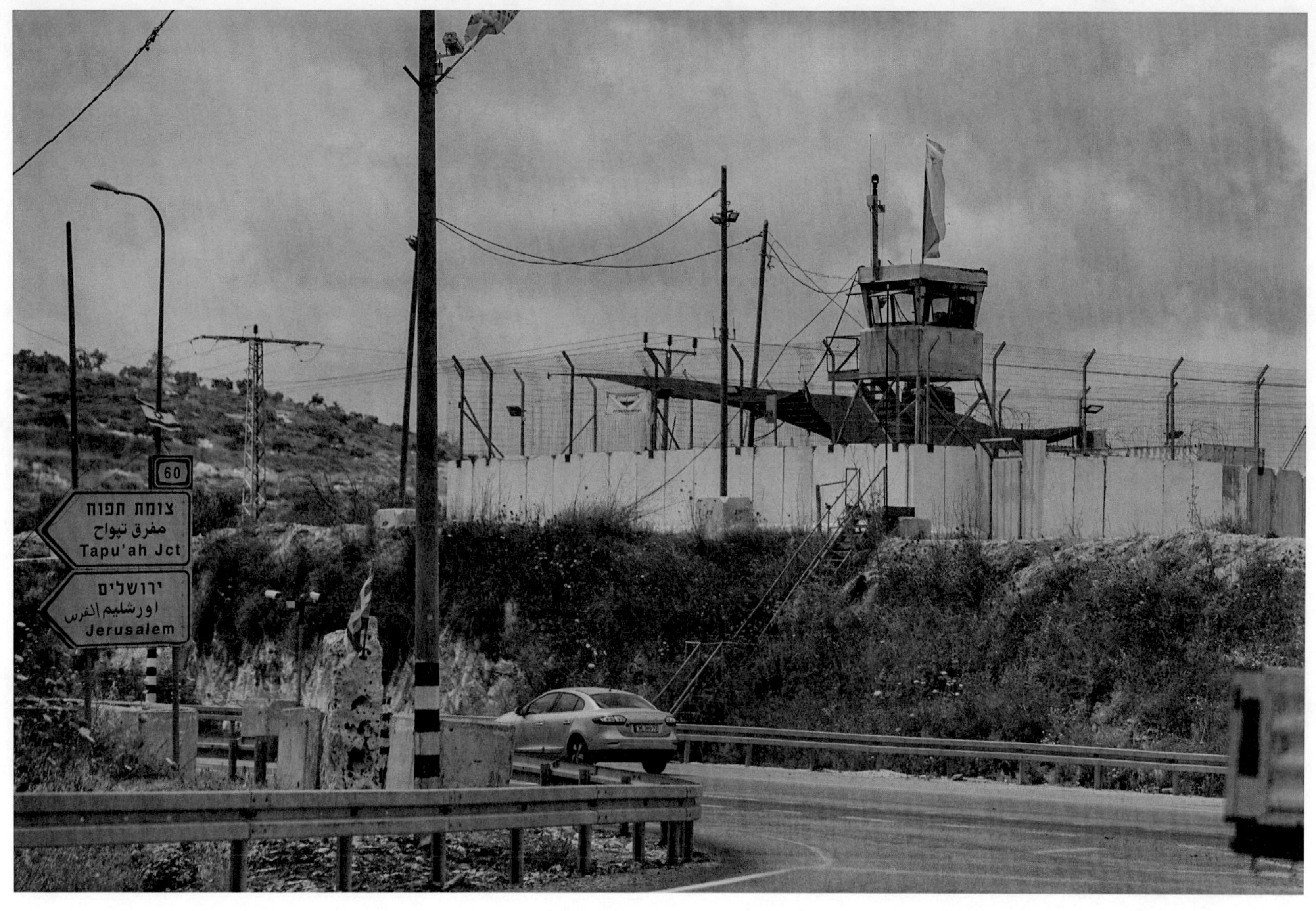

Ramallah-Nablus-Qalqilya intersection, 2010

مفرق رام الله- نابلس- قلقيلية، 2010

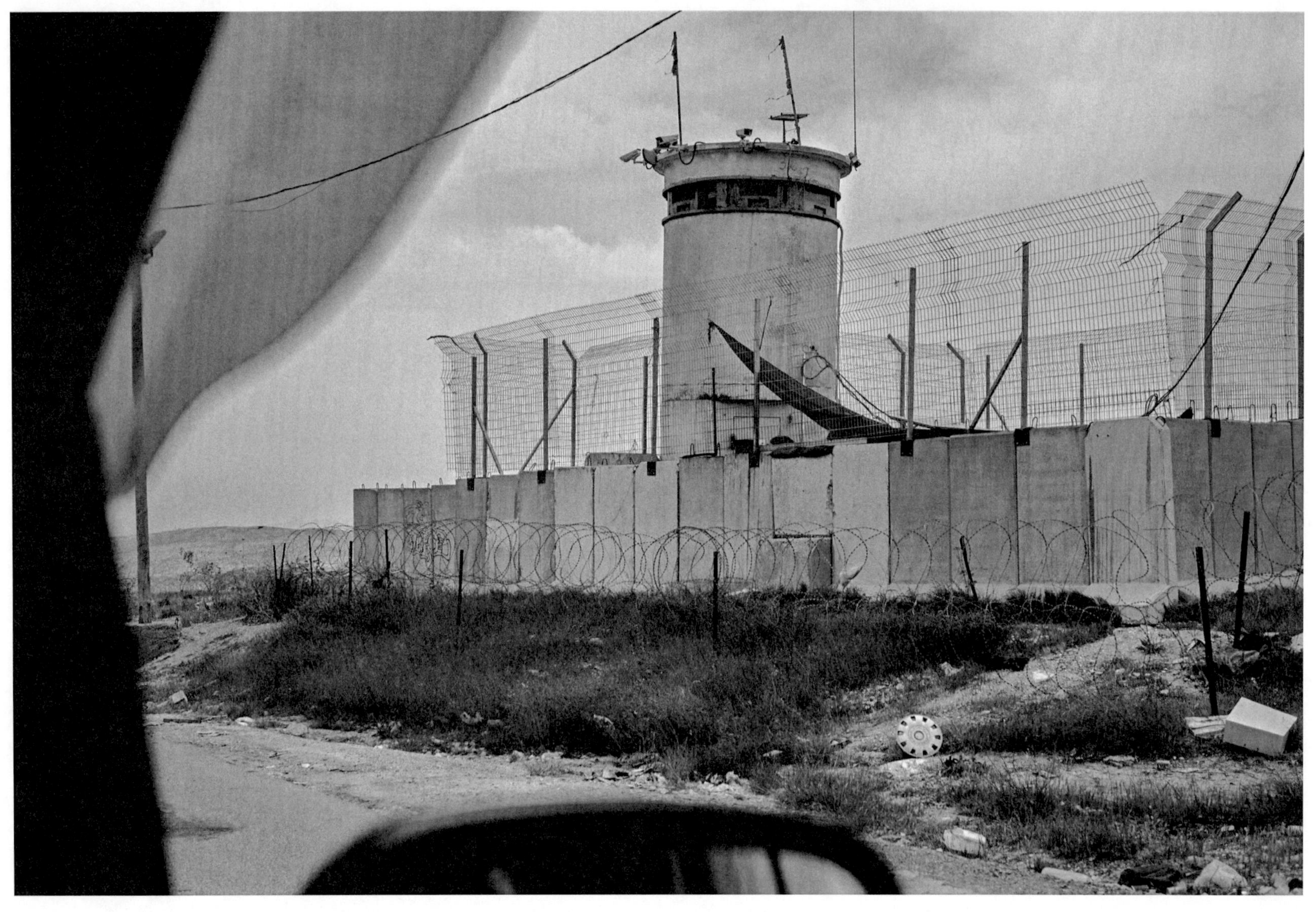

Driving from Bethlehem to Ramallah, 2017

عل طريق بيت لحم- رام الله، 2017

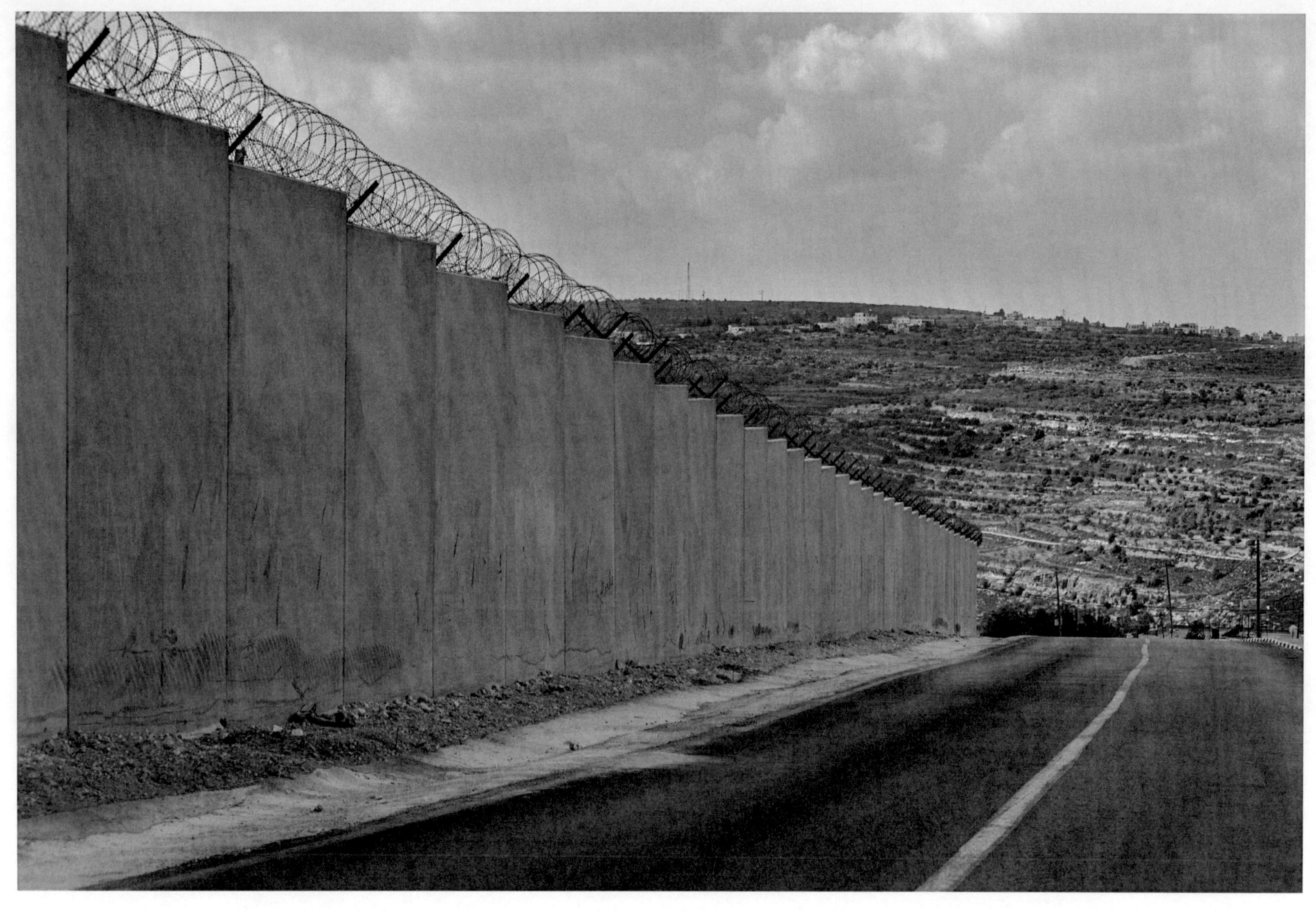

The Apartheid Wall on Walajeh land, Bethlehem district, 2019 جدار الفصل العنصري على أراضي الولجة، منطقة بيت لحم ، 2019

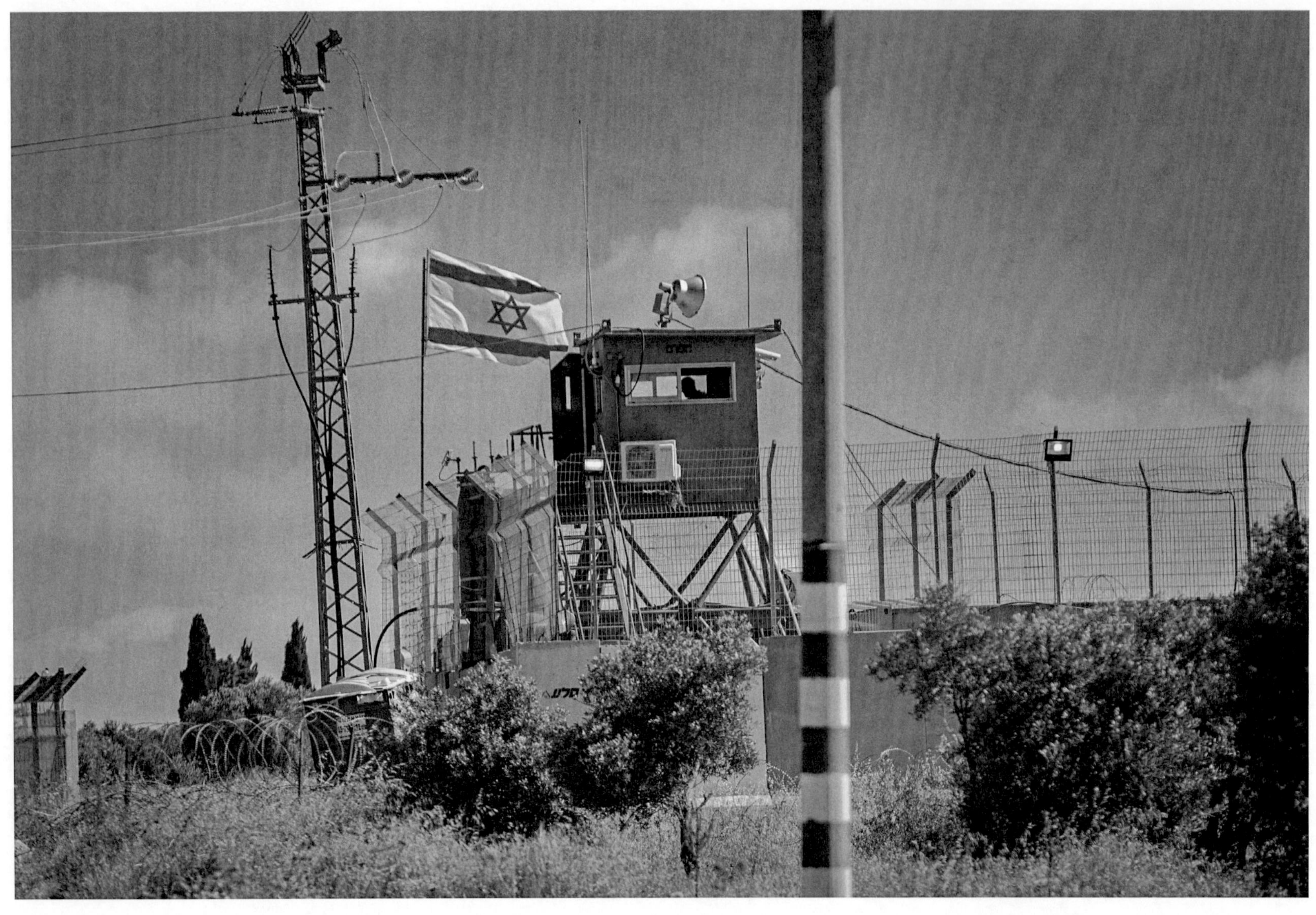

Driving to Al-Khalil from Bethlehem, 2020

الطريق إلى الخليل من بيت لحم، 2020

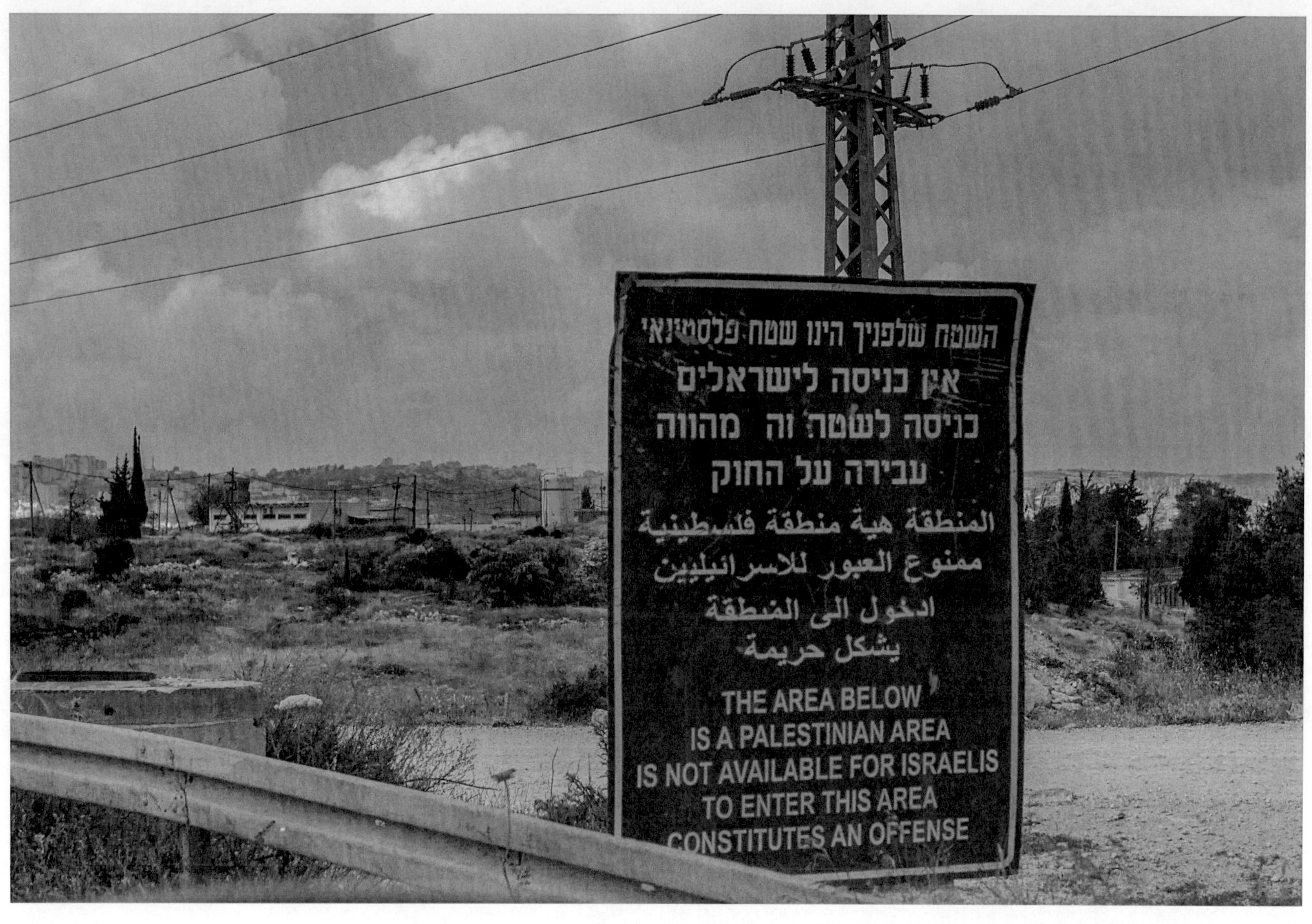

Approaching the northern entrance of Ramallah, 2017   الاقتراب من المدخل الشمالي لرام الله، 2017

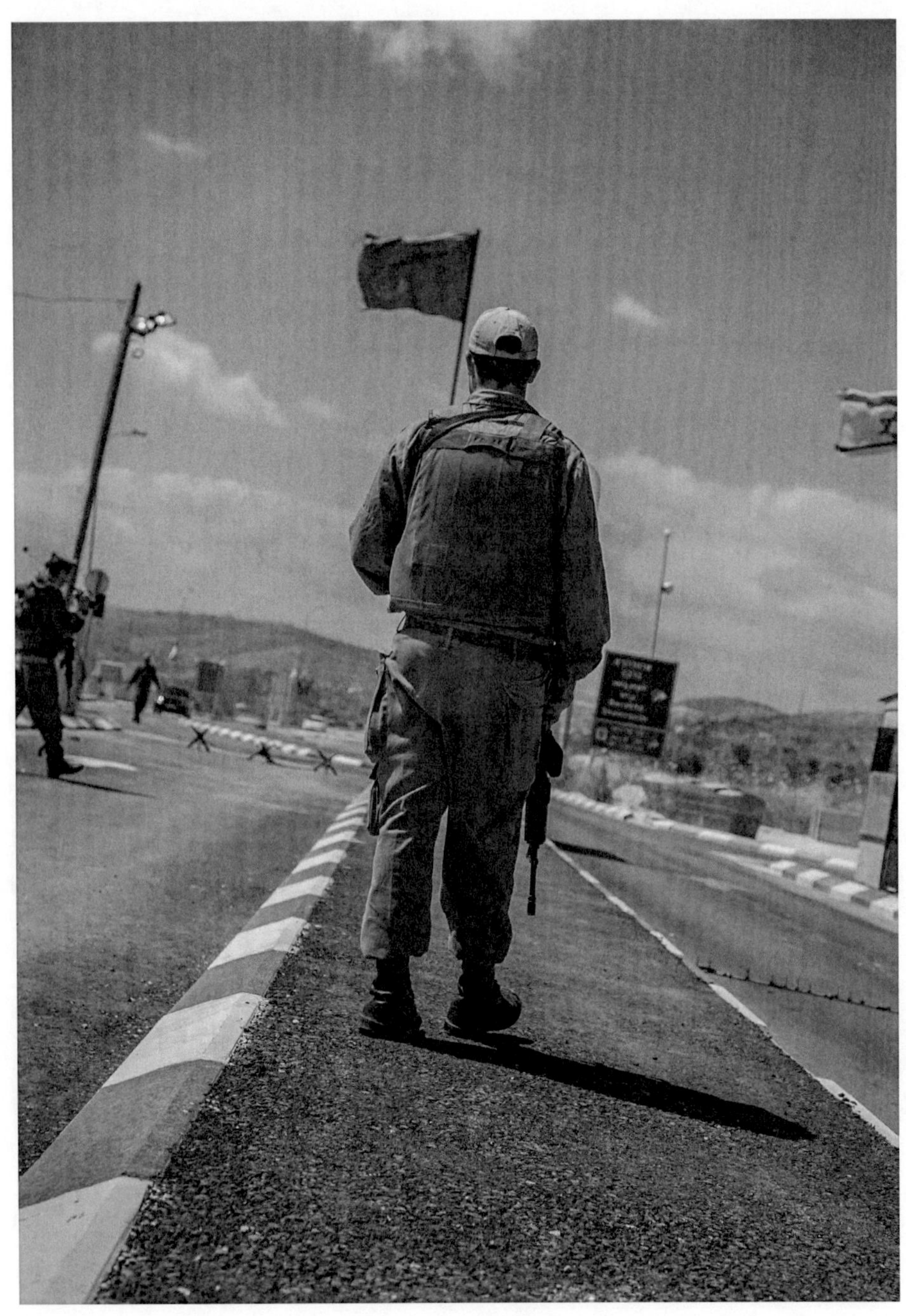

Hiwararh checkpoint south Nablus, 2010

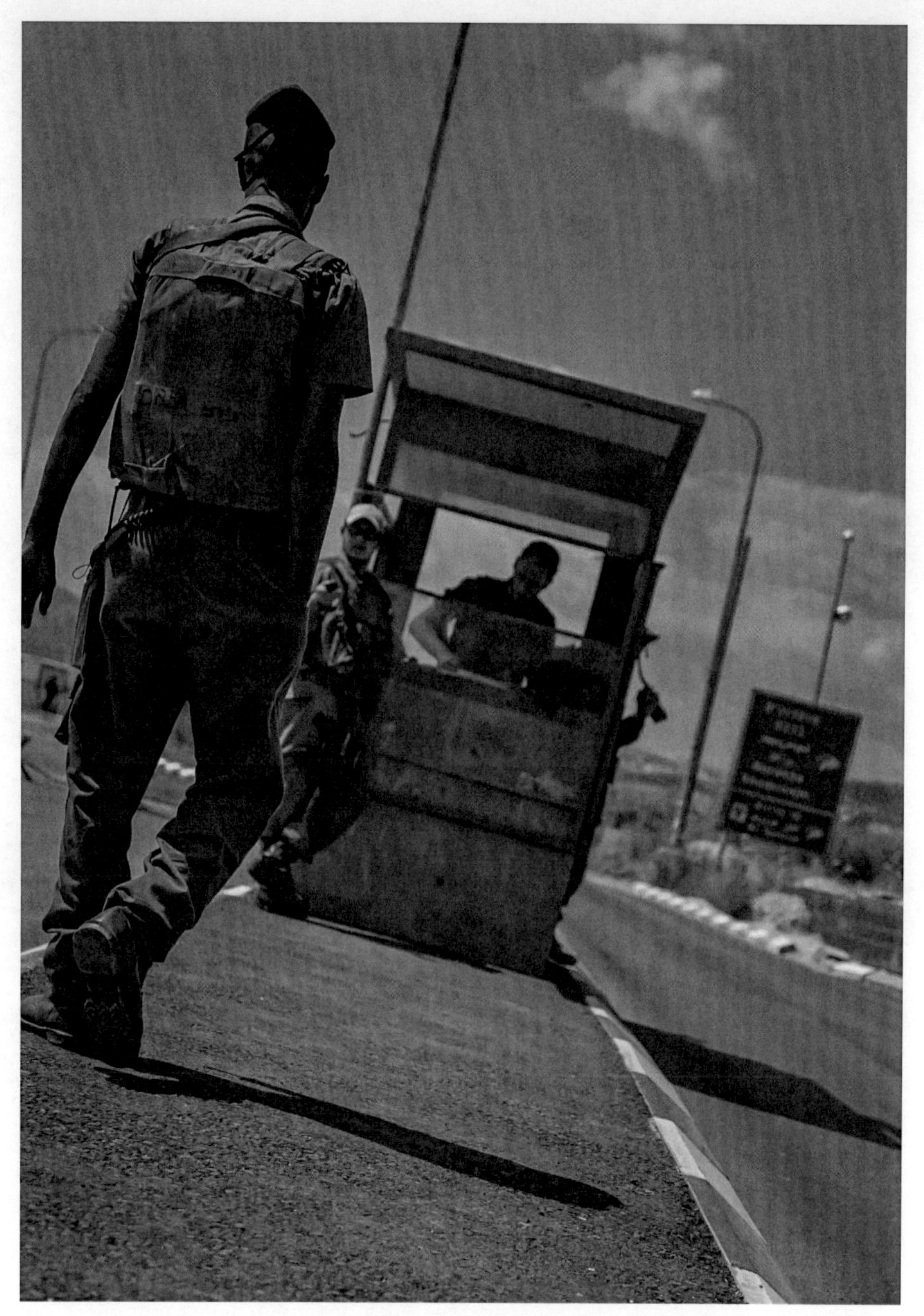

حاجز حوارة العسكري جنوب نابلس، 2010

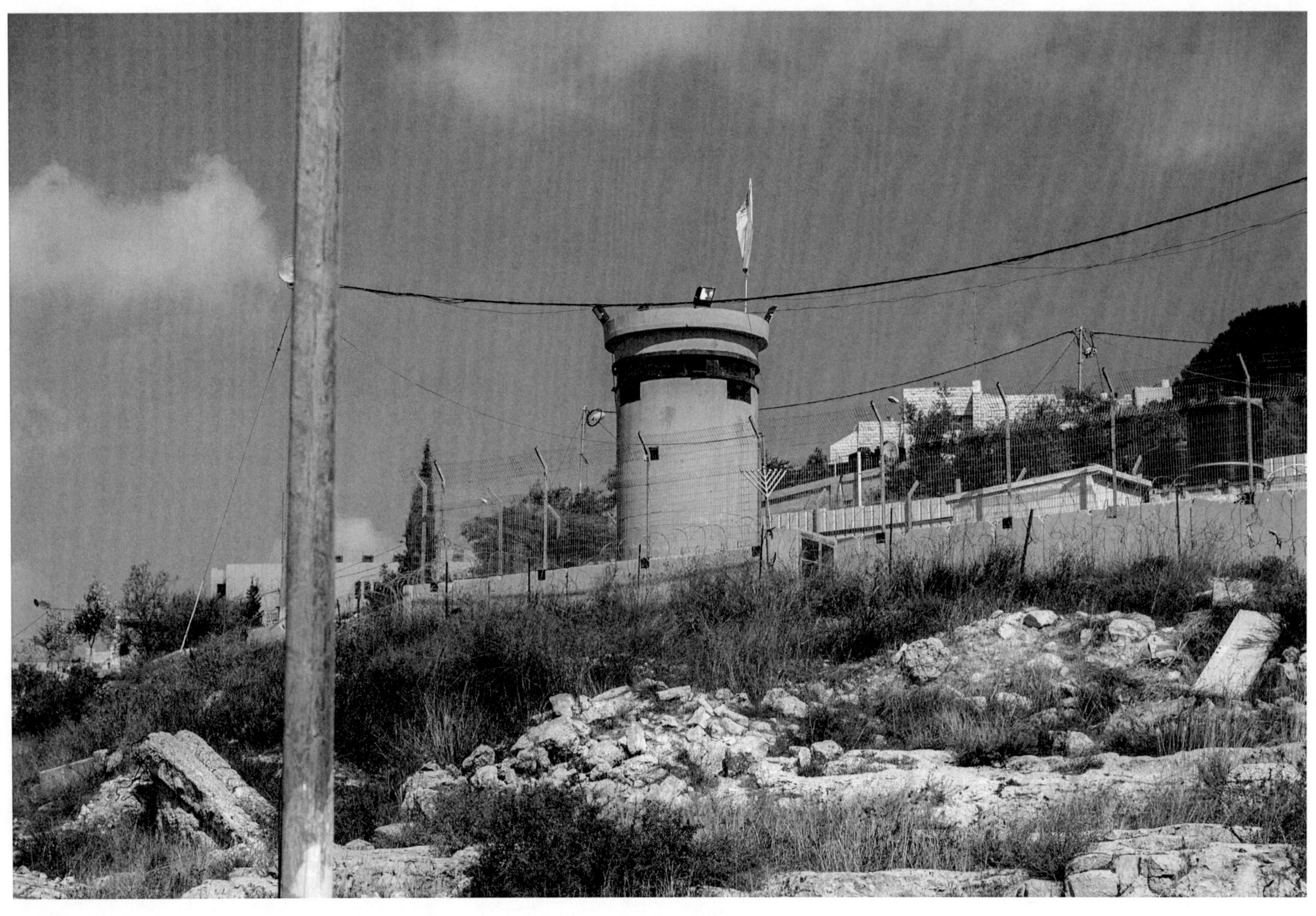

In the city of Al-Khalil, 2019

داخل مدينة الخليل، 2019

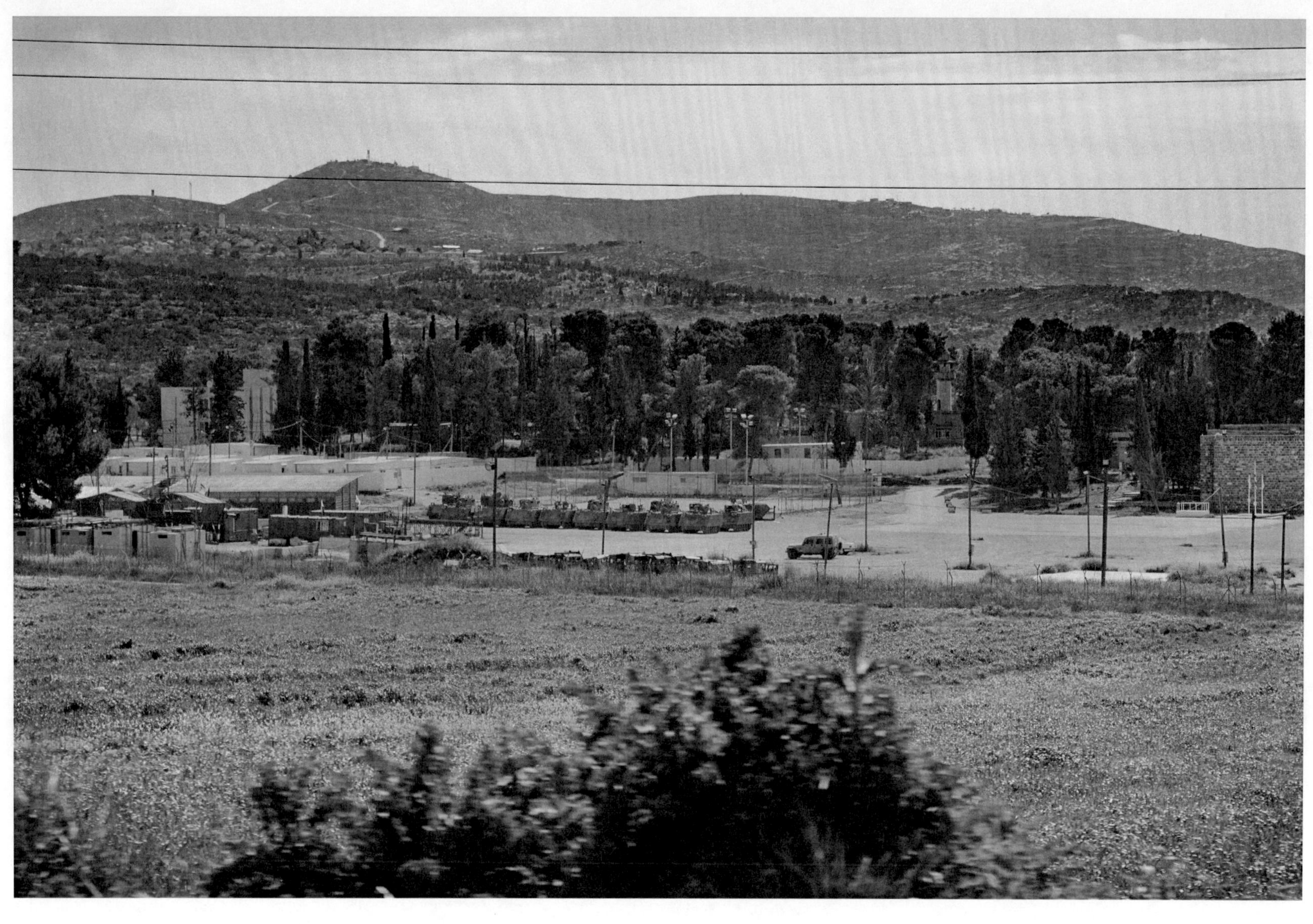

Illegal Jewish colony and military camp on Nablus land, 2010

مستعمرة يهودية ومعسكر للاحتلال على أراضي نابلس، 2010

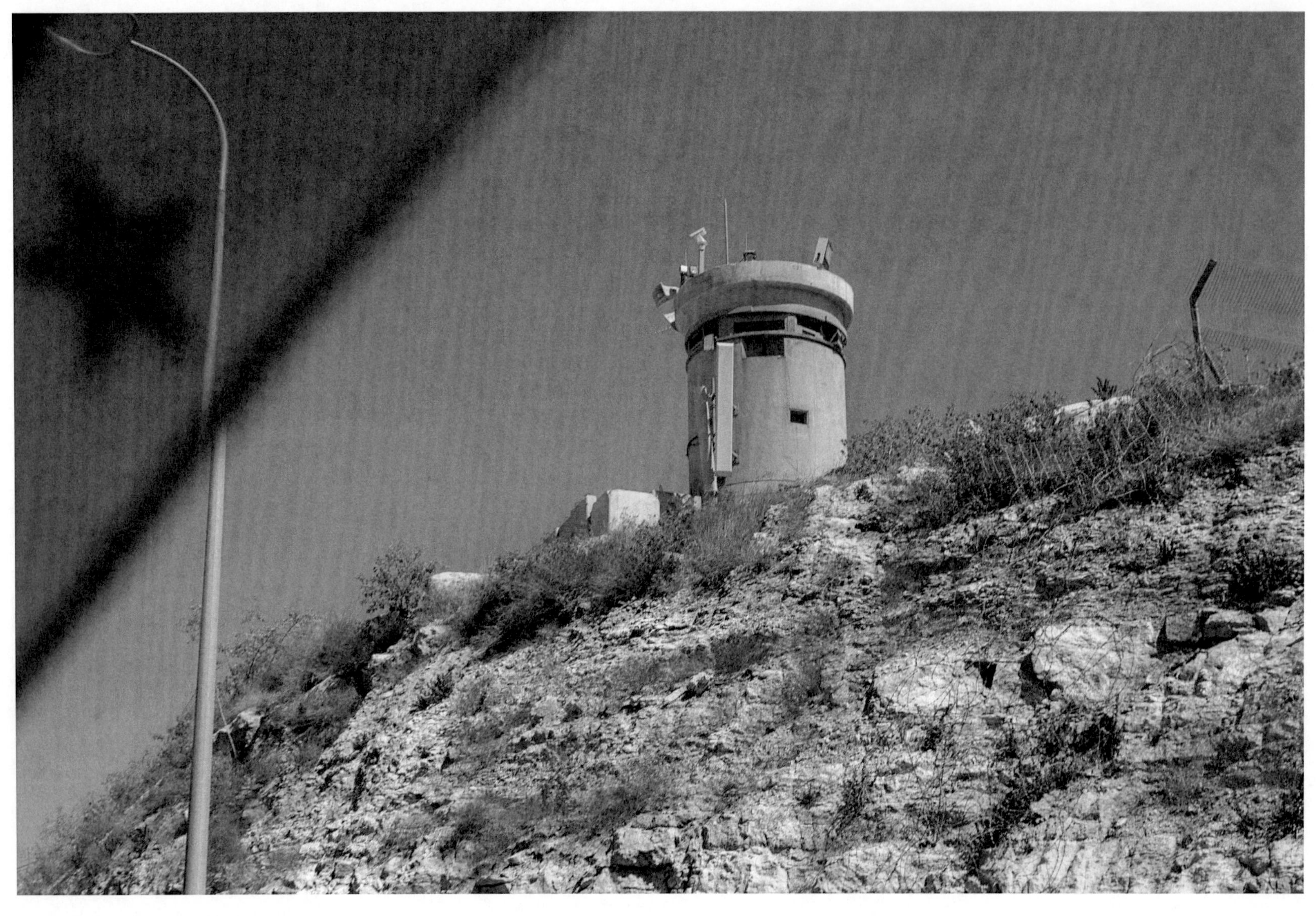

An Israeli watchtower on the road between Bethlehem and
Ramallah, 2013

أحد أبراج المراقبة على الطريق بين بيت لحم ورام الله، 2013

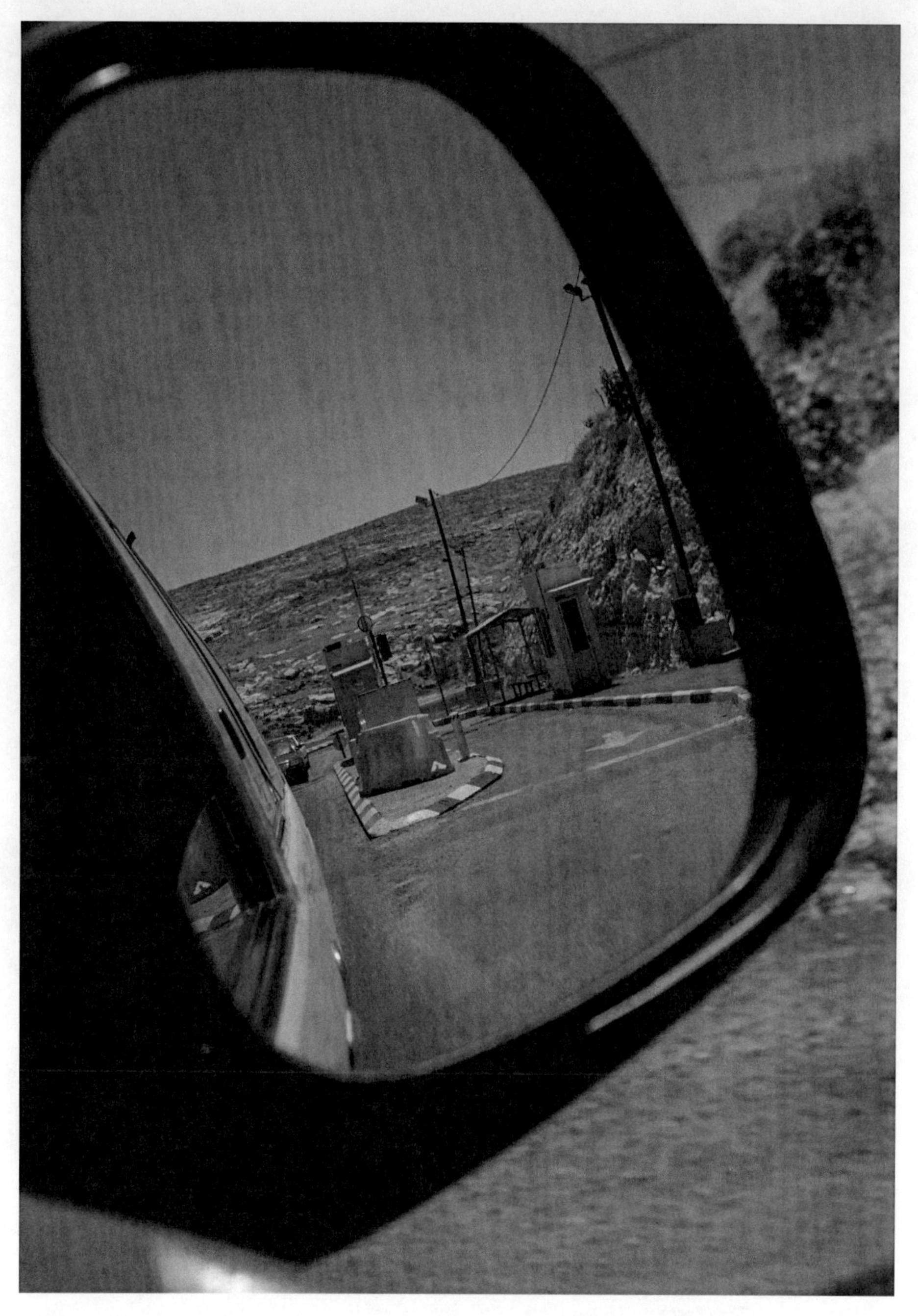

On the road to Bethlehem from Ramallah, 2010

على الطريق إلى بيت لحم من رام الله، 2010

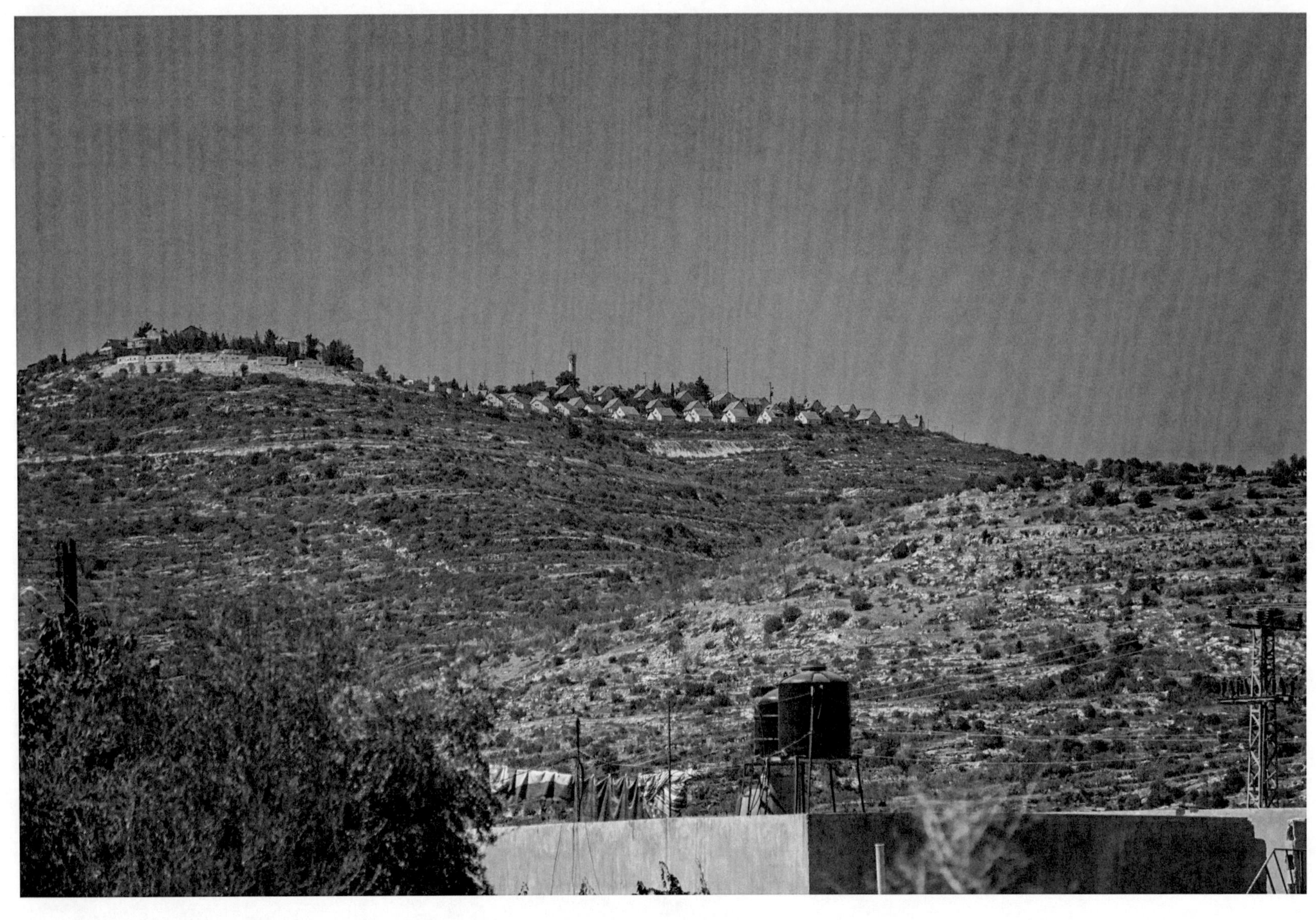

Illegal Jewish-only colony on the land of Nablus, 2013

مستعمرة غير شرعيّة لليهود فقط على أراضي نابلس، 2013

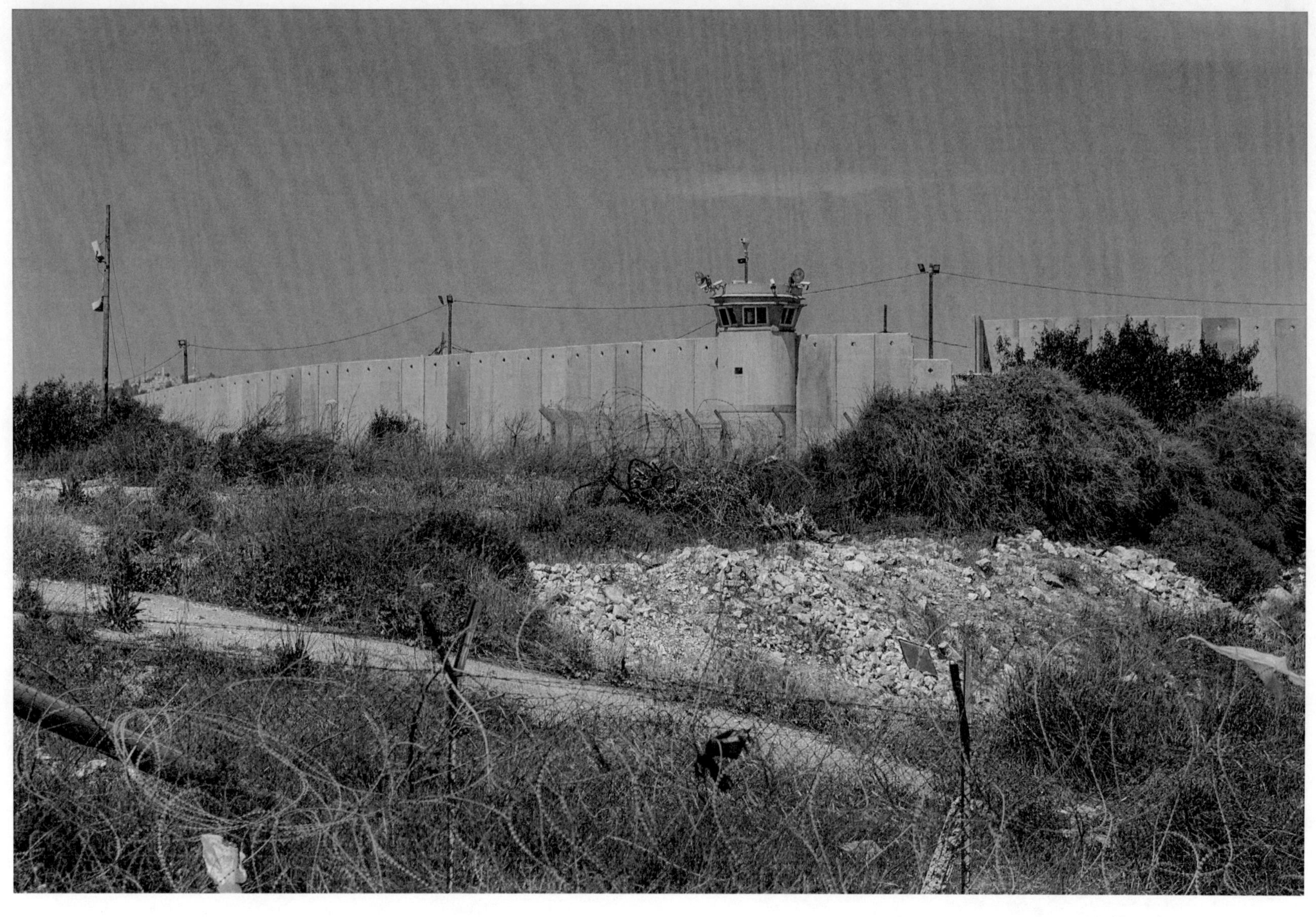

On the road to Ramallah from Bethlehem, 2018 على الطريق الى رام الله من بيت لحم، 2018

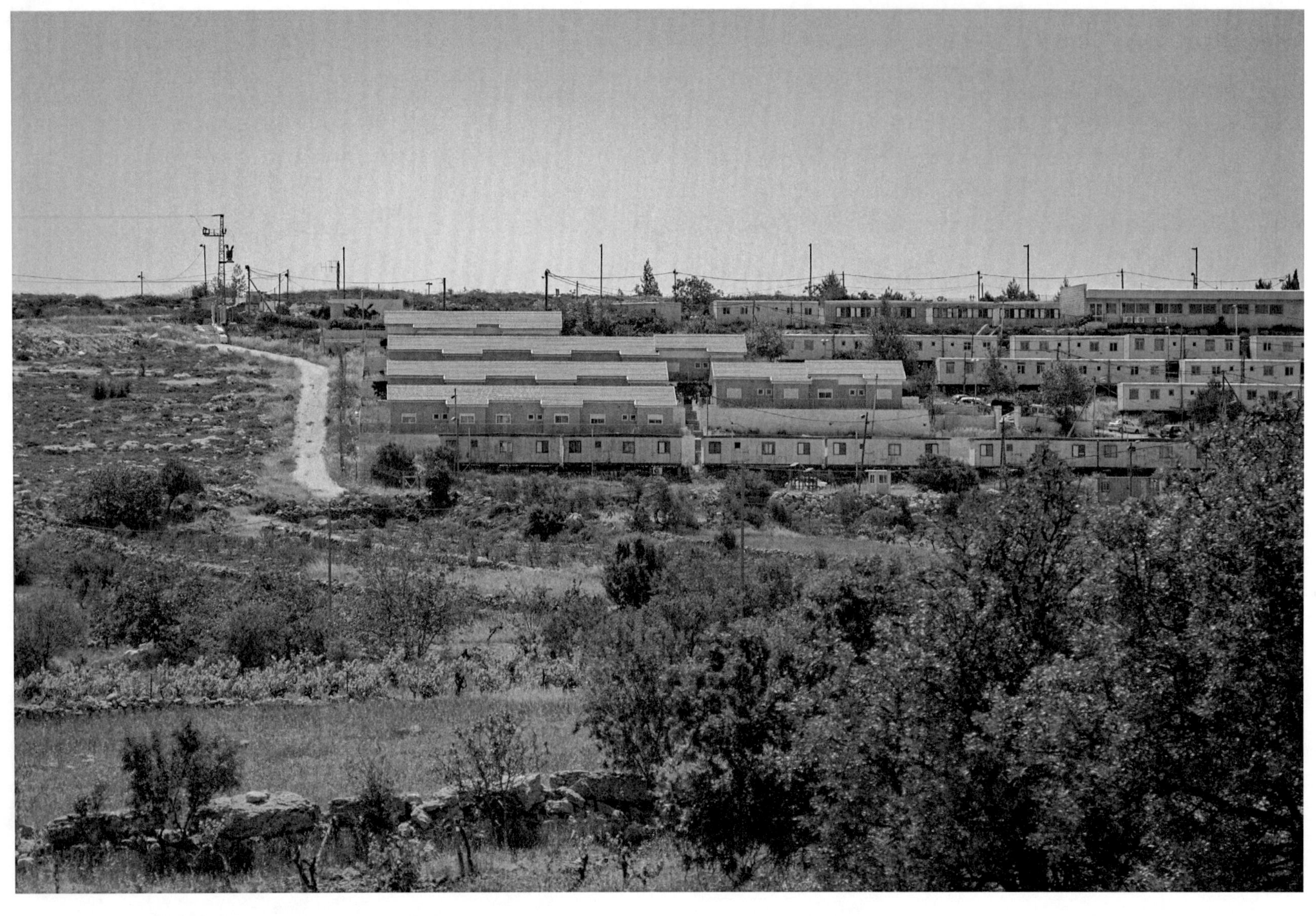

Illegal Jewish colony on the hills between Al-Khalil and Bethlehem, 2010

مستعمرة غير شرعية لليهود على أراضي فلسطينية بين الخليل وبيت لحم، 2010

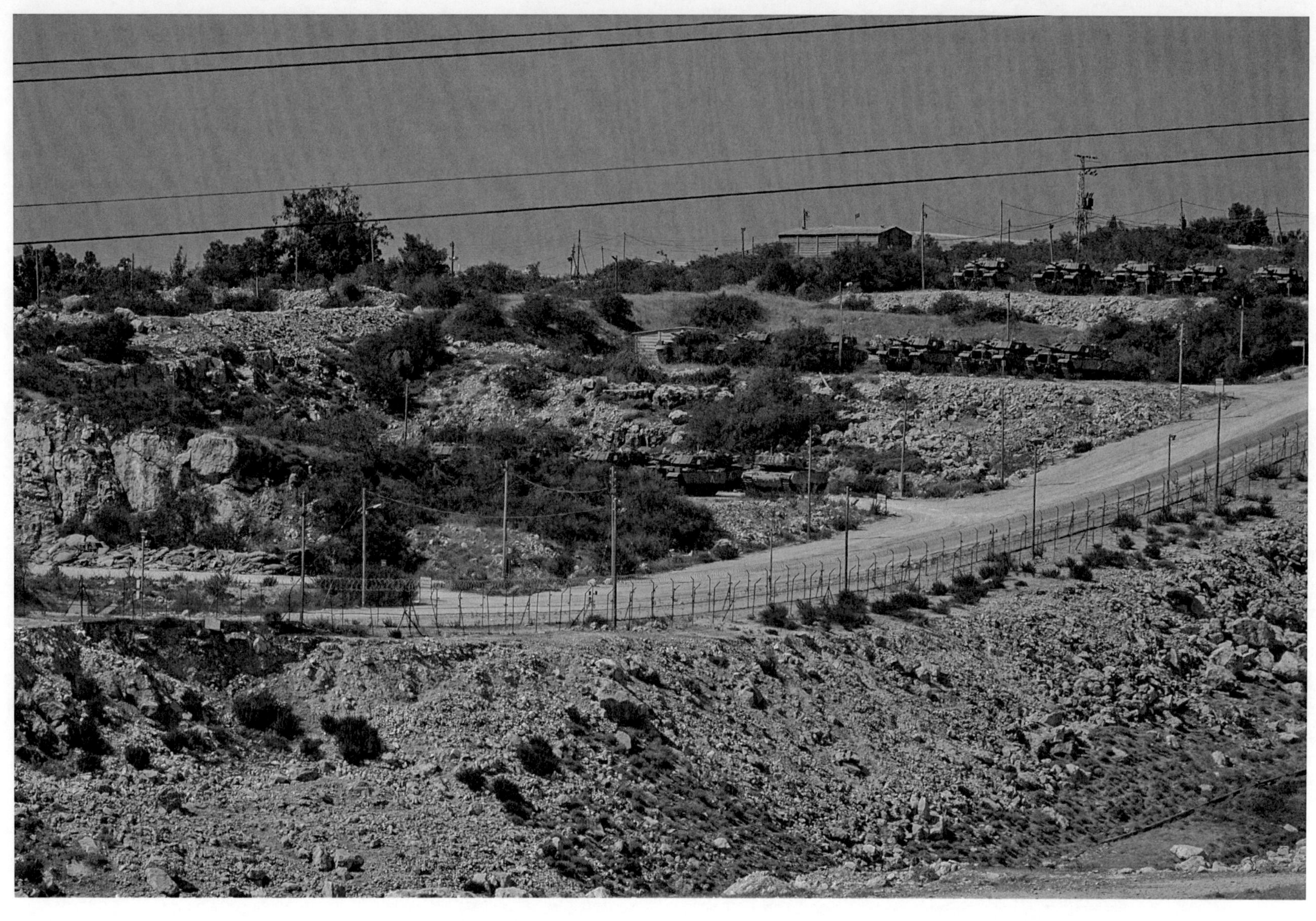

Israeli artillery in one of the military occupation's camps in the
West Bank, on the road between Bethlehem and Ramallah, 2010

أسلحة إسرائيلية في إحدى معسكرات الاحتلال بين بيت لحم ورام الله، 2010

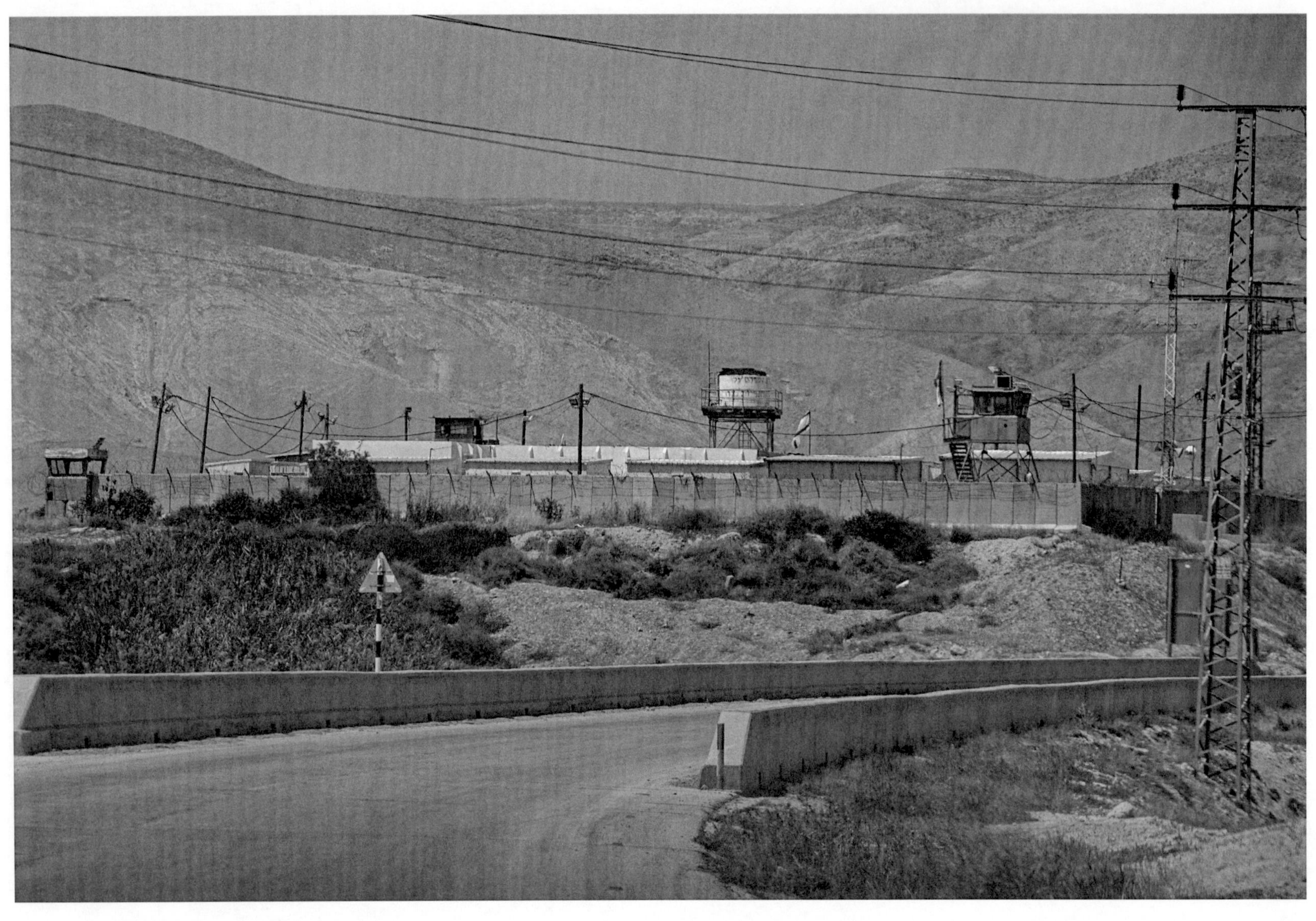

On the road to Jenin from Jericho, 2020

على الطريق إلى جنين من أريحا، 2020

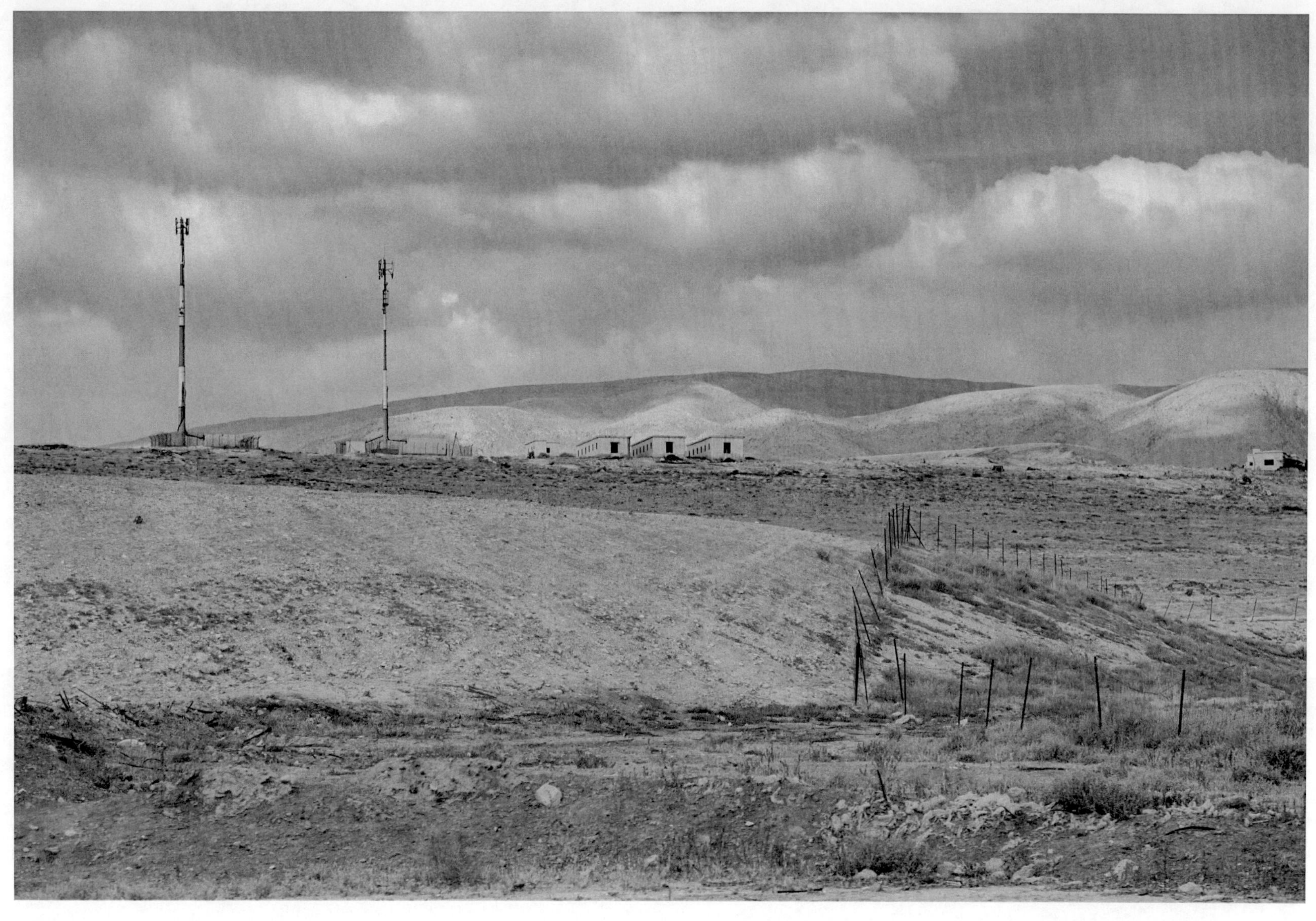

Military structures on the hills of Jericho, 2010

منشآت عسكرية على تلال أريحا، 2010

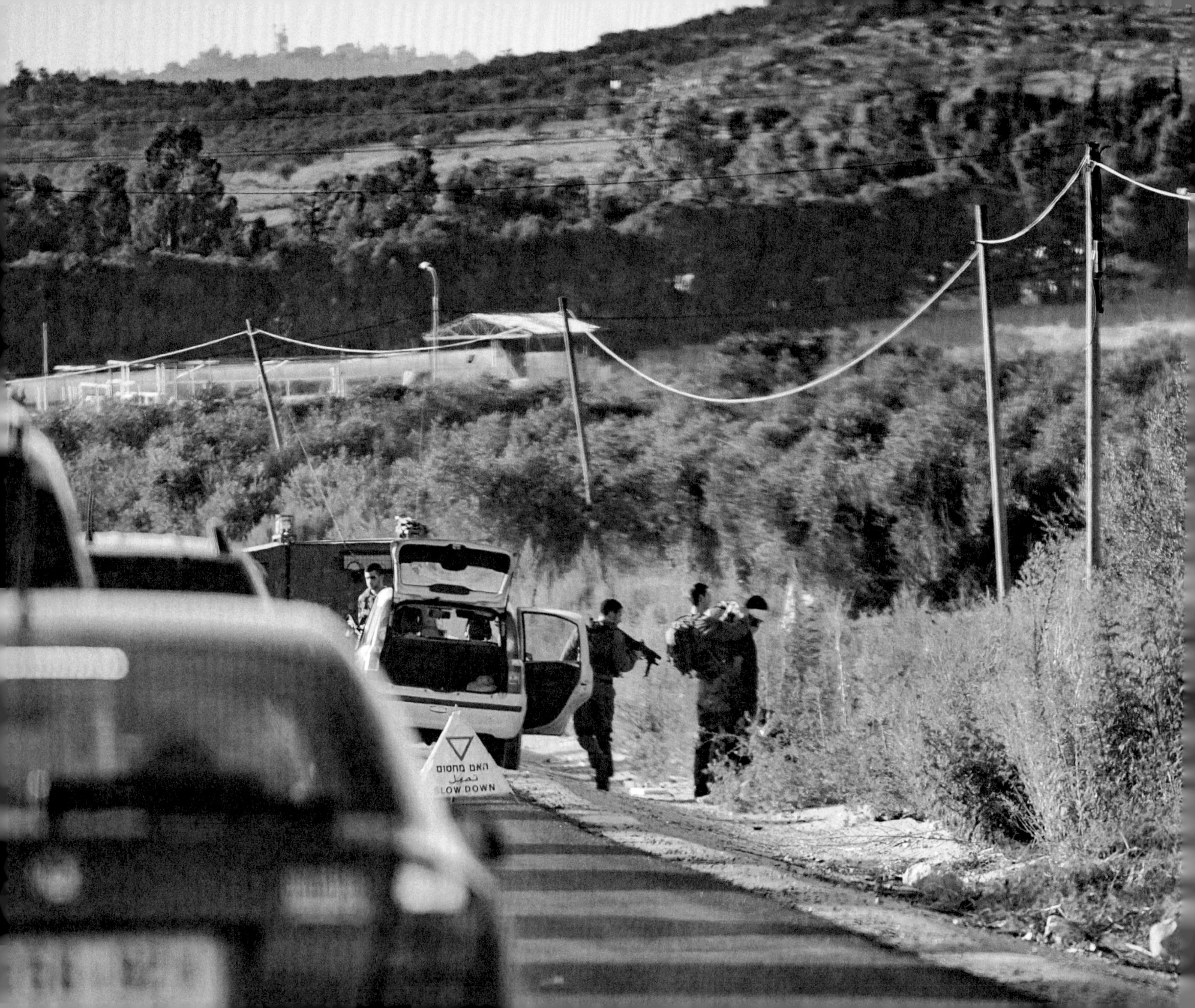
האט במחסום
SLOW DOWN

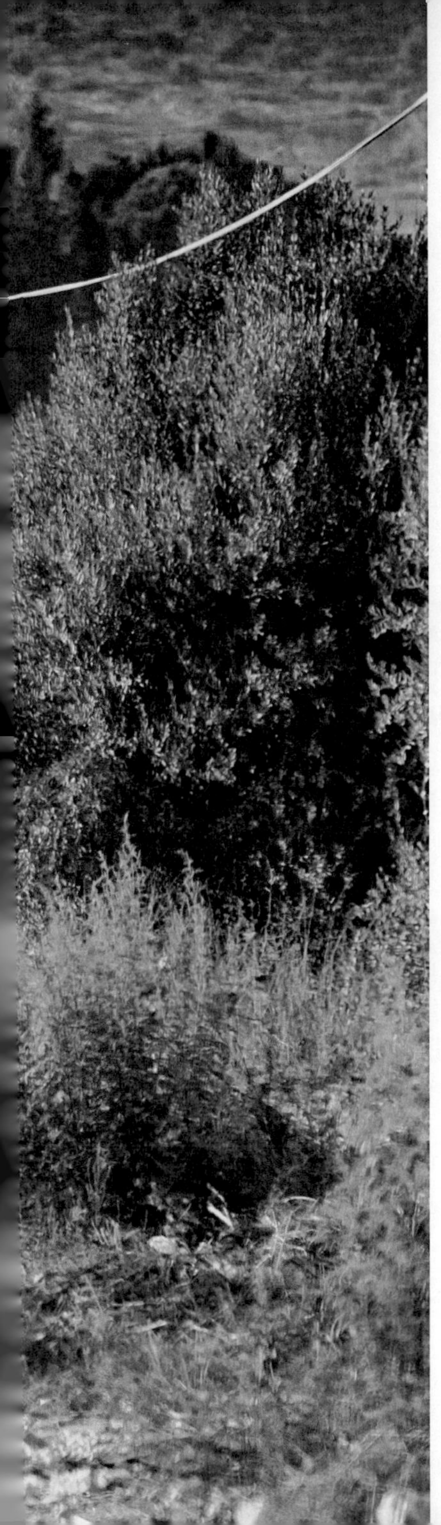

Blindfolding and detaining a Palestinian at a flying checkpoint just
after passing Zaatara permanent checkpoint, 2013

اعتقال فلسطيني على حاجز عسكري طيار مباشرة بعد عبور حاجز زعترة الثّابت، 2013

Scars on the Land
Nyla Matuk

Near the village of J'Bara, Tulkarem district, an otherworldly garden blooms: white flowers, almond trees, and the coiled teeth of barbed wire, a surreal species of dangerous climbing ivy. It is a nightmarish detail, perhaps glimpsed by a boy who, taken from his family before dawn, catches it in his peripheral vision before the blindfold is applied and he is thrown into the back of a military van.

On the road to Al-Khalil, the city named after Abraham, "the friend", a surveillance tower stands next to an Israeli flag, as if this monitoring project were akin to a moon landing — a state flag must bear witness! There are countless state flags standing next to countless phallic structures. In the absence of a tower, as seen perched above the Apartheid Wall in Bethlehem, a camera is installed next to a "skunk hose" at the ready, capable of spraying a foul odour on crowds of protestors. State terrorism is power wielded capriciously.

Inside Al-Khalil, Hebron, a Palestinian population of approximately 220,000 is ruled over by approximately 650 Israeli military personnel who also serve, enable, and protect the 850-odd Israeli settlers occupying the city centre. There are military checkpoints not only for drivers but also pedestrians.

Outside of Nablus, a red sign announces it is forbidden for Israeli citizens to enter "on danger of their lives" because this is "Area A" controlled by the Palestinian Authority. The sign warns of an enemy, that lives are potentially endangered. These signs mendaciously suggest a necessity to occupy and confiscate; to police all aspects of Palestinian life including our movements on the land.

"All of us speak of *awda*, 'return,'" Edward Said wrote in his essay accompanying Jean Mohr's photographs, After the Last Sky, "but do we mean that literally, or do we mean 'we must restore ourselves to ourselves'?" That question haunts Nazzal's documentary photos taken over a period of a decade. They record a changeable, coded, and seized landscape, one that keeps Palestinians controlled and watched. The system of land theft has labelled us refugees or infiltrators on our own land and prevented us not only from accessing it physically, but also from accessing ourselves, our people. The system destroys the cohesion our communities held before colonization began its destructive, exclusionist march. Divisions of the Palestinian land into fragments mean Palestinians living in Nablus or Ramallah must obtain a permit to travel to cities such as Haifa or Akka. These permits are impossible to obtain. Some military checkpoints stop each and every car, others, every other car. Roads for Palestinians are often stalled, while segregated roads are never busy.

What processes of state formation, technocratic defences, and surveillance balloons, even in this, the last of our skies, have authored this condition of exile, estrangement, and dispossession for Palestinians, that is, for the people who belong to the land that has been so barbarously destroyed by the architecture of exclusion, of racialization, and finally and undeniably, in the service of an operationalization and acceptance of incremental genocide?

There is a sense of circularity; the regularity with which technologies of surveillance and control are rolled out seems

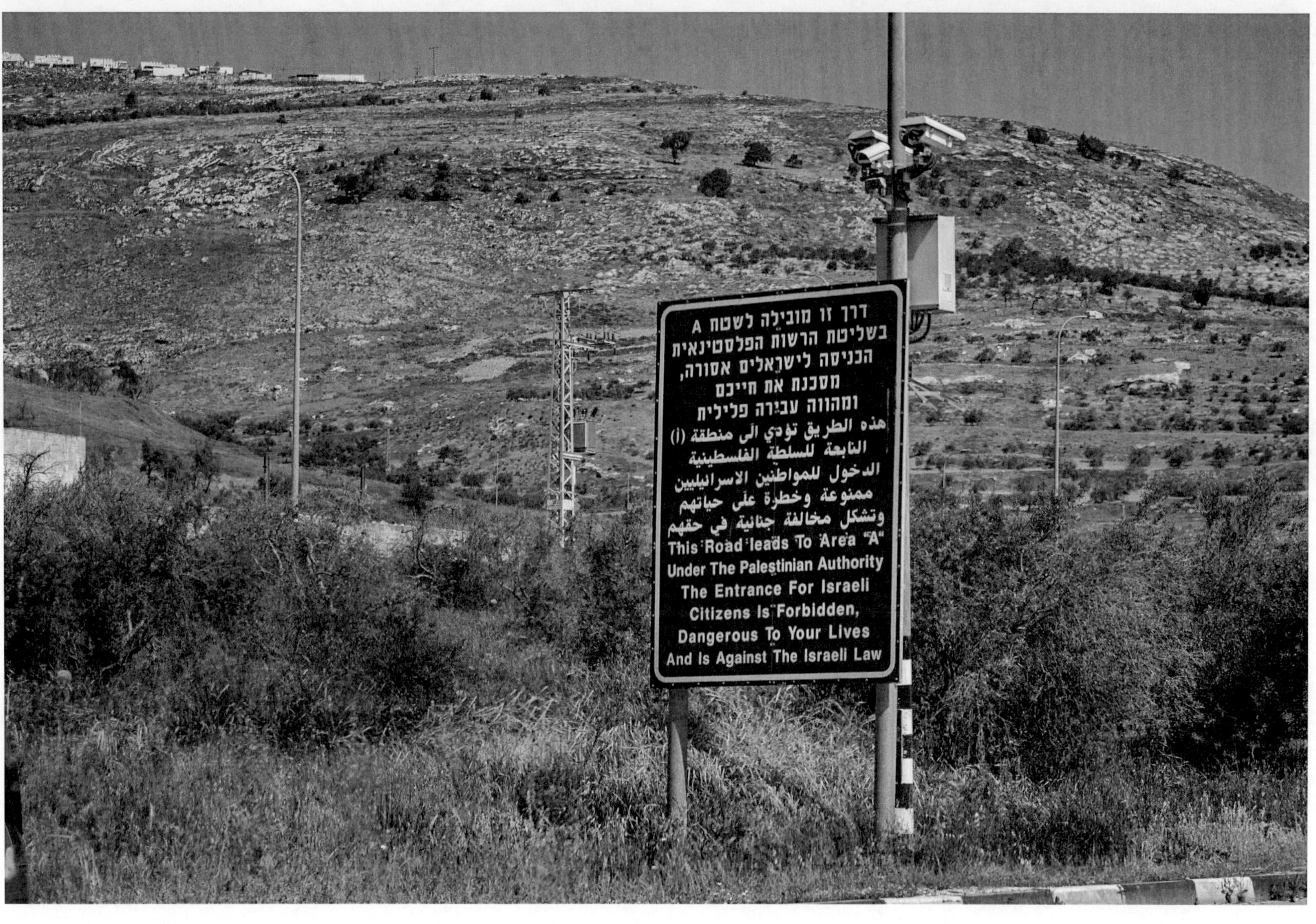

Approaching Nablus while driving from Ramallah, 2018

الاقتراب من نابلس عبر الطريق من رام الله، 2018

to repeat like the mechanical reproduction of a familiar and festive paper tablecloth. Wire, Apartheid Wall domino blocks, roadblocks, towers. Repeat. Seen in our rear view mirror as the long decades of twentieth and twenty-first-century Palestinian history, the military checkpoint remains ugly, ominous, and part of a routine which at any moment promises violence. Bestowed colonial sovereignty on this land has allowed for a supremacist determination of citizenships, refugee status, and enemy of the state designation. The dispossession and displacement of the Palestinian people from the land on which they belong was a necessary precondition of Israeli state formation as it was conceived. Citizenship grants privilege, but some citizens hold more privilege than others. The stateless are demonized. The philosopher Hannah Arendt predicted nothing more dangerous than a mandate of minority rule over the majority.

Moving around Palestine is much more complicated than the roads would have you believe. Palestinians living in the occupied West Bank must apply for a permit to visit Jerusalem and they are seldom bestowed; if they are, there is a military checkpoint that the permit-holder must first pass through. So rare are allowances for Palestinians from outside the city to visit Jerusalem, their urban centre of national heritage and the seat of their religions, that a Palestinian company has manu-factured a hand-held "virtual tour" device. Palestinians in Gaza, denied real entry to Jerusalem and other Palestinian cities, can "walk" virtually on the plaza outside the Dome of the Rock or see the Church of the Holy Sepulchre inside the Old City. They can visit the shores of the Dead Sea, perambulate the centre of Ramallah, or view Bethlehem's Church of the Nativity.

A massive coil of wire in Al-Walajeh near Bethlehem on page 145 indicates land seizure.

Why has the land been labelled *dangerous*?

Those who were removed from the land on which they belong, from the countryside and from the cities, wait to return. Their return and subsequent liberation are inevitable. The project of colonization, of displacement and replace-ment of the native, is not sustainable. It is time to dismantle the dreams of imperium, to jettison the illusory narratives of European indigeneity and superiority.

We must answer Said's question and say "yes, we mean it literally," our return will be literal. Only then will we have restored ourselves to ourselves, only then, will we attain liber-ation.

Works Cited

- Said, Edward and Jean Mohr. 1999. *After the Last Sky: Palestinian Lives*. New York: Columbia University Press.

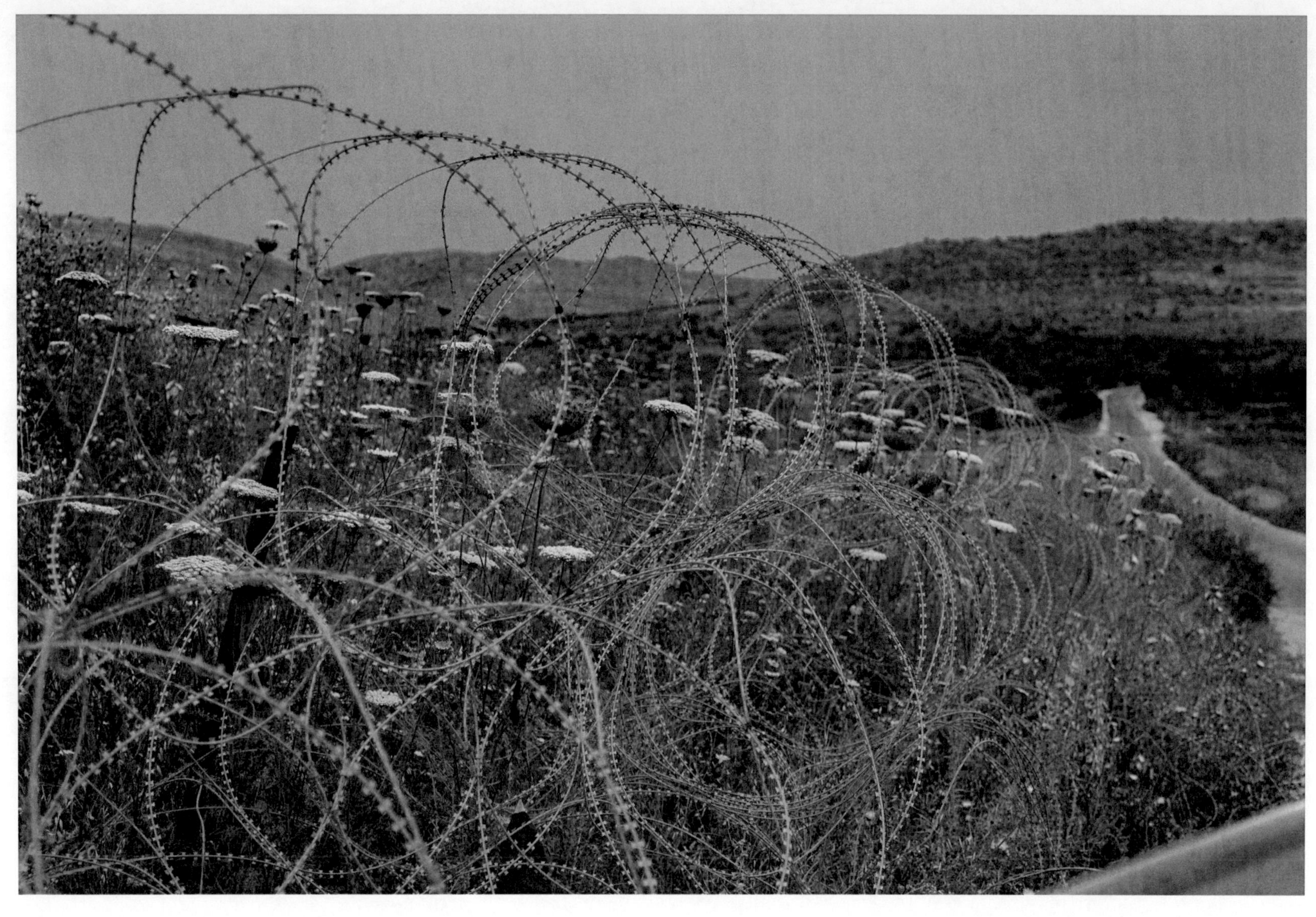

Entrance of the Village of Jbara, Tulkarim district, 2010

مدخل قرية جبارا، قضاء طولكرم، 2010

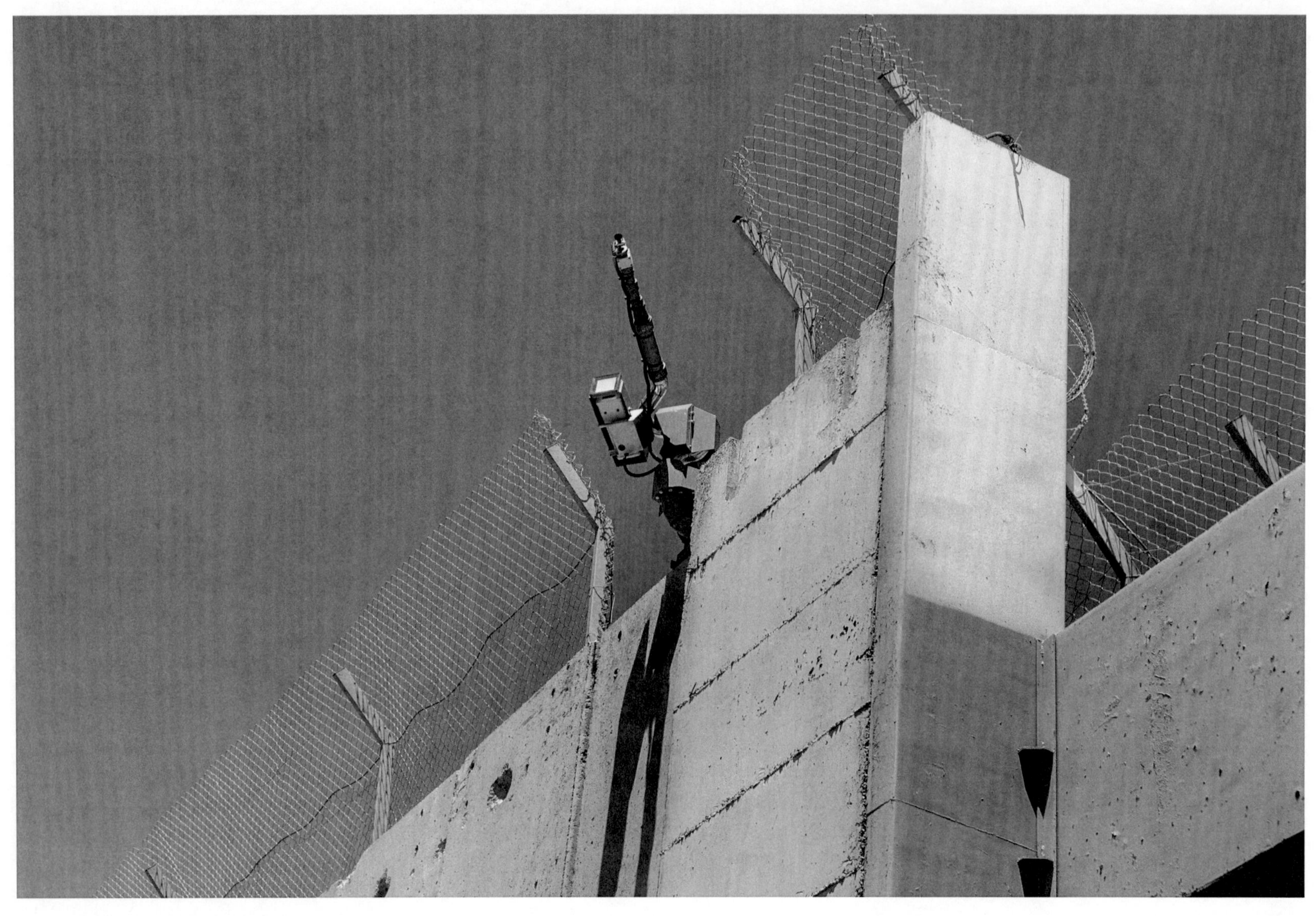

"Skunk" hose (Israeli-invented smell weapon) installed on the Apartheid Wall in the city of Bethlehem, 2016

خرطوم مياه عادمة (سلاح من اختراع إسرائيل) مُركّب على جدار الفصل العنصري في مدينة بيت لحم، 2016

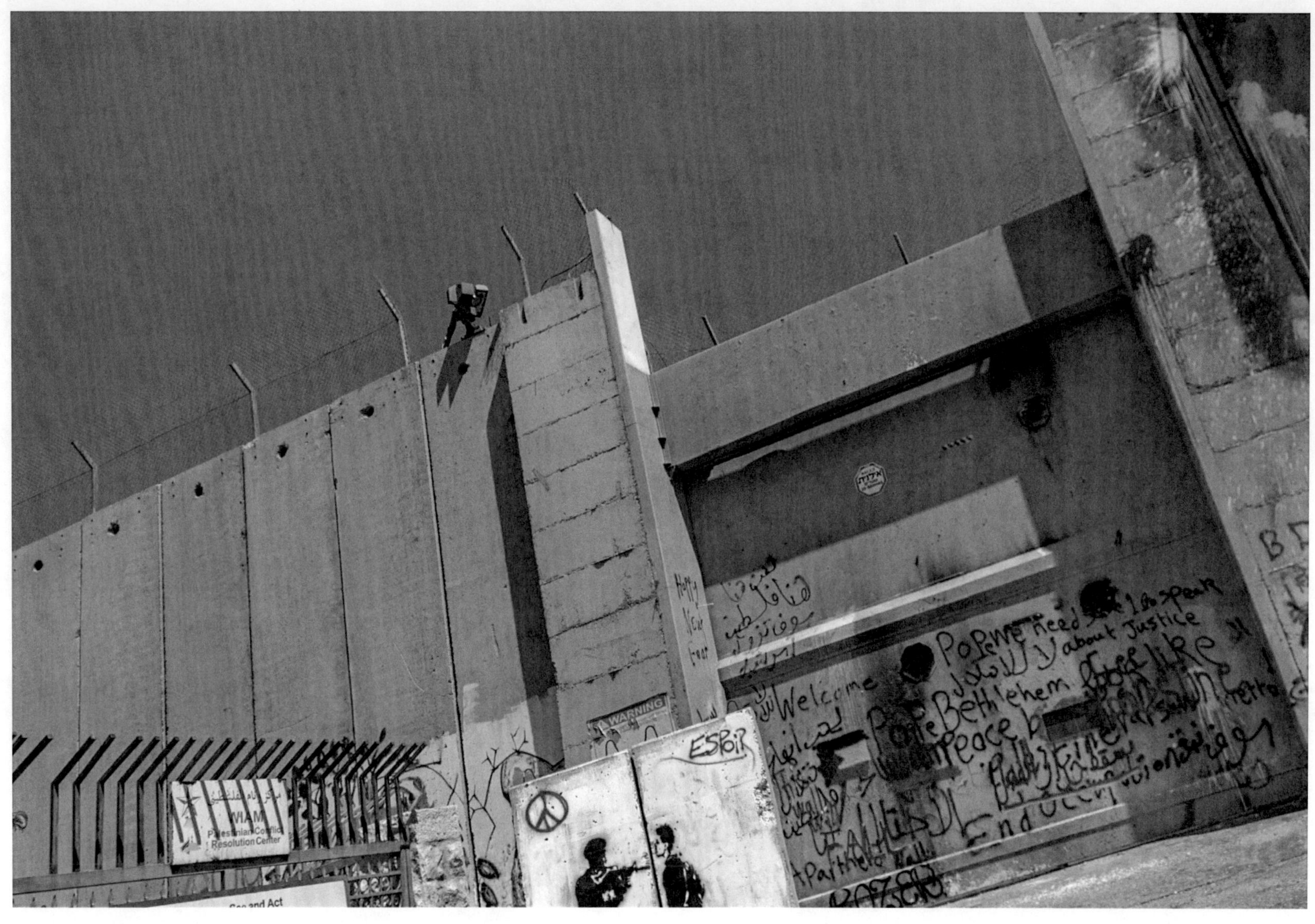

A gate in the Apartheid Wall in the city of Bethlehem, through which the occupation forces invade the city and the refugee camps within its boundaries, 2016

بوّابة في جدار الفصل العنصري في بيت لحم، تقتحم من خلالها قوّات الاحتلال المدينة ومخيّمات اللّاجئين فيها، 2016

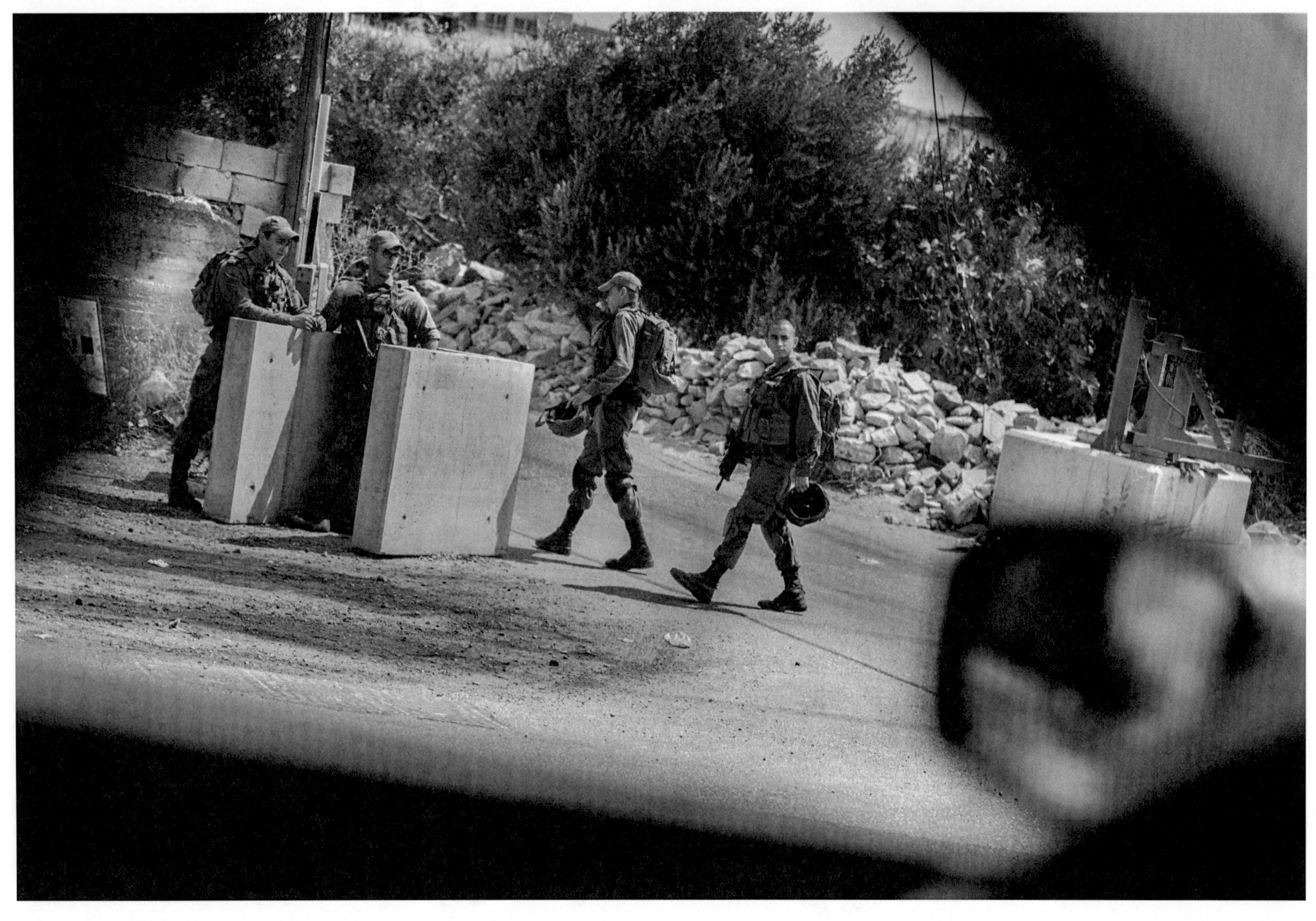

Occupation soldiers stationed at the entrance of Hisma,
Jerusalem district, 2020

جنود الاحتلال متمركزين على مدخل قرية حزما، 2020

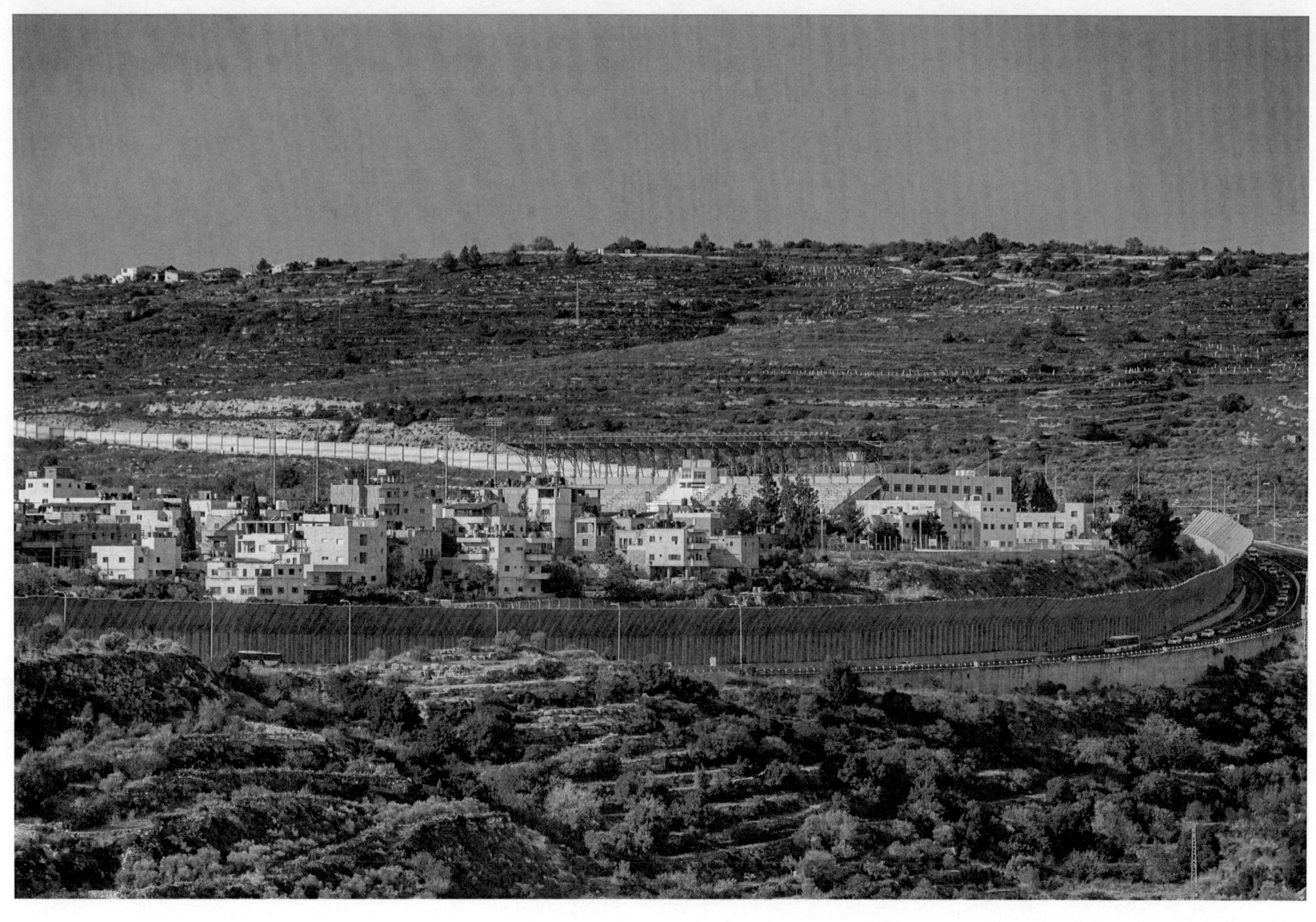

Al-Khader town enclosed by Israel's Apartheid Wall,
Bethlehem, 2019

بلدة الخضر محاصرة بجدار الفصل العنصري، بيت لحم، 2019

علينا أن نجيب عن سؤال إدوارد سعيد أعلاه ونقول: "نعم ، نحن نعني ذلك حرفيًّا"،
عودتنا ستكون فعلية. عندئذٍ فقط، سنكون قد عُدنا إلى أنفسنا، وعندها فقط، سنبلغ
التّحرير.

العمل المذكور

• سعيد، إدوارد وجان مهر. 1999. بعد السماء الأخيرة: حياة الفلسطينيّين. نيويورك:
مطبعة جامعة كولومبيا.

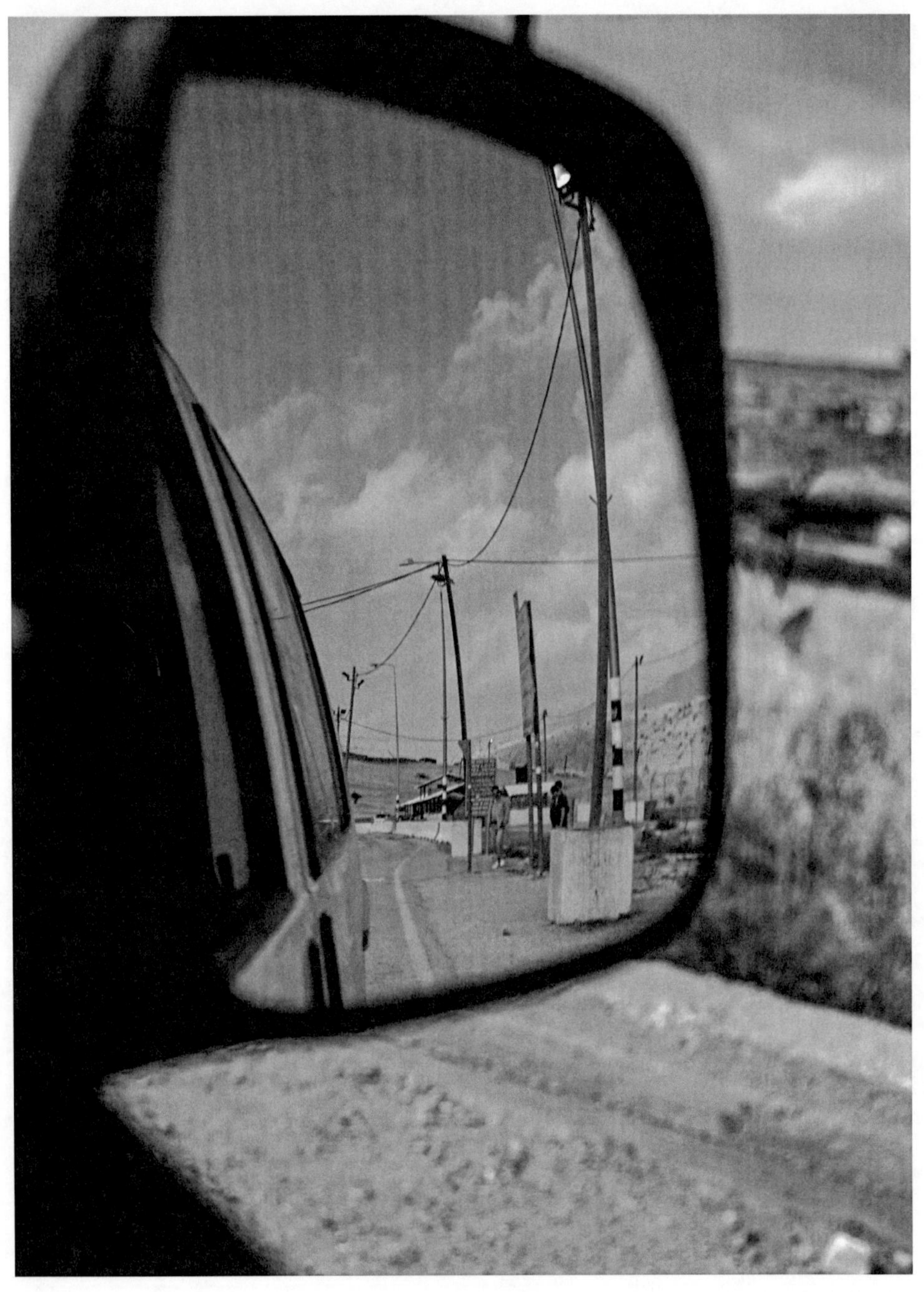

Alhamra military checkpoint, on the road to Jericho
from Tubas, 2010

حاجز عسكري الحمراء، في الطريق الى اريحا من طوباس

ندبات على الأرض
نائلة معتوق

بالقرب من قرية جبارة في محافظة طولكرم، تُزهر حديقة من عالم آخر: زهور بيضاء، أشجار لوز، أسلاك شائكة ملتفّة، نوع سرياليّ من اللّبلاب المتسلّق الخطير. إنّها تفاصيل من كابوس، ربّما لمحها صبيّ انتُزعَ من عائلته فجرًا، قبل أن تُعْصَب عيناه ويُلْقى به في مؤخّرة شاحنة عسكريّة.

على الطريق إلى المدينة التي تحمل اسم إبراهيم «الصدّيق» و«الخليل»، ثمّة برج مراقبة عسكريّ بجواره علم إسرائيليّ، كما لو أنّ مشروع الرّقابة هذا يشبه الهبوط على سطح القمر؛ علم الدولة يجب أن يكون شاهدًا!! ثمّة عدد لا يُحصى من أعلام الدول نُصِبت قرب عدد لا يُحصى من الهياكل الشبيهة بالقضيب. في غياب برج المراقبة العسكريّ، فوق جدار الفصل العنصريّ في بيت لحم، تظهر كاميرا بجانب خرطوم المياه العادمة الكيماويّة، جاهزًا لرشّ رائحة كريهة على حشود المتظاهرين. إرهاب دولة نابع من قوة مُتقلّبة.

في الخليل، حيث يبلغ عدد السكّان 220,000 شخص، يتحكّم حوالي 650 من عناصر الجيش الإسرائيليّ في حماية وتمكين 850 من المستوطنين الإسرائيليّين الّذين يحتلّون مركزها. هناك، نقاط تفتيش عسكريّة ليس للسيارات فقط، وإنّما للمشاة أيضاً.

خارج نابلس، لافتة حمراء تنصّ على أنّه يُحظَر على المواطنين الإسرائيليّين الدخول؛ ففي ذلك «خطر على حياتهم »، لأنّ هذه «منطقة أ» الّتي تسيطر عليها السّلطة الفلسطينيّة. اللّافتة تحذّر من عدوّ، ومن أنّ الأرواح قد تكون مهدّدة بالانقراض. هذه اليافطات تبرّر وبشكل مخادع، سيطرة الاحتلال ومصادرة ومراقبة جميع جوانب حياة الفلسطيني، بما في ذلك تحرّكاتنا على الأرض.

«كلّنا نتحدّث عن عودة، 'العودة'»، كتب إدوارد سعيد في مقالة مصاحبة لصور جان مهر في كتاب 'ما بعد السماء الأخيرة'»، ولكن هل نعني ذلك بشكل حرفيّ، أم 'أنّنا نعني أنّه يجب أن نعود لأنفسنا وأن نستعيدها؟' يطارد هذا السؤال صور نزّال الوثائقيّة الّتي التُقِطَت على مدى عقد من الزمن؛ فهي توثّق أرضًا مُتغيّرة ومُشقّرة ومُصادرة، أرضًا يبقى الفلسطينيّون فيها تحت السّيطرة والمُراقبة.

إنّ نظام سرقة الأراضي وصمنا بأنّنا لاجئون أو متسلّلون على أرضنا، وحرمنا ليس فقط من الوصول إليها، لكن أيضًا من الوصول إلى أنفسنا، إلى شعبنا. هذا النظام يسعى إلى تدمير التماسك الّذي يميّز مجتمعاتنا قبل أن يبدأ الاستعمار عمليات التهميش والتدمير. تقسيم وتجزئة الأراضي الفلسطينيّة إلى أجزاء مُبعثرة، يعني أنّ الفلسطينيّين الّذين يعيشون في نابلس أو رام الله يحتاجون إلى تصريح فرديّ من أجل السفر إلى مدن مثل حيفا أو عكّا. نعرف طبعًا أنّه من العسير الحصول على هذه التصاريح، وفي حالات معيّنة يكون الأمر مستحيلًا. بعض الحواجز العسكريّة توقف كلّ سيّارة تعبر، وبعضها الآخر يوقف السيّارات بالتناوب، وغالبًا ما تكون طرق الفلسطينيّين مزدحمة والسيّارات فيها متوقّفة وبطيئة، في

حين أنّ الطّرق المفصولة عنصريًّا لا تكون مزدحمة أبدًا.

ما هي عمليّات تأسيس دولة ودفاعات تكنوقراطيّة، وبالونات مراقبة، حتّى في سمائنا الأخيرة، الّتي خلقت شرط المنفى والغربة وتجريد الفلسطينيّين الّذين ينتمون إلى الأرض من ممتلكاتهم وتدمير هذه الأرض بوحشيّة وبنية تمييز عنصريّة، وذلك بشكل لا يمكن إنكاره لخدمة تطهير عرق تدريجي؟

ثمّة شعور بالدوران والتكرار؛ الانتظام الّذي تُطْرح به تقنيّات المراقبة والتحكّم يتكرّر مثل التكاثر الميكانيكيّ لمفرش المائدة الورقيّ المألوف؛ أسلاك، صفائح دومينو لجدار فصل عنصريّ، حواجز الطرق العسكريّة، أبراج... تظهر في مرآتنا الخلفيّة كأنّها عقود طويلة من التاريخ الفلسطينيّ في القرنين العشرين والحادي والعشرين.

تبقى الحواجز العسكريّة قبيحة ومشؤومة، جزءًا من روتين ينذر بالعنف في أيّ لحظة. السيادة الاستعماريّة على هذه الأرض سمحت بالتفوّق العنصريّ في تحديد المواطنة، وتصنيف اللاجئ، وتصنيف قلب المدينة، وهؤلاء يحمون ويمكّنون، وتصنيف الشعب الفلسطينيّ من أرضه الّتي ينتمي إليها وتشريده شرطًا مسبقًا وضروريًّا لإنشاء الدولة الإسرائيليّة. المواطنة تمنح امتيازات، لكن بعض المواطنين يتمتّعون بامتيازات أكثر من الآخرين. غير المواطنين، أو الّذين لا يحملون أوراق مواطنة يصبحون خطرين. لقد توقّعت الفيلسوفة حنّا أرندت أنّه ليس ثمّة أكثر خطورة من ولاية حكم الأقلّيّة للأغلبيّة.

التنقّل في جميع أنحاء فلسطين أكثر تعقيدًا ممّا يبدو على الطرقات؛ فالفلسطينيّون الّذين يعيشون في الضفّة الغربيّة لا يمكنهم زيارة القدس من دون التقدّم للحصول على تصاريح زيارة فرديّة، وهذه نادرًا ما يحصلون عليها؛ وإن حصلوا على تصاريح، فإنّ حامليها عليهم اجتياز حاجز عسكريّ. ولأنّ نصيب الفلسطينيّين في زيارة القدس من خارجها محدود، وهي الّتي تشكّل مركز تراثهم الوطنيّ ومقرّ أديانهم، فإنّ مؤسّسة فلسطينيّة صنعت جهازًا محمولًا باليد لـ «جولة افتراضيّة». فالفلسطينيّون في غزّة، المحرومون من الدخول الجسديّ الفعليّ إلى القدس والمناطق الفلسطينيّة الأخرى، يمكنهم «التجوّل» الافتراضيّ في ساحات المسجد الأقصى، أو يمكنهم رؤية كنيسة القيامة داخل البلدة القديمة، ويمكنهم زيارة شواطئ البحر الميّت، أو عبور وسط رام الله، أو مشاهدة كنيسة المهد في بيت لحم.

لفائف ضخمة من الأسلاك الشائكة في بلدة الولجة بالقرب من بيت لحم، تشير إلى أنّ الأرض تم الاستيلاء عليها. لماذا وُصِمَت هذه الأرض بأنّها «خطرة»؟

الّذين اقتُلِعوا من الأرض الّتي ينتمون إليها، من ريفها ومدنها، ينتظرون العودة. عودتهم وتحرّرهم أمر لا مفرّ منه. إن الاستعمار وتشريد السكّان الأصلانيّين واستبدالهم لهو مشروع غير دائم. لقد آن الاوان لتفكيك الأحلام الجهنّميّة والتخلّي عن الرّوايات الوهميّة حول تفوّق الأوروبيّين وأصلانيّتهم.

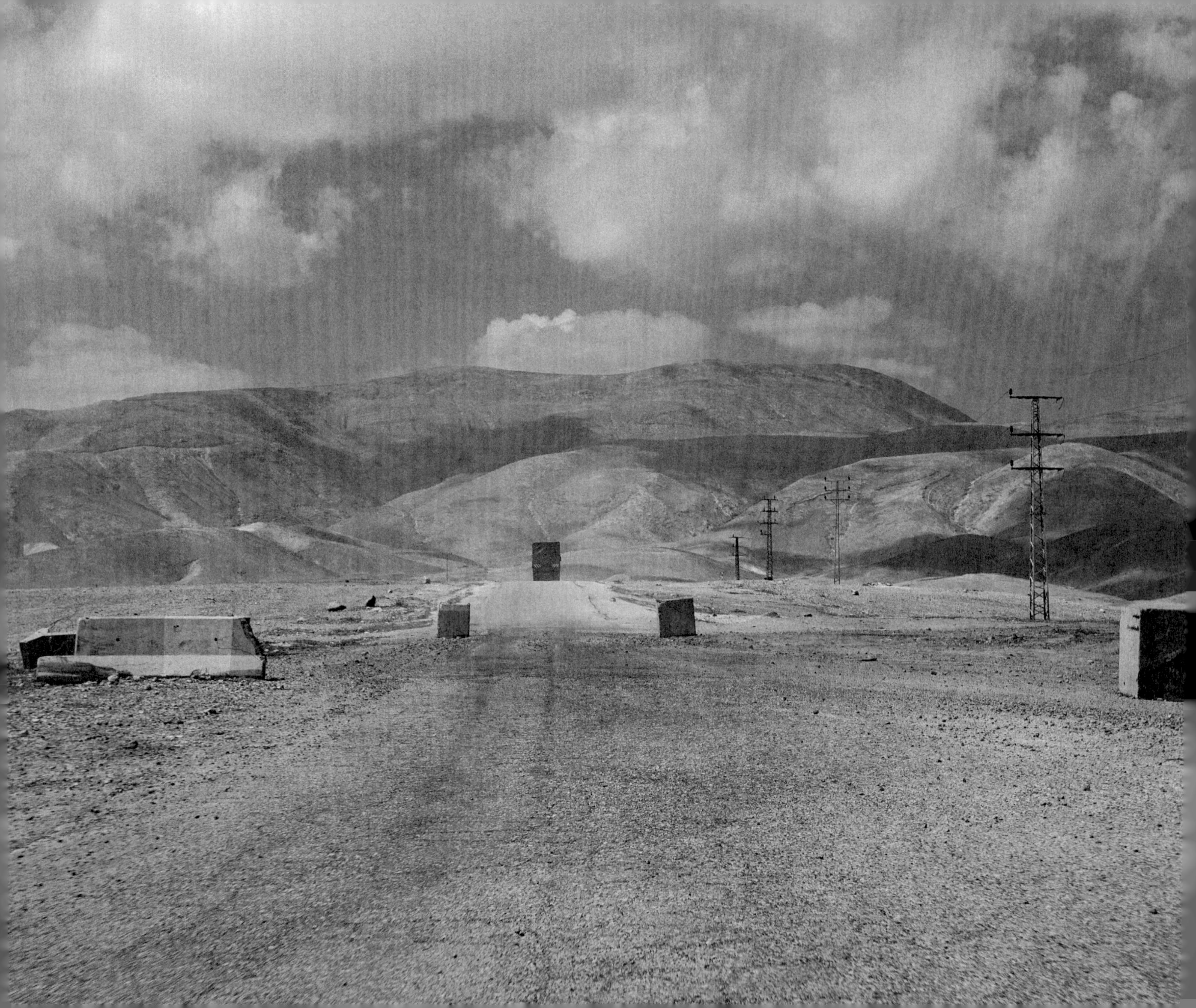

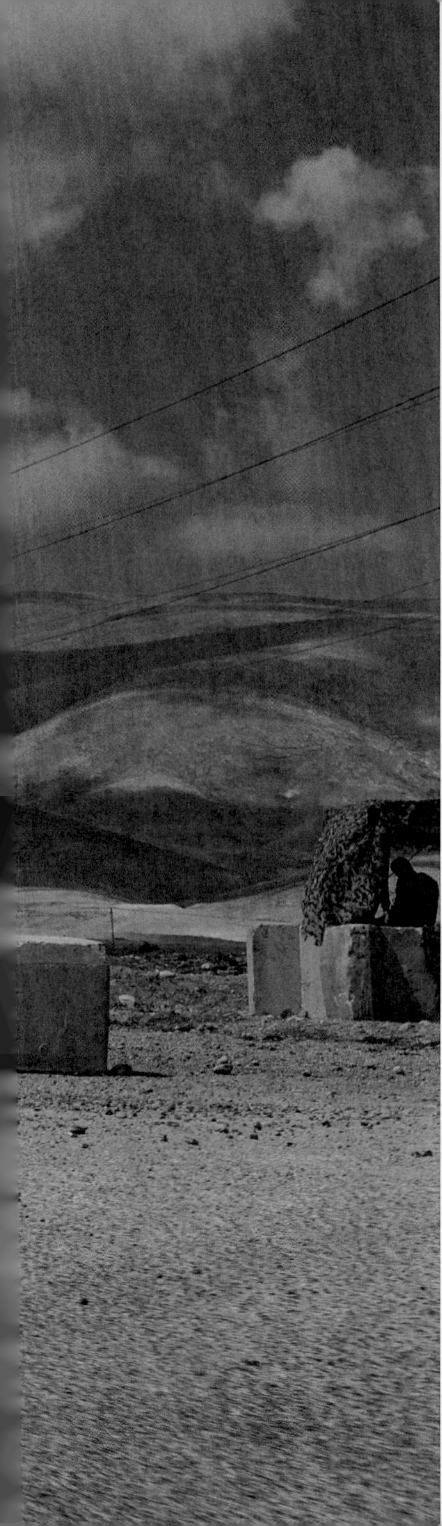

Driving to Jordan from the West Bank, 2012

على الطريق إلى الأردن من الضفّة الغربيّة، 2012

The Settler Colonial Maze
Rana Nazzal-Hamadeh

In dry summers, the landscape turns to beige and the dust takes over, covering everything in the same hue. Outside the van's window, grey joins the patterns of beige as if it has always been there. It is the grey of cement blocks and dividers, protruding metal gates, rolls of barbed razor wire taller than me, soaring concrete walls and watchtowers, divided roads sometimes even running parallel to each other, and overlapping fences of competing grid patterns.

At one point, I was taking the "servees", a shared taxi-van, between Ramallah and Bethlehem as often as twice a week. It is a dizzying route that brings us in loops up and down mountainsides, detouring around settlements, and through the steep Wadi al-Nar, the Valley of Fire, turning what was once a quick journey between the two cities into an ordeal of one or two hours or more. Palestinians with green West Bank ID cards, those whose cars are marked with green West Bank license plates, cannot take the paved highway that travels through Jerusalem to unite Ramallah and Bethlehem in just 30 minutes. Our parents tell us stories of travelling to Beirut or Damascus on the weekends. It sounds like fiction. Today's border logics and restrictions on movement stretch out the region, fragmenting our experiences and expanding both the time and space between us.

Actually, I can't predict how long the journey from Ramallah to Bethlehem will take me because the flow of traffic on the entire route relies singularly on "The Container" checkpoint. If the Israeli soldiers manning it happen to restrict or close movement through the checkpoint, the roads can get backed up all the way to Hizma and then my trip to Bethlehem would take the whole morning. The Container is the only passage (for Palestinians) between the southern and central West Bank. The Huwara checkpoint plays a similar role in the north, marking

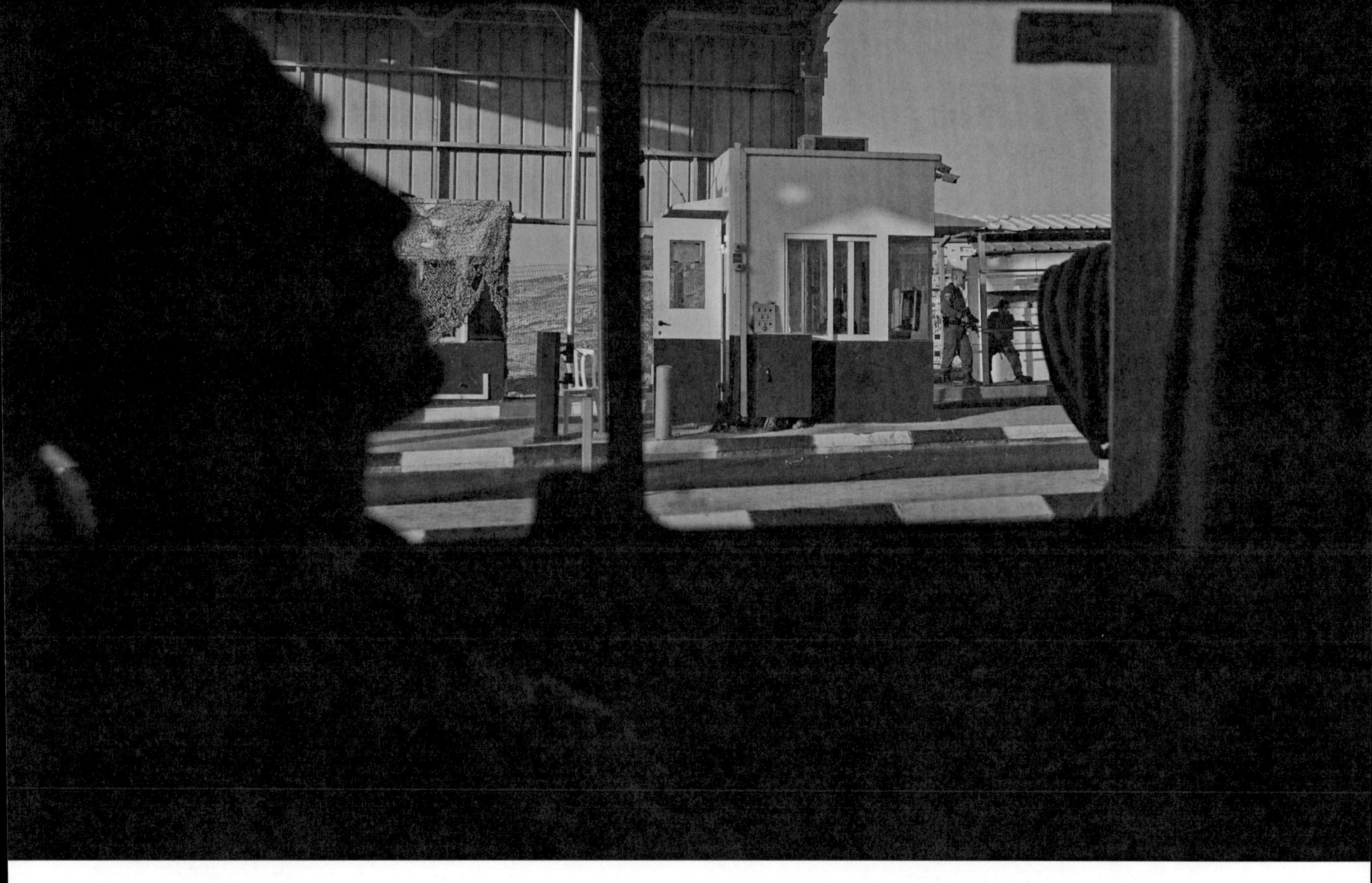

Driving Through the "Container" military checkpoint, 2018

المرور عبر حاجز عسكري "الكونتينر" بين وسط وجنوب الضفة الغربية، 2018

the only connection between the northern and central West Bank. With a single order, an Israeli military commander can close these two checkpoints and shut down movement across the entire West Bank. Even on a day like today, when the flow of traffic seems steady, the passengers in the car fall silent as we leave Abu Dis and The Container comes into view. We all pull on our seatbelts and sit a little straighter in our seats. Sometimes, the soldiers gesture us through without looking up from their phones. Sometimes, they'll be standing at attention with their guns pointed at passing cars. Sometimes, they'll pull our car to the side, demand our ID cards, and search us. Sometimes, passing through the checkpoint will end up in detention, injury, or death. Sometimes, the slightest misstep will trigger the soldiers. That's what happened to Ahmed Erekat on his way to pick up his sister on her wedding day. As he approached The Container in June of 2020, he seemed to slightly lose control of his car, veering slowly and crashing into one of the checkpoint booths where he hit a Border Police soldier who fell but immediately got up. Ahmed stepped out of the car, raised his arms in the air, and backed away from the soldiers. Within two seconds, he was shot six times, the last three times while he lay bleeding on the pavement. The army then denied 27-year-old Ahmed medical treatment for over an hour, before finally evacuating his body, which, as I write these words ten months later, has still not been returned to his family for burial.

For Israa Jaabis, the misstep was a technical fault that started a fire in her car near a Jerusalem checkpoint in October of 2015. It would lead not only to her severe injury but also a prison sentence of eleven years. About 500 metres from the Z'ayyem military checkpoint in Jerusalem, a gas cylinder in her car combusted and, as she emerged from the flames, Israa

was met by Israeli police officers pointing their guns at her. She dropped to the ground as they opened fire, and remained there, burning, for 15 minutes before an ambulance came and she was simultaneously arrested. The 31-year-old mother, who worked as a clown before the accident, had burns over half of her body, lost eight fingers that melted to stubs, and was severely disfigured in her face and body. Israa was charged with attempted murder. Five years later, she is still in an Israeli prison and still lacks the medical care she desperately needs.

The truth is, we hear stories every week about Palestinians who make a wrong turn that puts them in danger. At least when I'm riding in a servees, I know that the driver is taking me in the right direction. The drivers have an impeccable system of communication and will radio, call, or signal each other with updates about closures or checkpoints on the roads ahead, taking detours and sideroads as needed. They also know the roads very well and we don't often worry that they'll make a wrong turn onto an unmarked Jewish-only road. If I choose to drive myself, I can't rely on road signs or GPS navigation apps to deliver me to my destination. The dozens of roads forbidden for Palestinian use in the West Bank (hundreds, if we're counting the smaller roads that exit into Israeli settlements) are neither marked by road signs nor acknowledged as prohibited in any official declarations, but the unwritten policy is stringently enforced by Israeli soldiers on the ground. A wrong turn onto a Jewish-only road could be fatal.

Navigation apps like Google Maps, Apple Maps, and Waze are made with an Israeli driver in mind and direct users onto roads prohibited and dangerous to Palestinian drivers. To navigate from Ramallah to Bethlehem, all three apps tell me to drive through Jerusalem without acknowledging that, for Palestinians from Ramallah and Bethlehem, entry into

Jerusalem is restricted. Google Maps at least offers some confusing general warnings when passing through the West Bank— "this route has restricted usage or private roads," and "this route may cross country borders"—but, nevertheless, prioritizes Israeli roads, even when doing so significantly lengthens the route.

Waze, an Israeli-developed mobile app, prioritizes the movement of illegal Jewish settlers through Areas A, B, and C of the occupied West Bank. An outcome of the mid-1990s Oslo Accords, the Areas' system delineates limited Palestinian Authority control in Areas A and B, and full Israeli civil and military control in Area C, which makes up 60 per cent of the West Bank. Waze directs users only through Israel and Area C, unless they opt to travel through "high-risk areas." Every time users are routed through Area A, Waze issues a direct warning requiring confirmation and listing a phone number to call in case of emergencies. Waze offers no warning if it navigates users through an Israeli settlement—a route that could be deadly to Palestinians.

The last few times I crossed The Container checkpoint, the soldiers seemed to be scrolling through TikTok and paying little attention to us. Today, they stare us down with guns raised. Not long ago, videos surfaced of mobs of Israeli Jews chanting "death to Arabs," destroying Palestinian businesses, marking Palestinian homes for attack, and even lynching Palestinians in the streets. Dozens of accounts emerged of Israelis stopping passing cars in search of Palestinians. In one video from Sheikh Jarrah, dozens of Israeli men approach a passing car, peer in the windows, and confirm that the driver is Jewish. They let the car pass. The mob turns its attention to a second car and, after looking in through the windows, start shouting Araviy, Araviy! "Arab, Arab!" We hear a stone hit the car as the mob rushes it

and the driver speeds away. The video cuts and we don't see what happens to the driver, but in the so-called Bat Yam suburb of Tel Aviv, a Palestinian man narrowly survives a lynching on live television when he is dragged from his car by a mob of Israelis who proceed to beat him into the pavement.

Today, despite the snipers pointing at our van, we cross The Container checkpoint without incident. The driver turns the radio back up as passengers relax in their seats and return to their conversations. Though it's rarely a topic of discussion unless things go wrong, driving these segregated and heavily surveilled roads demands hypervigilance and shapes the way we experience time and movement. It is only over the past decades that movement between Gaza, the West Bank, and the rest of colonized Palestine has been entirely shut down. Yet, younger Palestinians like myself have never known and can barely imagine what it was like to travel between these regions. Restrictions on movement shape the way we understand each other and ourselves and, here, the restrictions are part of a concerted effort to fragment the Palestinian people. With every new closure, roadblock, or checkpoint, and with every newly required permit, ID, or passport, the chokehold tightens. Yet, these attempts to divide and conquer are challenged every day. Palestinians study, work, shop, befriend, and marry across ID lines and fabricated borders. We sneak into areas that our ID cards forbid us from, climbing walls or building tunnels where necessary. Most important, I think, is our refusal to forget that Palestine is not made up of the fragmented territories and roads we see today but of a diverse people whose lands stretch from the Jordan river to the Mediterranean Sea.

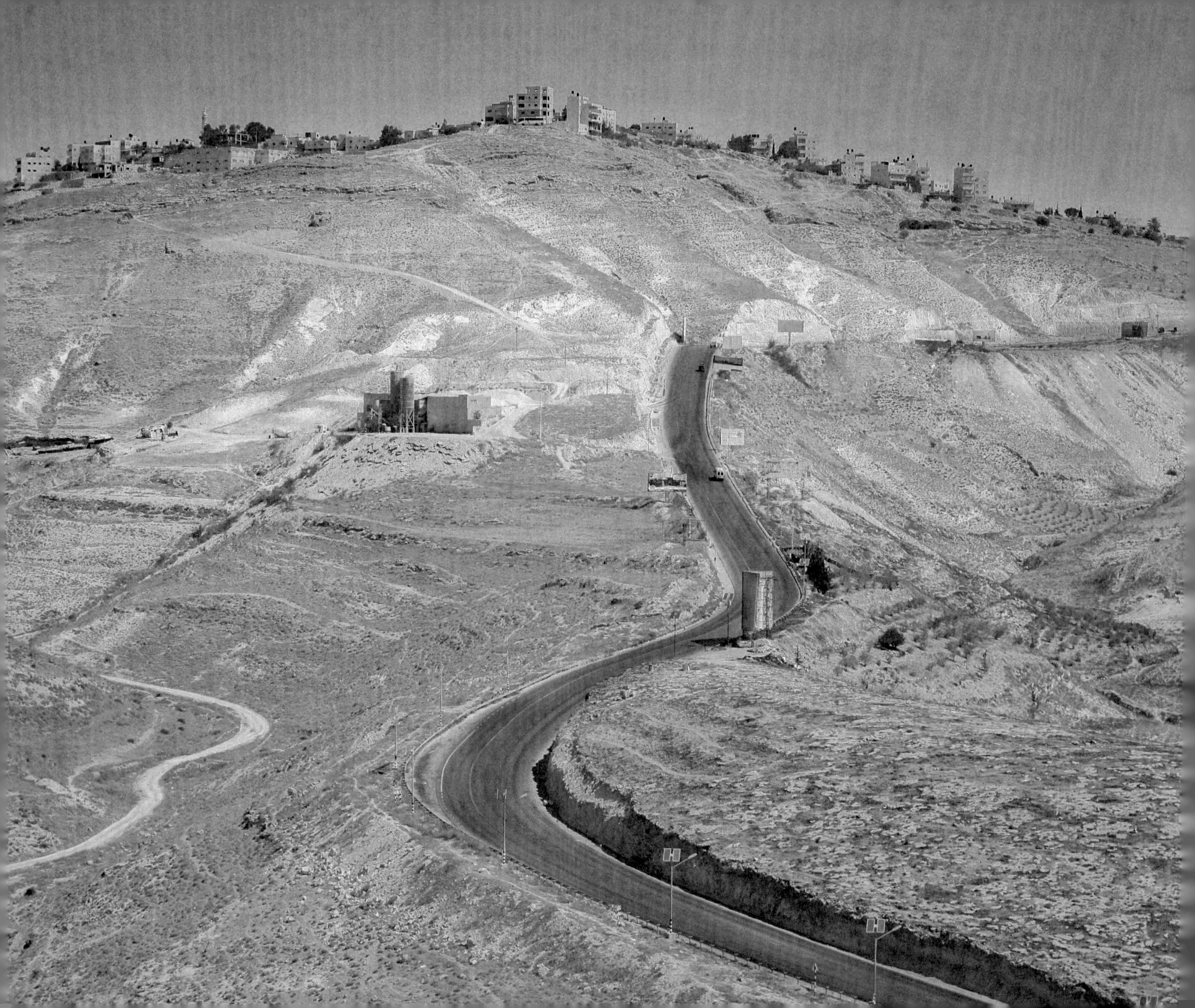

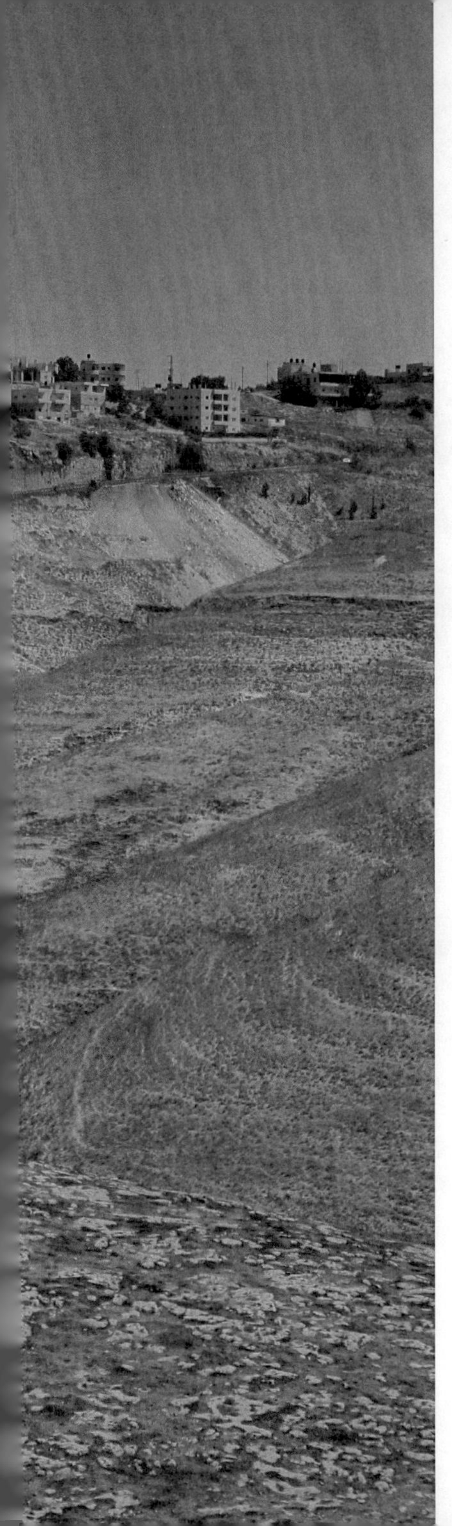

Wadi Al-Nar (Valley of Fire) road, the only road to connect the
north of the West Bank to its south (Bethlehem and Al-Khalil),
after Israel closed Ramallah-Jerusalem-Bethlehem, 2016

شارع وادي النار، الطّريق الوحيد الذي يصل شمال الضفّة الغريّة بجنوبها
بعد أن أغلقت إسرائيل طريق القدس-بيت لحمر-رام الله، 2016

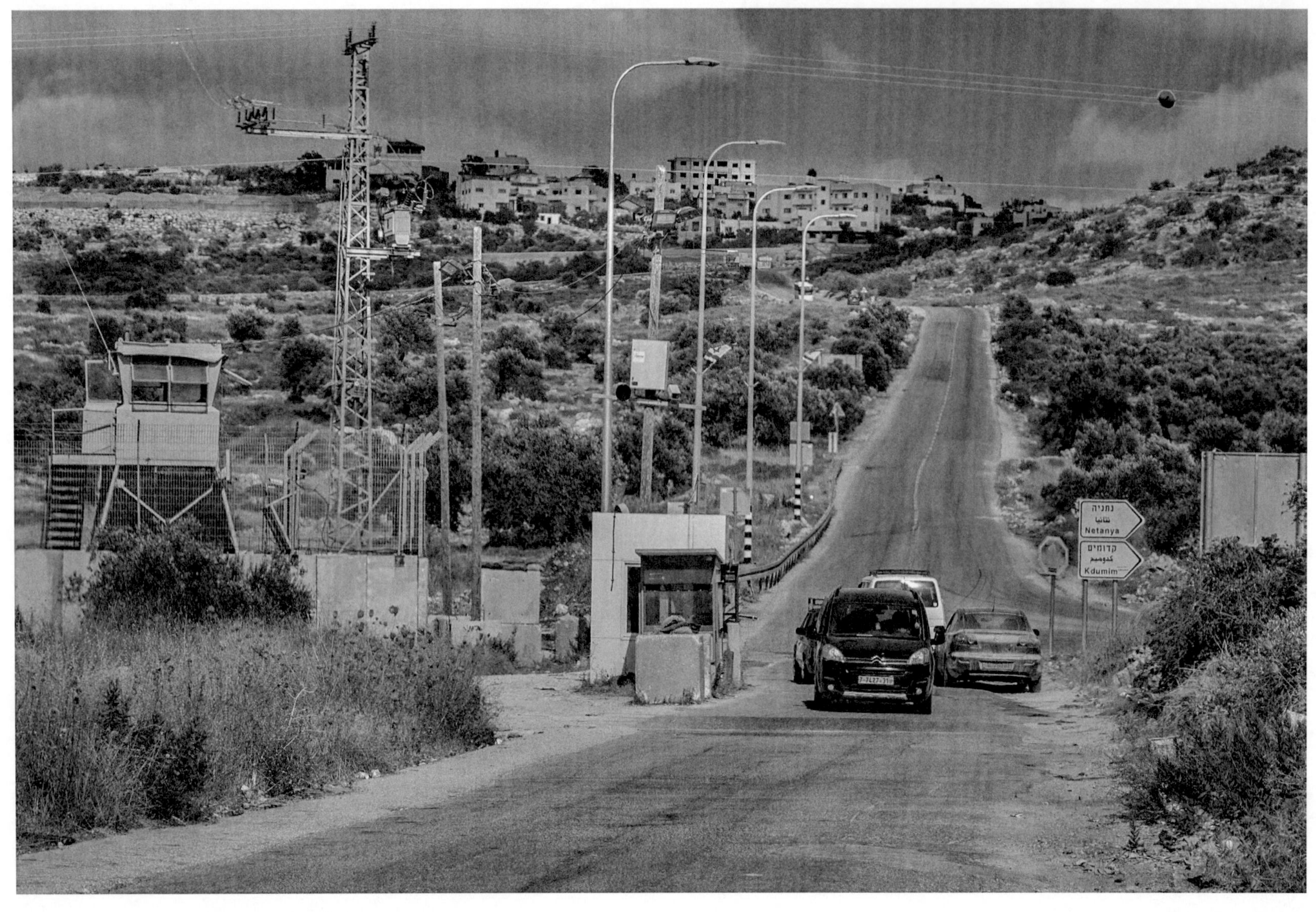

On the road to Jenin from Tulkarim, 2020

على الطريق إلى جنين من طولكرم، 2020

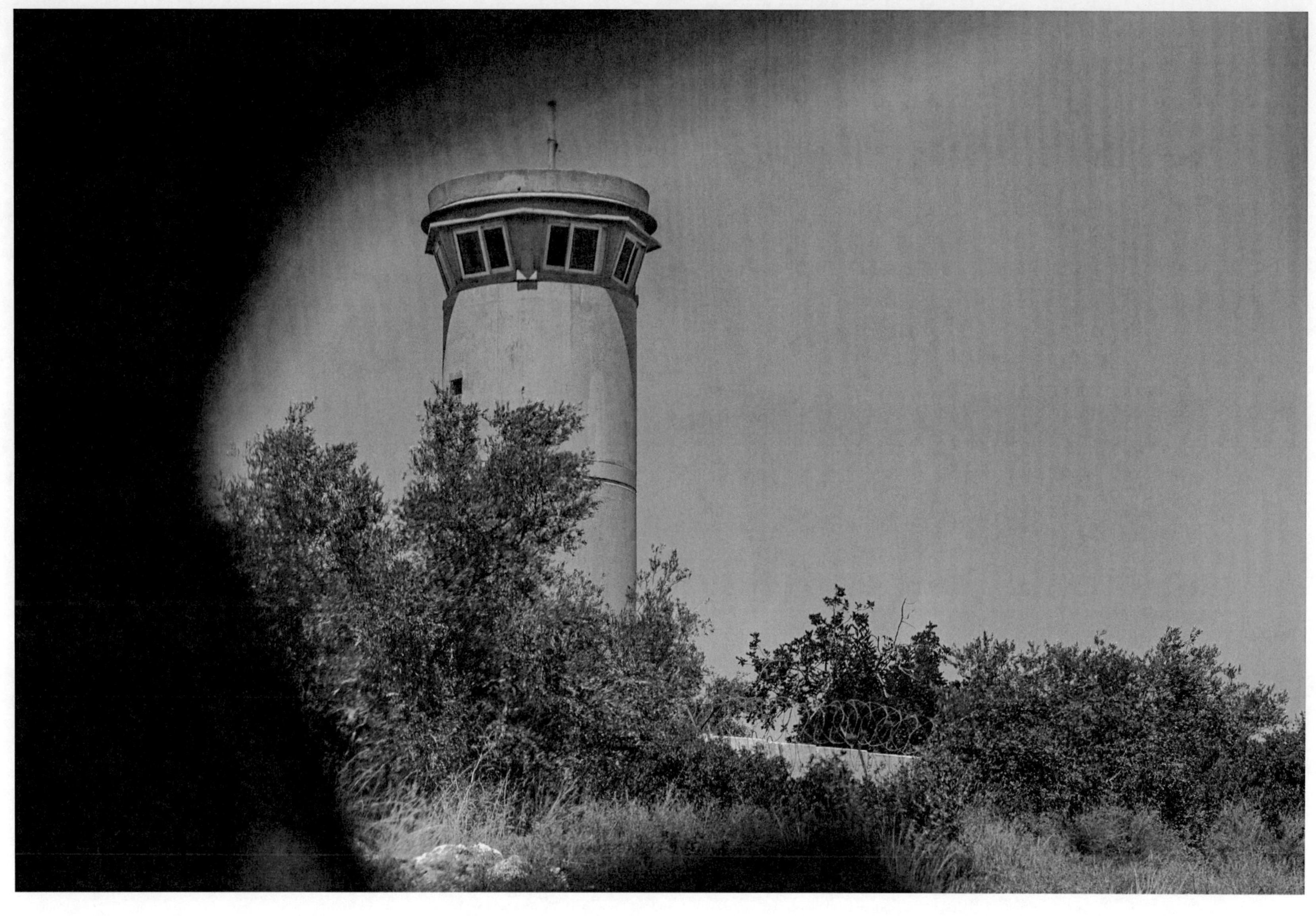

Israeli military tower amidst olive groves, on the road to Tulkarim from Jenin, 2019

برج عسكري إسرائيلي وسط حقول الزيتون على طريق طولكرم جنين، 2019

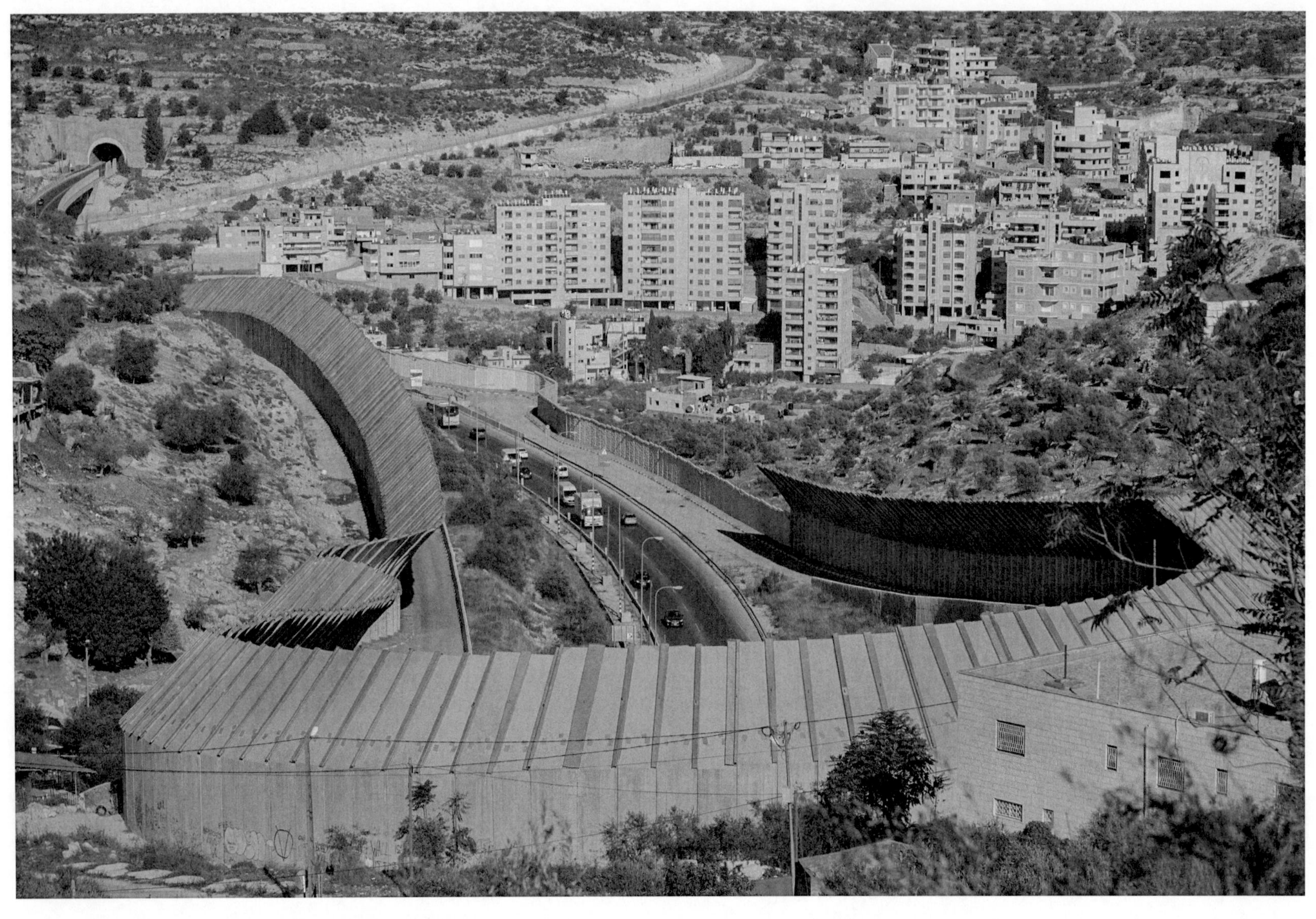

The Apartheid Wall and an Israeli-only road built through the town of Beit Jala, 2019

جدار الفصل العنصري وشارع للإسرائيليين حصرا يخترقان أراضي بيت جالا، 2019

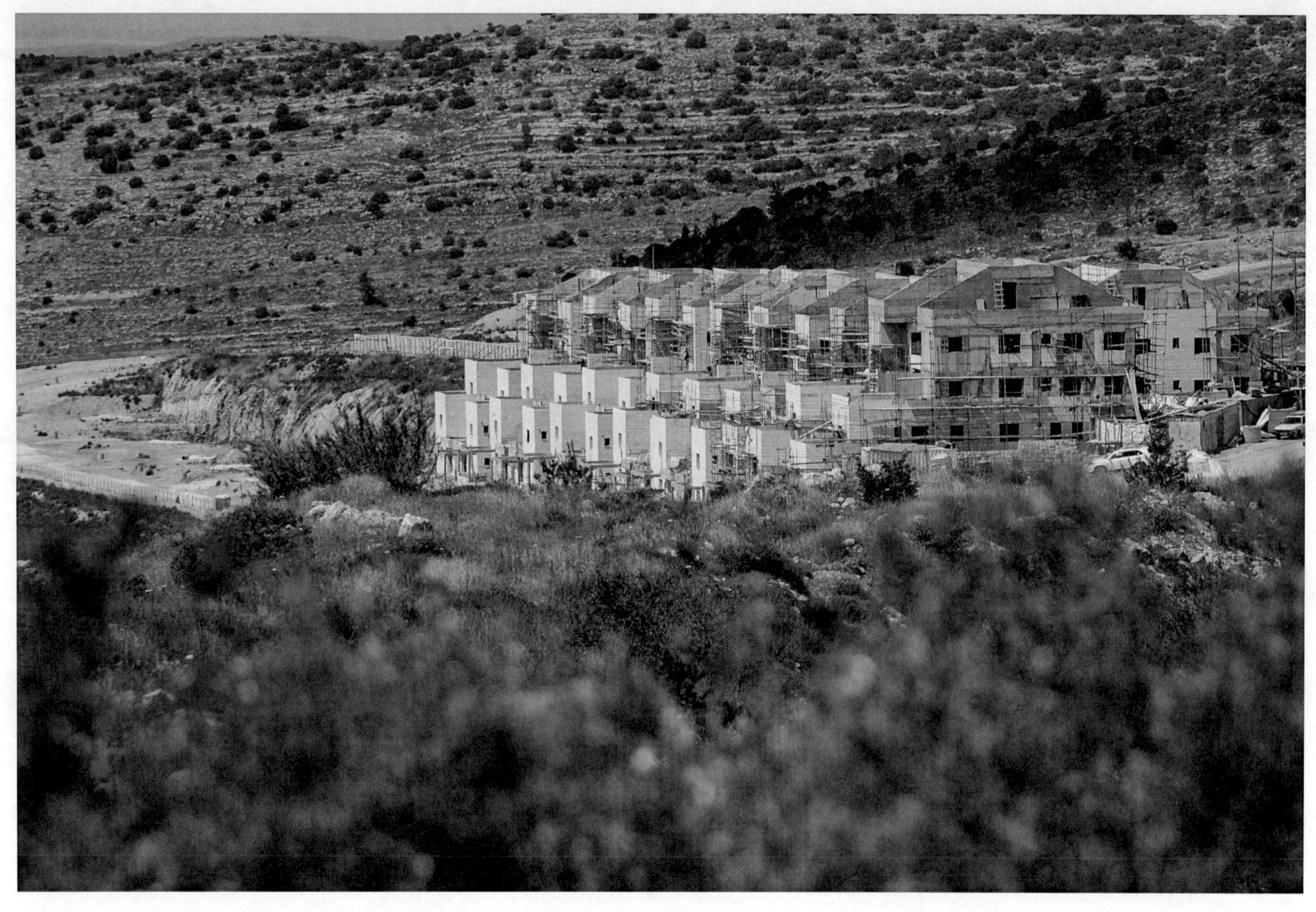

An illegal Jewish colony being built on the lands of Wadi Fukin village, southwest Bethlehem, November 2019

مستعمرة يهوديّة غير شرعيّة تبنى على أراضي وادي فوكين، جنوب غرب بيت لحم، 2019

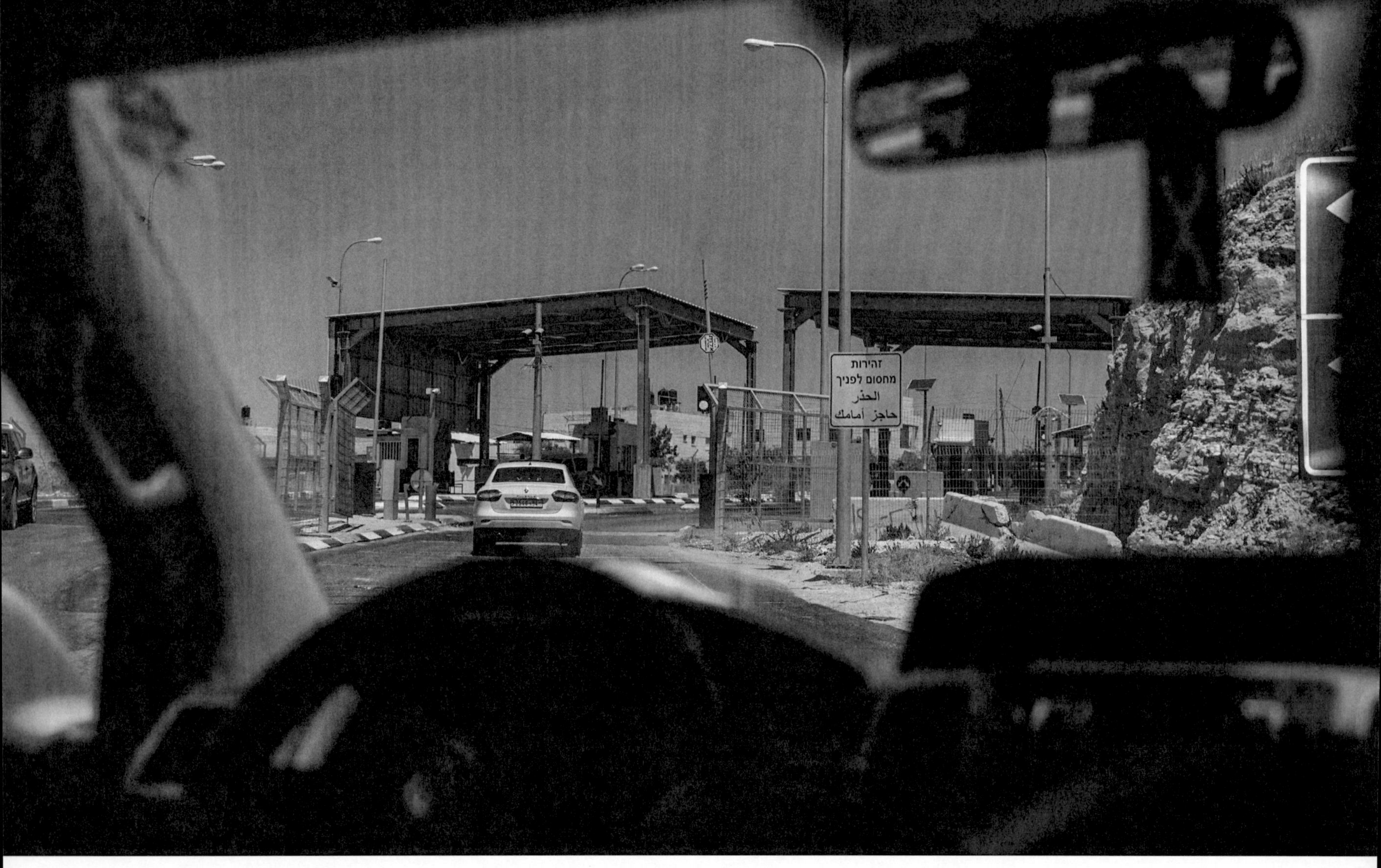

Approaching the "Container" checkpoint, between central and south West Bank, 2016

الاقتراب من حاجز عسكري "الكونتينر" الذي يفصل وسط الضفّة الغربيّة عن جنوبها، 2016

المتاهة الاستعمارية الاستيطانية
رنا نزّال-حماده

في الصيف الجافّ يتحوّل المشهد الطبيعيّ إلى اللّون البيج. يملأ الغبار الجوّ ويطغى نفس اللون على كلّ شيء. خارج نافذة الحافلة، يندمج اللون الرماديّ مع البيج، كما لو انه كان دائمًا هناك. إنّه لون الكتل الخرسانيّة، والحواجز الفاصلة، والبوّابات المعدنيّة البارزة، ولفائف الأسلاك الشائكة الّتي تفوقني طولًا، والجدران الإسمنتيّة المرتفعة، وأبراج المراقبة، والشوارع المقسّمة، الّتي تمتدّ أحيانًا بموازاة بعضها البعض مع الأسوار والأسيجة المتداخلة.

في فترة معيّنة كنت أسافر ب"السرفيس" بين رام الله وبيت لحم مرّتين في الأسبوع. إنّه طريق متعرّج يقودنا في حلقات من الصعود والهبوط على سفوح الجبال، ملتفّاً حول المستوطنات عبر «وادي النار» شديد الانحدار. «وادي النار» طريق حوّل ما كان في يوم من الأيّام رحلة سريعة بين المدينتين إلى محنة لمدّة ساعة أو ساعتين أو أكثر. الفلسطينيّون الّذين يحملون بطاقات هويّة خضراء من الضفّة الغربيّة، ولوحات سيّاراتهم خضراء اللون أيضًا، ممنوعون من السياقة على الطريق السريع المعبّد، الّذي يمرّ عبر القدس ويصل رام الله ببيت لحم في غضون 30 دقيقة فقط. يروي لنا أهلنا كيف كانوا يسافرون إلى بيروت أو دمشق في عطلة نهاية الأسبوع. هذا يبدو كأنّه خيال. إنّ منطق الحدود والقيود المفروضة على الحركة الممتدّة في كلّ المنطقة، تستهدف تجزّأ تجاربنا وإطالة الزمان والمكان بيننا.

في الواقع، لا أستطيع التنبّؤ كم من الوقت ستستغرق الرحلة من رام الله إلى بيت لحم؛ لأنّ تدفّق حركة المرور على الطريق بأكمله يعتمد على حاجز عسكريّ واحد، «الكونتينر». إن أراد الجنود الإسرائيليّون الّذين يحرسون هذا الحاجز تقييد أو إغلاق الحركة تصبح الشوارع مكتظّة حتّى بلدة حزما، وحينها ستستغرق رحلتي إلى بيت لحم كلّ الفترة الصباحيّة.

«حاجز الكونتينر» هو الممرّ الوحيد للفلسطينيّين بين جنوب ووسط الضفّة الغربية، ويؤدّي «حاجز حوارة» العسكريّ دورًا مماثلًا في الشمال؛ فهو يفصل شمال الضفّة الغربيّة عن وسطها. بأمر من قائد عسكريّ إسرائيليّ يمكن إغلاق هذين الحاجزين العسكريّين وشلّ الحركة في جميع أنحاء الضفّة الغربيّة. حتّى في يوم مثل هذا اليوم، عندما يبدو تدفّق حركة المرور سلساً، يسود الصمت بين ركّاب السيّارة ونحن نغادر العيزريّة ونقترب من «الكونتينر»؛ نضع أحزمة الأمان ونعدّل من جلستنا في مقاعدنا. في بعض الأحيان يومئ لنا جنود الاحتلال حتّى نمرّ، من دون النظر إلينا أو رفع عيونهم عن هواتفهم. في بعض الأحيان، يكون الجنود واقفين في حالة تأهّب وبنادقهم موجّهة إلى السيّارات المارّة. أحيانًا يوقف الجنود سيّارتنا ويطلبون بطاقات هويّتنا ويفتّشوننا. قد يؤدّي عبور الحاجز العسكري في بعض الأحيان إلى الاعتقال أو الإصابة أو الموت. هذا ما حدث لأحمد عريقات وهو في طريقه لاصطحاب شقيقته في يوم زفافها؛ عندما اقترب أحمد من «حاجز الكونتينر» في حزيران (يونيو) 2020، فقد السيطرة على سيّارته، فانحرفت بطء واصطدمت بأحد أكشاك الحاجز العسكريّ، وصدمت عنصرًا من شرطة الحدود فسقط الأخير على الأرض، لكنّه نهض فورًا. خرج أحمد من سيّارته ورفع يديه للأعلى وابتعد عن الجنود. في غضون ثانيتين، أطلق الجنود عليه الرصاص، ستّ طلقات، أصابته آخر ثلاث منها وهو ينزف على الرصيف. بعد ذلك حرم الجيش أحمد البالغ من العمر 27 عامًا من الحصول على العلاج الطبّيّ لأكثر من ساعة قبل أن يُنْقَل جثّة. إلى الآن وبعد عشرة أشهر، وأنا

Leaving a checkpoint at the entrance of Birzeit, 2010

بعد العبور من حاجز عسكري على مدخل بيرزيت، 2010

أكتب هذه الكلمات، ما زال جسد أحمد محجوزًا ولم يُعَدْ إلى عائلته لدفنه.

إسراء جعابيص، فكان الأمر خللًا فنّيًا أشعل حريقًا في سيّارتها بالقرب من حاجز عسكريّ في القدس في تشرين الأوّل (أكتوبر) 2015. لم يؤدِّ ذلك الخلل الفنّيّ إلى إصابتها بحروق شديدة فحسب إنّما أيضًا إلى الحكم عليها بالسجن لمدّة 11 عامًا. على بعد حوالي 500 متر من «حاجز الزعيم» العسكريّ في القدس احترقت أسطوانة غاز في سيّارة إسراء، وعندما خرجت من السيّارة وسط النيران، قابلها عناصر الشرطة الإسرائيليّون بأسلحتهم وأطلقوا النار عليها، فسقطت أرضًا يحترق جسدها لمدّة 15 دقيقة، قبل أن تأتي سيّارة إسعاف وتُعْتَقَل في الوقت نفسه. إسراء، الأمّ البالغة من العمر 31 عامًا، والّتي كانت تعمل مهرّجةً قبل الحادث، أُصيبَت بحروق في أكثر من نصف جسدها، وفقدت ثمانية أصابع، حيث ذابت وصارت كعبوًا، كما تشوّه وجهها وجسدها بشدّة. اتُّهِمَت إسراء بالشروع في القتل. بعد مرور خمس سنوات، لا تزال في سجن إسرائيليّ، حيث تفتقر إلى الرعاية الطبّيّة الأساسيّة الّتي تحتاج إليها.

الحقيقة أنّنا نسمع كلّ أسبوع عن فلسطينيّين يقومون بانعطاف خاطئ على الطرق، ما يعرّضهم إلى الخطر. على الأقلّ، عندما أستقلّ السرفيس أعلم بأنّ السائق يأخذني في الاتّجاه الصحيح. السائقون العموميّون لديهم نظام اتّصال دقيق؛ فهم يتواصلون عبر الراديو، أو التليفون، أو الإشارات؛ لإعلام بعضهم البعض عن أيّ مستجدّات على الطرق، بما في ذلك الإغلاقات أو الحواجز العسكريّة على الطرق، وعليه يلجؤون إلى الطرق البديلة والالتفافيّة عند الضرورة. كما أنّهم يعرفون الطرق جيّدًا، ولدينا ثقة بأنّهم لن يسلكوا منعطفًا خاطئًا على طريق من دون يافطات، مخصّص لليهود فقط. لو اخترت القيادة بنفسي، لا يمكنني الاعتماد على يافطات الطرق أو تطبيقات السير الإلكترونيّة لإيصالي إلى مقصدي. إنّ عشرات الطرق المحظورة على الفلسطينيّين في الضفّة الغربيّة (المئات، إن أخذنا في الاعتبار الطرق الأصغر الّتي تصل المستوطنات الإسرائيليّة ببعضها)، لا تحمل علامات طرق أو أيّ إشارة على أنّها محظورة على الفلسطينيّ، وليس ثمّة أيّ إعلانات رسميّة عن ذلك، لكنّ السياسة غير المكتوبة يطبّقها الجنود الإسرائيليّون بصرامة على الأرض. ويمكن لأيّ انعطاف خاطئ على طريق مخصّص لليهود أن يكون قاتلًا.

تطبيقات الخرائط الإلكترونيّة مثل Google Maps، وApple Maps، وWaze، كلّها تعمل وفي اعتبارها السائق الإسرائيليّ فقط؛ فهي توجّه المستخدم إلى الطرق المحظورة والخطرة على السائقين الفلسطينيّين. مثلًا، عند استخدامي لهذه التطبيقات في طريقي من رام الله إلى بيت لحم فإنّها توجّهني نحو القدس دون العلم بأنّ الدخول إلى القدس محظور على الفلسطينيّين. تقدّم Google Maps، على الأقلّ، بعض التحذيرات العامّة المربكة عند التنقّل عبر الضفّة الغربيّة: "هذا الطريق محدود الاستخدام أو طريق خاصّ"، و"هذا الطريق قد يعبر حدود البلد"، لكن مع ذلك يعطي الأولويّة للطرق الإسرائيليّة، حتّى عندما يُطيل الطريق بشكل كبير.

يعطي Waze، وهو تطبيق طوّرته إسرائيل، الأولويّة لحركة المستوطنين اليهود غير الشرعيّين عبر المناطق «أ» و«ب» و«ج» في الضفّة الغربيّة المحتلّة. نتيجةً لـ«اتّفاق أوسلو» في منتصف التسعينيات، يحدّد نظام المناطق سيطرة محدودة للسلطة الفلسطينيّة في المنطقتين «أ» و«ب»، وسيطرة عسكريّة

ومدنيّة إسرائيليّة كاملة في المنطقة «ج»، الّتي تشكّل 60 في المئة من مساحة الضفّة الغربيّة. يوجّه هذا التطبيق المستخدمين فقط عبر «إسرائيل» والمنطقة «ج»، ما لم يختاروا السفر عبر «المناطق شديدة الخطر». في كلّ مرّة يعبر المستخدمون المنطقة «أ»، يُصْدِر Waze تحذيرًا مباشرًا وطلب تأكيد، ويوردُ رقم هاتف للاتّصال به في حالة الطوارئ. في المقابل، لا يقدّم التطبيق أيّ تحذير للمستخدم الفلسطينيّ إذا ما سار في طريق يؤدّي إلى مستوطنة إسرائيليّة، ما يشكّل خطرًا على الفلسطينيّين.

في المرّات القليلة الماضية الّتي عبرت فيها «حاجز الكونتير»، بدا الجنود منشغلون بـ TikTok، ولم يُوْلوا الكثير من الاهتمام لنا. اليوم، يحدّقون بنا وينادونهم مهيّأة. منذ فترة قريبة، ظهرت مقاطع فيديو لعصابات من اليهود الإسرائيليّين يهتفون "الموت للعرب"، يدمّرون أعمالًا فلسطينيّة فيما يُعْرَف بـ«المدن المختلطة» داخل الخطّ الأخضر، ويضعون علامات على المنازل الفلسطينيّة للهجوم عليها، حتّى أنّ فلسطينيّين أُعْدِموا في الشوارع. ظهرت عشرات الروايات عن إسرائيليّين يُوْقِفون السيّارات بحثًا عن فلسطينيّين؛ في أحد الفيديوهات من حيّ الشيخ جرّاح في القدس، اقترب عشرات الرجال الإسرائيليّين من سيّارة عابرة، وتمعّنوا بالرّكاب من النوافذ وتأكّدوا بأنّ السائق يهوديّ فسمحوا للسيّارة بالمرور. تنبّه البلطجيّة اليهود إلى سيّارة ثانية، وعندما نظروا من النافذة بدأوا يصرخون: "أراقي، أراقي!" (عربيّ، عربيّ!)؛ نسمع حجرًا يضرب السيّارة بينما يندفع البلطجيّة ويهرع السائق بعيدًا، يُقْطَع الفيديو ولا نرى ما يحدث للسائق. لكن فيما يُسَمّى ضاحية «بات يام» جنوبيّ تل أبيب، ينجو رجل فلسطينيّ بأعجوبة من محاولة إعدامه ميدانيًّا على الهواء مباشرة، بعد أن جرّه إسرائيليّون من سيّارته وشرعوا في ضربه على الرصيف.

اليوم، على الرغم من أنّ القنّاصة يشيرون إلى سيّارتنا، نعبر «حاجز حوّارة» العسكريّ، دون وقوع أيّ حادث. يعيد السائق تشغيل الراديو من جديد، بينما يرتاح الرّكاب في مقاعدهم ويعودون إلى أحاديثهم. على الرغم من أنّ موضوع التنقّل بالسيّارات نادرًا ما يكون موضوعًا للمناقشة ما تَسْوَأ الأمور، إلّا أنّ التنقّل عبر هذه الطرق المفصولة عنصريًّا، والمُراقَبة بشدّة، تتطلّب يقظة مفرطة، وهي تشكّل الطريقة الّتي نختبر بها الوقت والحركة. إنّ حرّيّة الحركة بين قطاع غزّة والضفّة الغربيّة وبقيّة أنحاء فلسطين مُنِعَتْ بالكامل في العقود الماضية. ومع ذلك، لا يمكن للشباب الفلسطينيّ من جيلي تخيّل كيف كان التنقّل بين هذه المناطق.

تؤثّر القيود المفروضة على حركتنا على فهمنا لحالنا وفهمنا لبعضنا البعض، وهنا تشكّل هذه القيود جزءًا من جهد حثيث لشرذمة الشعب الفلسطينيّ. مع كلّ إغلاق جديد أو حاجز عسكريّ أو نقطة تفتيش، ومع كلّ تصريح يُفْرَض أو هويّة أو جواز سفر، يزداد الخناق علينا ضيقاً، ومع ذلك فإنّا نتحدّى محاولات التجزئة والسيطرة؛ فالفلسطينيّون يدرسون ويعملون ويتسوّقون ويصاحبون ويتزوّجون عبر أنظمة بطاقات الهويّات، وعبر الحدود المزيّفة. نتسلّل إلى المناطق الّتي تمنعنا منها بطاقات الهويّة، نتسلّق الجدران العالية، نبني الأنفاق عند الضرورة. والأهمّ من ذلك، في اعتقادي، نرفض نسيان أنّ فلسطين ليست أراضيَ وطرقًا مجزّأة كما هي الحال في الوقت الحاضر، بل هي شعب متنوّع تمتدّ أراضيه من نهر الأردنّ إلى البحر الأبيض المتوسّط.

Defiantly Driving
Stephen Sheehi

In her seminal work, *The Right to Main*, Jaspir Puar (2017) suc-
cinctly writes of the occupation-settler regime designed and
enforced by the state now known as Israel as "part of a bio-
political assemblage of control that instrumentalizes a spec-
trum of capacities and debilities for the use of the occupation
of Palestine; the role of targeted debilitation whereby Israel
manifests an implicit claim to the right to maim and debilitate
Palestinian bodies and environments as a form of biopolitical
control and as central to a scientifically authorized humani-
tarian economy" (xxi). In many ways, Rehab Nazzal's *Driving
in Palestine* seems to illustrate this argument, to evince it. She
depicts a visual narrative of the zombification of the Occupied
West Bank; a series of monotonous checkpoints, walls ("The
Wall"), fences, signs, barbed wire, gates, "security"-military
roads, concrete blocks, guard towers, settler-soldiers, surveil-
lance balloons, cameras, military vehicles, jeeps, prison turrets
thinly disguised as "observation" towers, camouflage signaling
visibility not concealment, pathetic settler flags, and traffic
jams caused by "flying checkpoints." Nazzal carefully marks an
anatomy of the visual cliché of Apartheid.

At first glance, one cannot help but recall the work of Eyal
Weizman (2017), who carefully unravels not just the architec-
ture of settler colonial regimes but also its verticality and its
dimensionality. Rehab's photographs connect us with Puar's
observations that settler colonialism may be more than just
about making the natives disappear. Puar challenges "the
assumption that the goal of settler colonialism is necessarily
elimination," telling us that the settler-state's aim is to produce
and reproduce settler-sovereignty through the biopolitics of

control, movement, debilitating, and maiming (2017, 144).
In other words, settler colonialism seeks to control bodies
as well as remove them from the land. Nazzal's photographs
look down the barrel of the gun, showing how Palestinians are
forced to remain in line, in place, to be still, to read signs, in
order to enact this sovereignty. Thus, she includes an image
of one of the most familiar occupation-signs found through-
out the Occupied West Bank (place) on page 169; red signs
everyone sees on a number of occasions throughout the day
(time); one sign with a text translated in three languages on it
(Hebrew, English, and Arabic). It reads in English:

> *This Road leads To Area "A" Under The Palestinian Authority
> The Entrance For Israeli Citizens Is Forbidden, Dangerous To
> Your Lives And Is Against the Israeli Law*

The sign is as ubiquitous as it is ridiculous. The English pro-
vided here, in its verbatim form, is telling. It tells on itself. The
sign, with little punctuation and with irregular capitalization,
relies on the reader to make sense of it. It makes sense only
because we make sense of it. We make sense of a sign that is
nonsensical, rife with errors, sloppy, and lazy. But despite this,
we make sense of the psychotic sign because the Apartheid
regime relies on us to make sense of it. This is the international
condition of settler colonialism in Palestine. We are asked to
make sense of the illogical, the irrational, and the violent, and
to translate it as logical, natural, and normal.

But for the Palestinian, and the Arabic speaker, this sign is
clear. It is a command of control. It is a threat that comes not
from a sovereignty bestowed by legitimacy but by violence; not

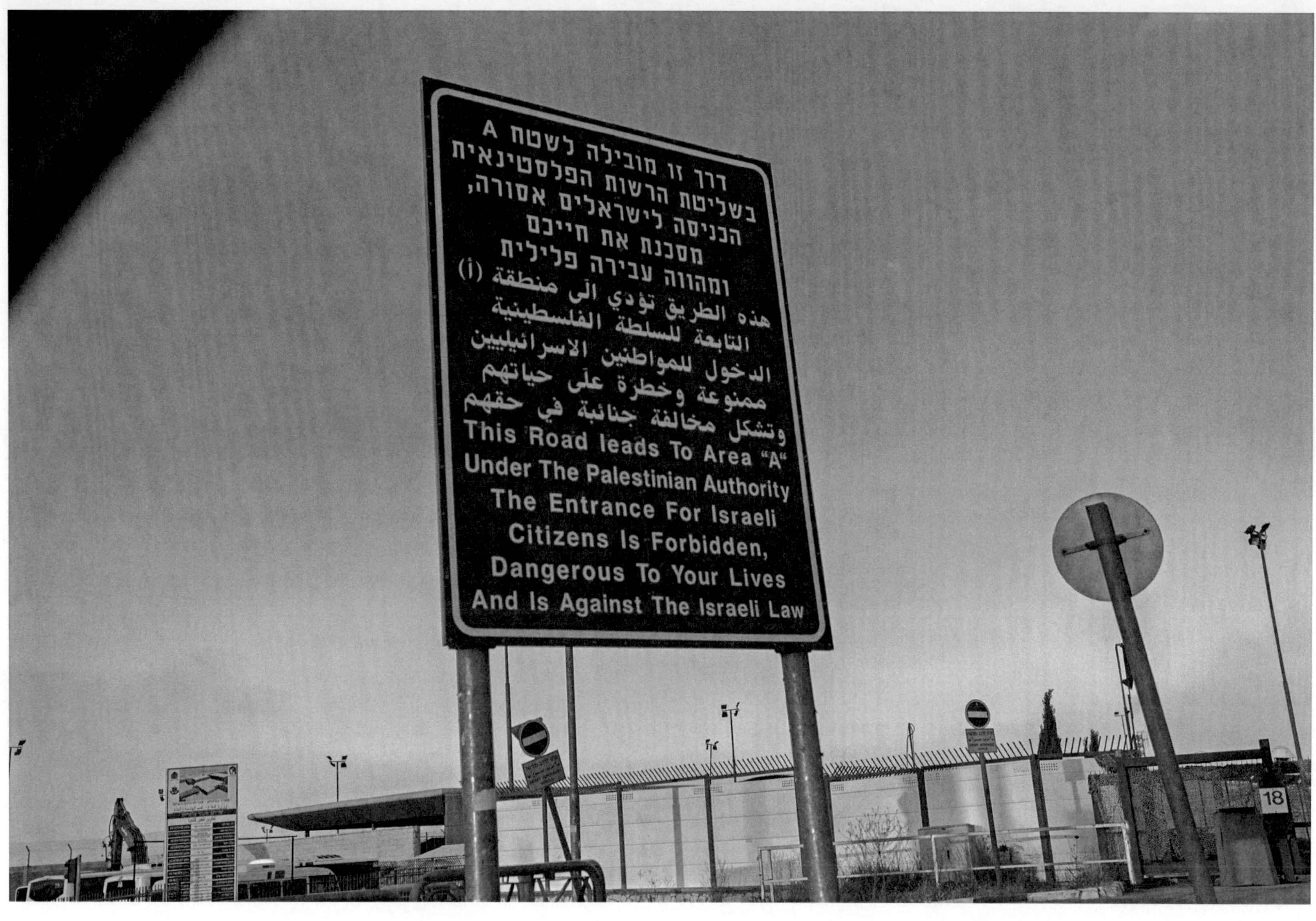

On Qalandia checkpoint, between Jerusalem and Ramallah, 2017   على حاجز قلنديا العسكري بين القدس ورام الله، 2017

from sovereignty but from "right" (in Arabic *haqq*, right) not *huquq* (laws). The Arabic version of the sign reads:

> *This road leads to the area following the Palestinian Authority, entry for Israeli citizens is prohibited and endangers their lives and a violation constitutes a criminal offense to their right (haqqihim).*

One might see this red sign––in Arabic and two imperial languages––as a disciplinary mode of biopolitics, warning the Palestinian Israeli to go back to their space under direct state jurisdiction. Maybe it is a racist dog-whistle that one cannot be protected by the Occupation Army against the savage native. But this is Occupied Palestine, where the cloying need for the settlers has always been control. In speaking of the difference between Foucault's societies of discipline and the recent emergence of "societies of control," Gilles Deleuze (1992) writes:

> *The different internments or spaces of enclosure through which the individual passes are independent variables: each time one is supposed to start from zero, and although a common language for all these places exists, it is analogical. On the other hand, the different control mechanisms are inseparable variations, forming a system of variable geometry, the language of which is numerical (which doesn't necessarily mean binary). Enclosures are molds, distinct castings, but controls are a modulation, like a self-deforming cast that will continuously change form one moment to the other, or like a sieve whose mesh will transmute from point to point. (4)*

Psychotic signs that we are asked to read as coherent match the logic of flying checkpoints, arbitrary walls that cut through the lands and lives of Palestinians, and fences and surveillance cameras that seem like massive assemblages not of discipline but of control. "In the disciplinary societies one was always starting again (from school to the barrack, from barracks to the factory)," Deleuze tells us. "Yet, in the societies of control one is never finished with anything…metastable states coexisting in one and the same modulation, lie a universal system of deformation" (5). This deformation projects itself as a natural vision of the unfortunate logic of occupation without end. Ariella Azoulay, writing about the work of the anti-Zionist photographer Miki Kratsman, reveals that this vision is a site of power. She writes that Kratsman's intentionally repetitious images track "the occupier's gaze at the occupied and the occupied gaze at the occupier, not as two separate and parallel gazes, but rather as a complex field of power relations around life and death" (Kratsman and Azoulay 2016, 82).

Settler colonial regimes of sovereignty are undeniably a necropolitical interplay of life and death, as Achille Mbembe (2019) shows us. Yet, Nazzal's images of the settler state's pathetic web of desperation to manage Palestinian life tells us something else is going on. Like the red trilingual sign, Nazzal's repetitions and anatomy of the Occupation's desperate infrastructure of control reveals the glaring, indeed obvious for many, contradictions in how we are asked to collude with Apartheid rationality and settler colonial logic. Nazzal's anatomy of the infrastructure of Apartheid and control is taken not from the eyes of the feeble *magavim* (border-guards), who pathetically but tellingly wear an embroidered image of a prison-tower on their military insignia; the photographs in *Driving in Palestine* are instead taken from the eyes of a Palestinian—a Palestinian woman, a woman of this place, of the land, of the people. The images are contained, held, not captured, in cars with others (who are Palestinian selves). Yes, these selves may be anxious at times. State terror in settler colonialism is real and has real affective and bodily consequences. But also, these

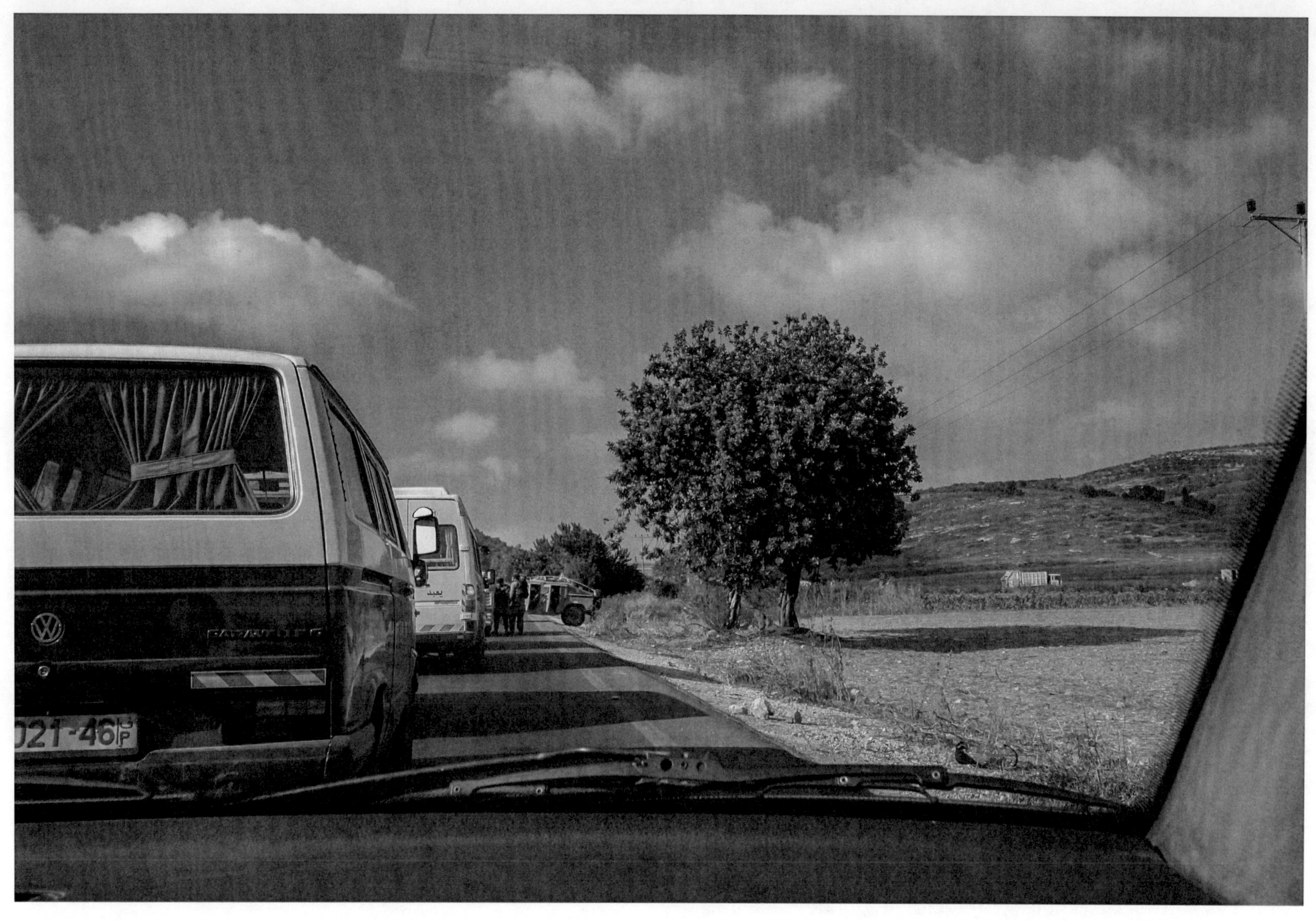

Flying checkpoint beside the village of Arraba, Jenin, 2017

حاجز عسكري طيّار بجانب قرية عرّابة، جنين، 2010

selves may be laughing. They may be silent. They may be chatting. They may be dreaming. But unlike the settler-magav, they are *of* the world—they are of that complex society, of that land, of those roads, of those rocks, of those hills, and of that sky, as Rana Barakat (forthcoming) notes.

The eminent Palestinian scholar and activist, Rema Hammami (2019), has provided us with a battery of work that unapologetically and definitively depicts the checkpoint as a place of defiance, refusal, self-assertion, and presence. In a series of articles, she leads us through "checkpoint narratives," that, despite fluid and changing technologies of control, show how the settler-colonial regime is reduced inevitably to a "primarily low-tech" system of "sorting" that depends on "embodied proximate interaction between soldier and Palestinian" (87). Within the space of forced proximity, "gendered corporeality and performance can both solidify the sovereign order of power at the checkpoint as well as clear a momentary opening through it. As well, it is these very instabilities of gender as a signifier that simultaneously can make it a resource for Palestinian agency as well as a site of vulnerability for Israeli soldiers" (89). The checkpoint becomes one more site of resistance; one more site of affirmation.

This is not to say that it is not a site of settler colonial violence. Nazzal's series of images show this too. They show how the settler regime needs Palestinians to enact its sovereignty. She shows that the state now known as Israel can only be seen as a state if it attempts to control and "master" Palestinians, who sit *en mass* at checkpoints, in traffic jams, under cameras, etc., on land that is theirs, not only in terms of a system of capitalist property or colonial sovereignty but also in terms of relationality.

The Palestinians in those cars have a relationship to a Palestine that the Israeli state can only try to control but can never be *of* the land. That is why it is at the checkpoint, as Hammami (2015) shows us, that Palestinians continually "reconstitute agentic selves capable of creating a liveable world within an on-going structure of colonial violence" (1). Palestinians co-create and live within a moral and political economy of community that elides the atomization of the checkpoint. Nazzal's photographs always come through her lens, but we feel that lens as an extension of an experience that belongs to Palestinians *tout court*. Her images normalize life in an abnormal world, "domesticating" or inuring the "arbitrary logics of Israeli colonial violence that unfold as cruel intimate encounters at military checkpoints" (1).

Nazzal's photography brings us into and elevates this livable world. This lifeworld not only emanates from the interior of the car looking out but also pours into the lens: prayers and prayer beads, agricultural land, striated rocks, flowers, brush, and shrubs, trees -*sindiyan* and *zeitoun*-, stone walls built by the hands of fellahin, and houses—...Palestinian homes. Roads that disconnect also connect Palestinians. Fences, walls, barbed wire, perimeters, and checkpoints all separate. The checkpoint at Jalameh, a stone's throw from Jenin, is a stoppage point but it is also a node that directs our gaze from the illegally occupied West Bank into the settled, occupied, and stolen lands of Marj ibn 'Amr, a landscape that connects Akka to Haifa to Nasirah (Nazareth) to Jenin, which Jenin connects to Nablus, and Nablus to Jerusalem, and Jerusalem to Bethlehem, and Bethlehem to al-Khalil (Hebron). If the settler-society of control is as a mechanistic a sieve as Deleuze suggests, then every "choke-point" for the Palestinians, as Puar (2017, 135) calls them,[11] is also a node that funnels and confirms that there is a Palestinian being that the settlers need to control.

For settlers, every node, every choke-point, is a testimony of to their anxious fear. This fear is guised in the racist fear of the imminent violence projected onto the native Palestinian. After Fanon, this anxiety is not difficult to discern. It arises from the known power of Palestinian selfhood, because the Palestinian being instigates settler alienation. All the elements of Palestinian life, Palestinian *relationality*, do not lie at the margins of the images, beyond or in the background of Nazzal's lens—such a perception is settler-vision—rather, to the Arab (and Armenian) eye, whether from Palestine or Lebanon, Jordan or Syria, the signs of Palestinian life in Rehab's photographs are glaringly evident.

My reading of Nazzal's photographs of life among a system of asphyxiation is not a romantic or utopian reading, nor is it like Ronak Kapadia's (2019) elegant queer cosmological reading of Larissa Sansour's masterful science fiction—although there is a queer phenomenological element at play (151–186). Sara Ahmed (2006) teaches us that the "queer picture on the table," an image to which we may look obliquely outside the disciplining normative gaze, allows us contact with images—"images that engender moments of contact" (170; also, Sheehi 2022, 120). Rather, Nazzal's photographs are images of contact, with a system of control and asphyxiation, but also with life. Nadera Shalhoub-Kevorkian (2014) reminds us that this is the state of Palestinian life practices when she reveals "the psycho-political power found (and emerging) from sites of death" that provide a psychosocial well-being" (16). Like Hammami, Shalhoub-Kevorkian argues that "to 'live death' is not to occupy a space of absence from life, it is an active and conscious effort to access subversive power through presence" (20).

Nazzal's *Driving in Palestine* reminds me of the children, women, and men in Shalhoub-Kevorkian's stories and in Hammami's "checkpoint narratives." Her images reveal life within the grueling monotony of occupation, the dulling sensibilities of a settler colonial society of control. But they reveal this out of love that emanates from the cab of each taxi, car, and minibus. To borrow from Shalhoub-Kevorkian (2020), Nazzal's photography is part of a series of artistic, social, and cultural practices that "constitute practices that keep [Palestinians] connected with the space and turn the showroom into something more: a space that holds both neutralisation-to-kill and resistance-to-live, but also the voices of those speaking life against those speaking death" (267–68).

Works Cited

- Ahmed, Sara. 2006. *Queer Phenomenology: Orientations, Objects, Others.* Durham, NC: Duke University Press.

- Deleuze, Gilles. 1992. "Postscript on the Societies of Control." *October* 59 (winter): 3–7.

- Hammami, Rema. 2015. "On (not) Suffering at the Checkpoint: Palestinian Narrative Strategies of Surviving Israel's Carceral Geography." *Borderlands* 14 (1): 1–17. 2019.

- Hammami, Rema. 2019. "Destabilizing Mastery and the Machine: Palestinian Agency and Gendered Embodiment at Israeli Military Checkpoints." *Current Anthropology* 60 (S19): 87–97.

- Kapadia, Ronak. 2019. *Insurgent Aesthetics: Security and the Queer Life of the Forever War.* Duke: Duke University Press.

- Kratsman, Miki, and Ariella Azoulay. 2016. *The Resolution of the Suspect.* Cambridge, MA: Radius Books.

- Mbembe. A. 2019. *Necropolitics*. Translated by Steven Corcoran. Durham, NC: Duke University Press.

- Puar, Jaspir K. 2017. *The Right to Maim: Debility, Capacity, Disability.* Durham NC: Duke University Press.

- Shalhoub-Kevorkian, Nadera. 2014. "Living Death, Recovering Life: Psychosocial Resistance and the Power of the Dead in East Jerusalem." *Intervention* 12 (1): 16–29. 2020.

- Shalhoub-Kevorkian, Nadera. 2020. "Speaking Life, Speaking Death: Jerusalemite Children Confronting Israel's Technologies of Violence." In *The Emerald Handbook of Feminism, Criminology and Social Change*. Edited by S. Walklate, K. Fitz-Gibbon, J. Maher, and J. McCulloh, 253–270. London: Emerald Publishing Limited.

- Sheehi, Stephen. 2022 (forthcoming). "Our Photography: Refusing the 1948 Partition of the Sensible." *In Camera Palaestina: Photography and the Displaced History of Palestine.* Edited by Stephen Sheehi, Issam Nassar, and Salim Tamari, 109–164. Berkeley: University of California Press.

- Weizman, Eyal. 2017. *Hollow Land: Israel's Architecture of Occupation.* London: Verso Books.

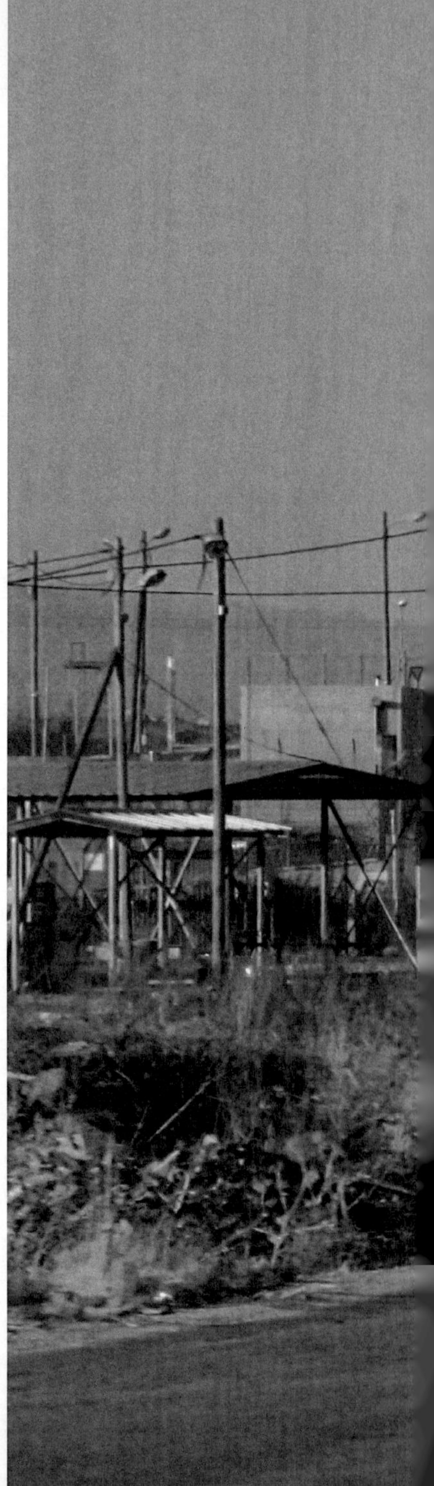

Jalameh military checkpoint, north Jenin, 2010   حاجز الجلمة العسكري شمال جنين، 2010

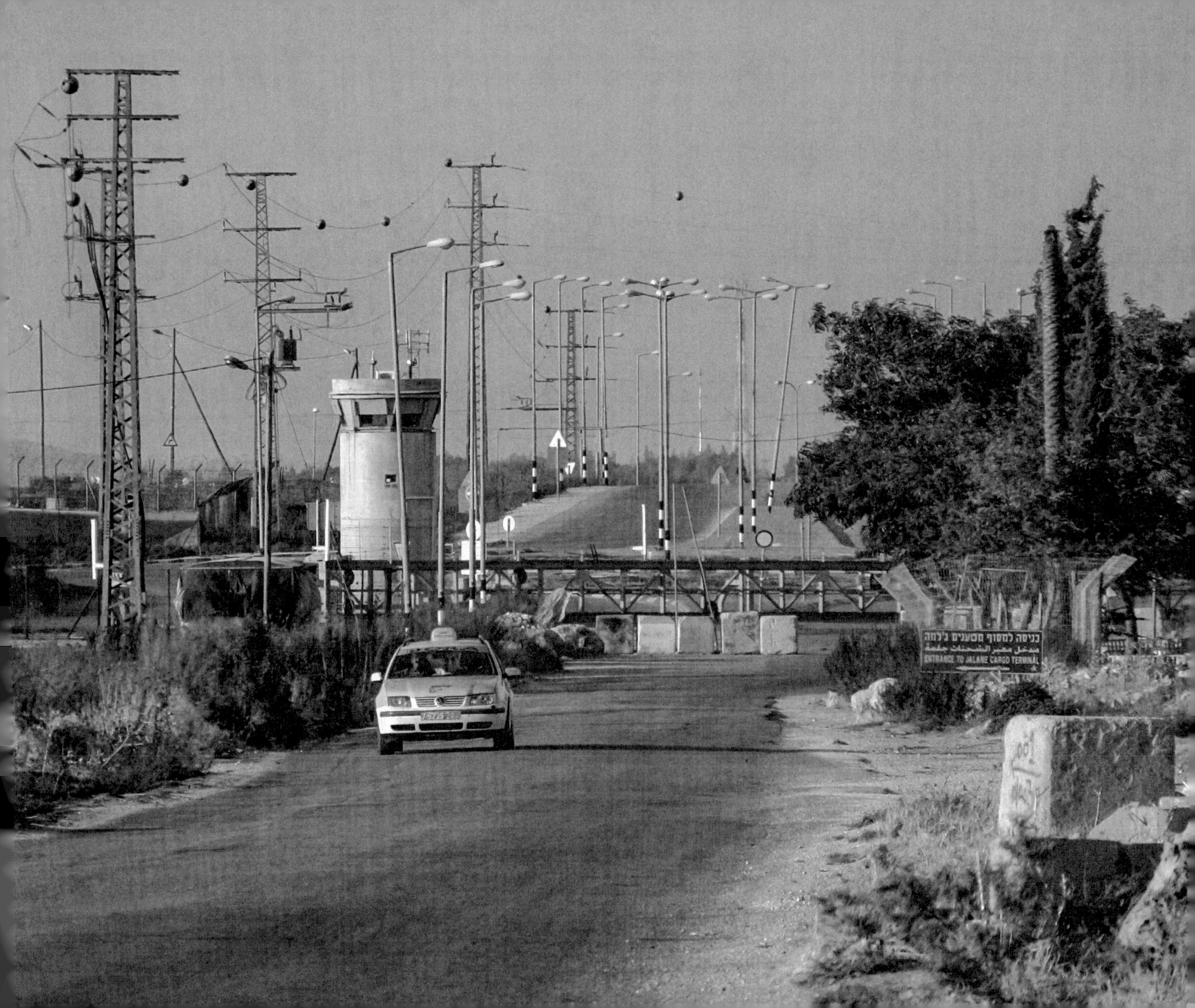
כניסה למסוף מטענים ג'למה
مدخل معبر البضائع جلمة
ENTRANCE TO JALAME CARGO TERMINAL

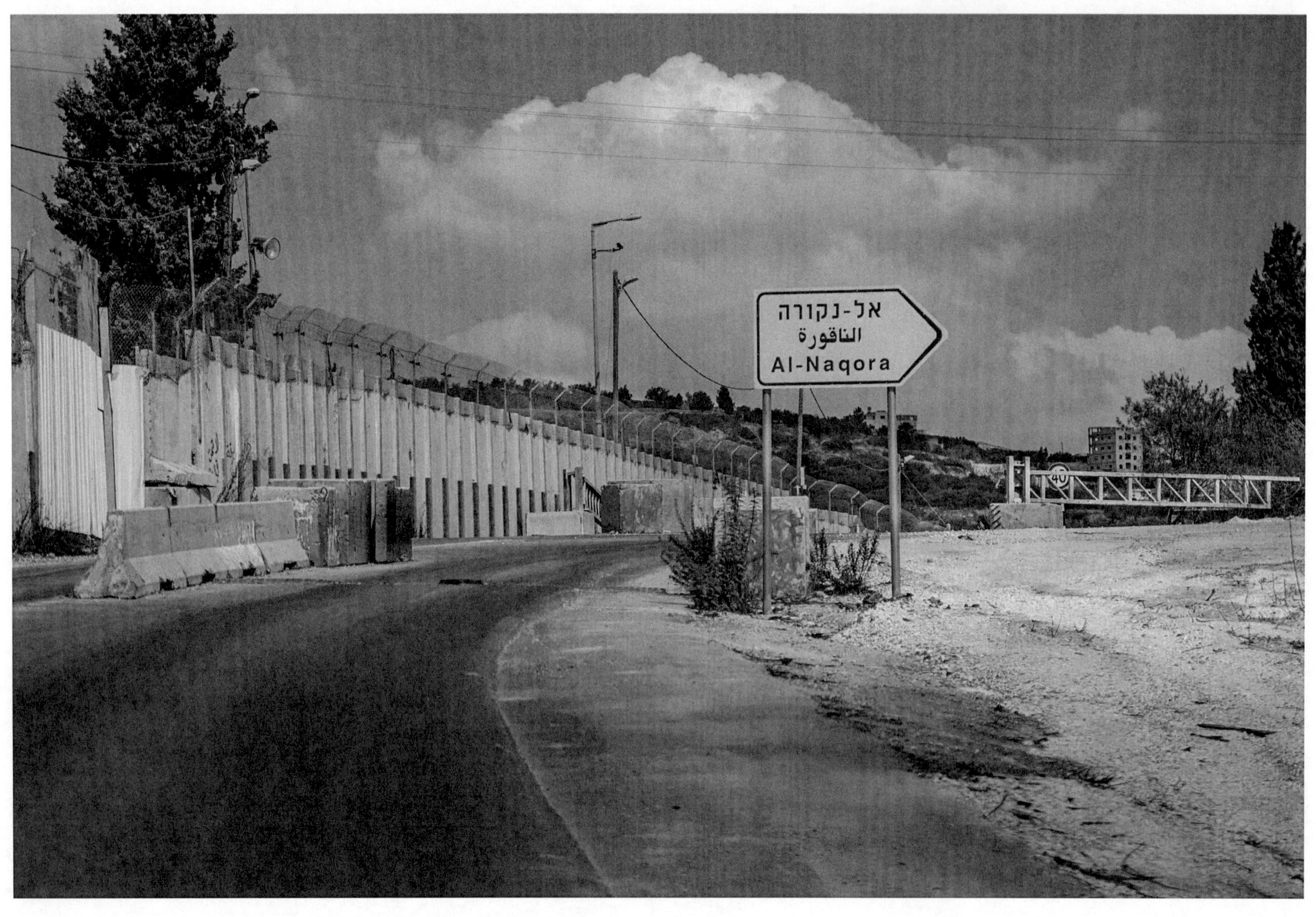

On the road to Jenin from Nablus, 2013

في الطريق إلى جنين من نابلس، 2013

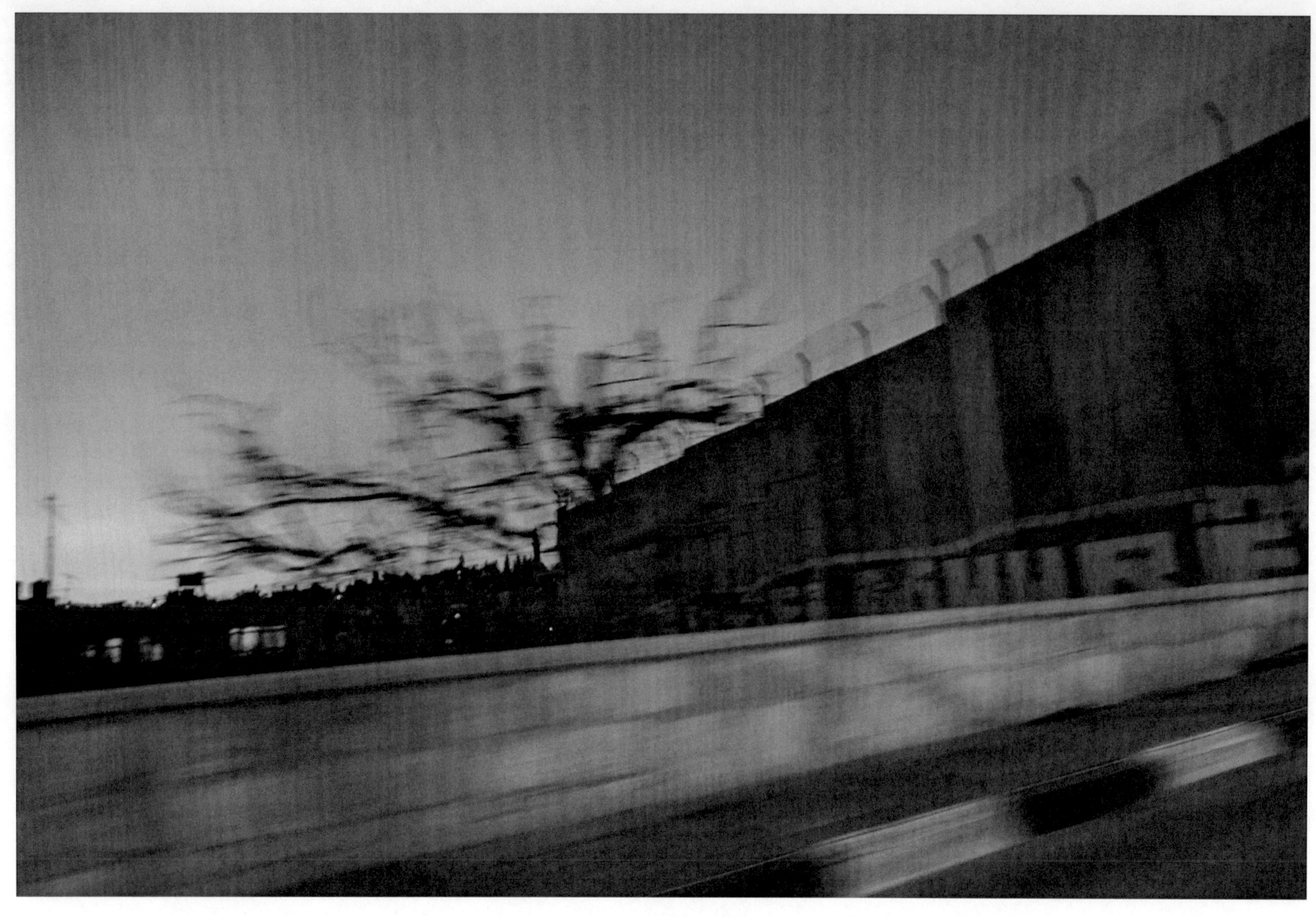

On the road to Bethlehem from Nablus, 2010   في الطريق إلى بيت لحم من نابلس، 2010

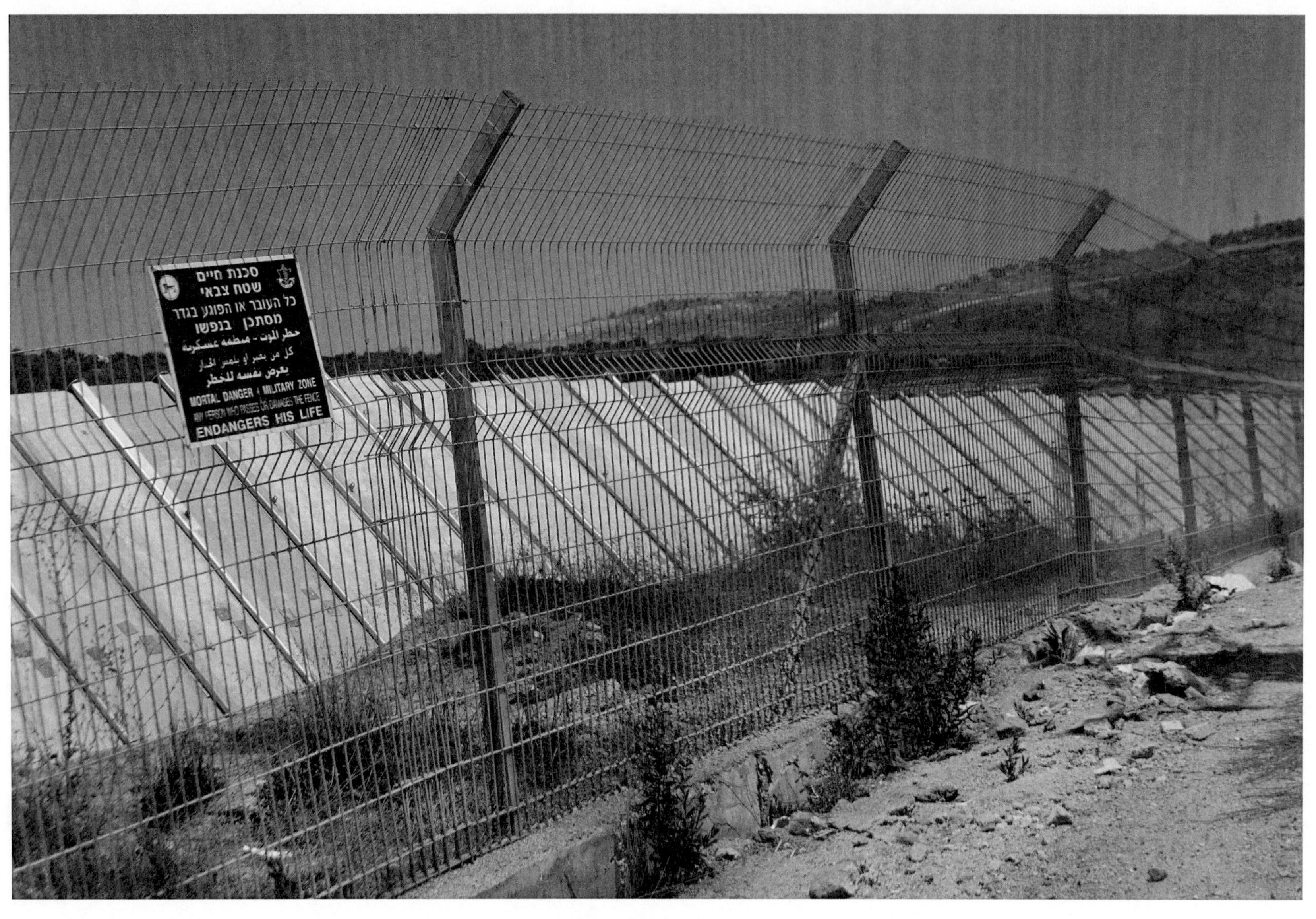

One of three layers of the Apartheid Wall that surrounds Bethlehem region, 2008

واحدة من طبقات جدار الفصل العنصري الثلاث التي تحاصر بيت لحم ومحيطها، 2008

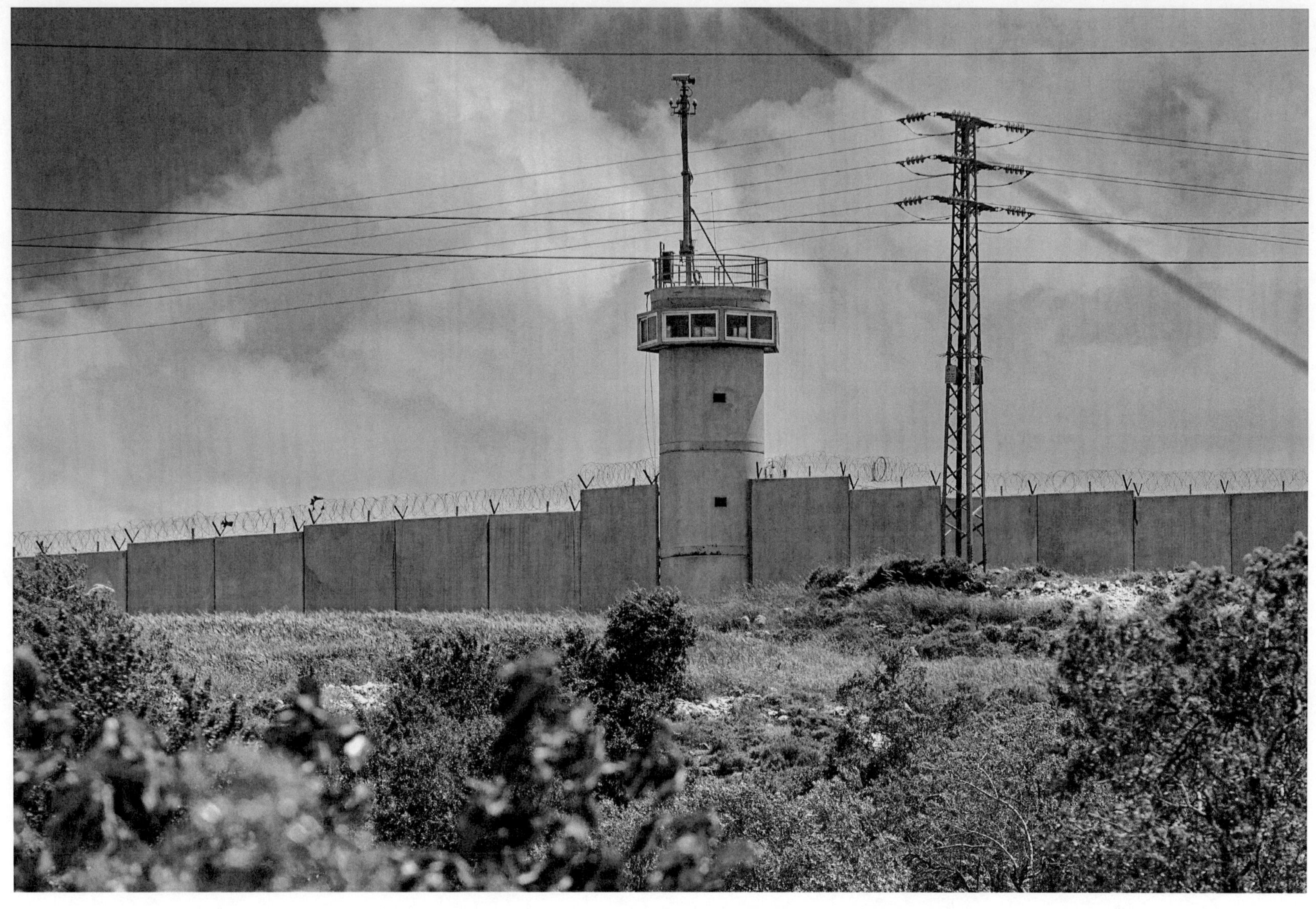

The walled-off town of Qalandia, 2020

بلدة قلنديا المحاطة بجدار الفصل العنصري، 2020

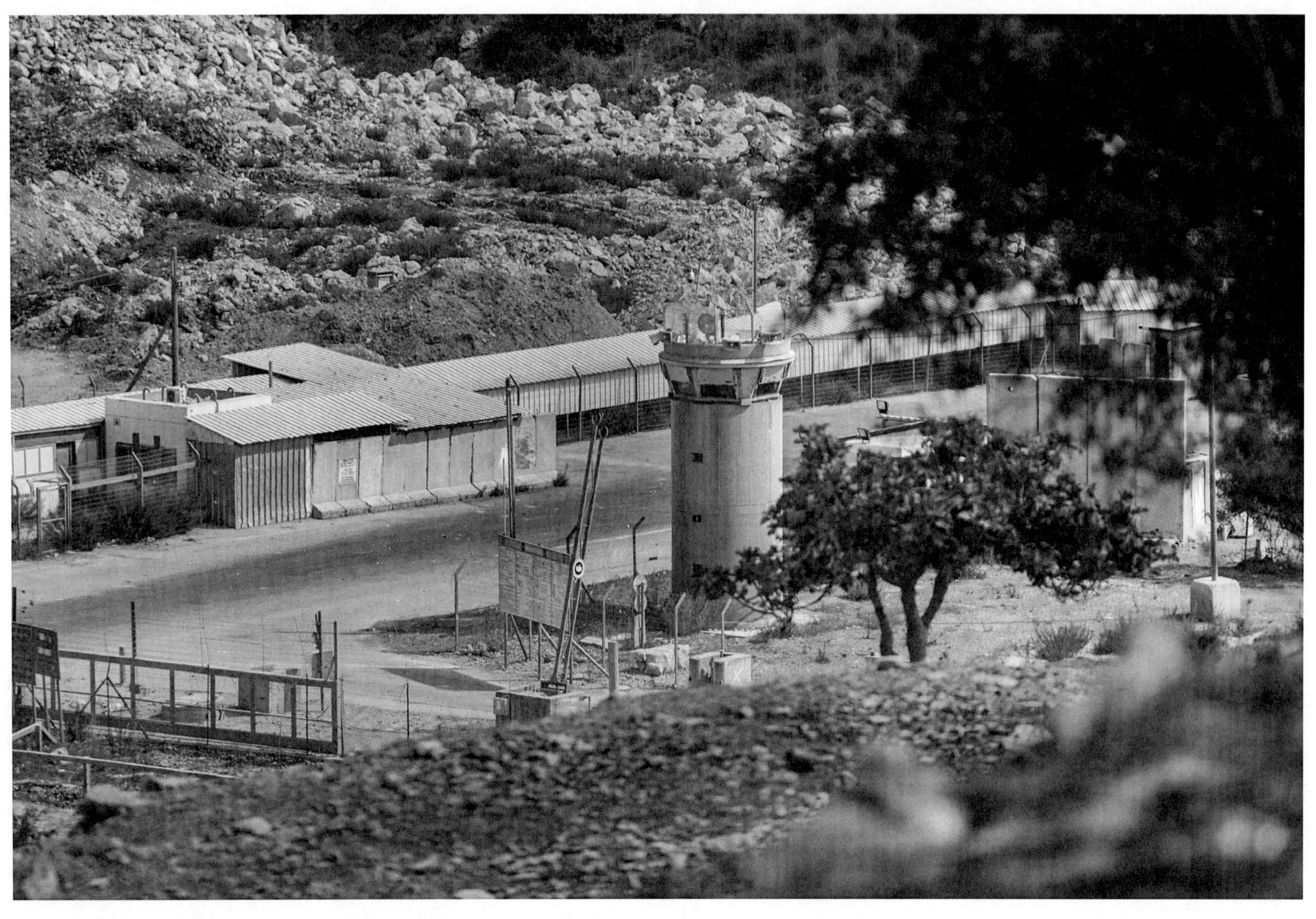

Ofer prison and detention camp in Beitunia, Ramallah district, where Palestinian political prisoners held and transferred to prions in Israel, 2019

سجن ومعسكر تحقيق "عوفر"، حيث يتم وقف واعتقال الفلسطينيين ثمّ ترحيلهم إلى سجون في دولة الاحتلال، 2019

الحركة بتحـــدِّ

اسطفان شيحا

كتبت جاسبر بوار في عملها المؤثّر «الحقّ في الإعطاب» (2017) واصفةً نظام الاحتلال الاستيطانيّ، الّذي صمّمته ونفّذته الدولة المعروفة الآن بدولة إسرائيل، أنّه "جزء من تكوين حيويّ-سياسيّ للسيطرة، يستهدف تعطيل القدرات والطاقات لخدمة احتلال فلسطين؛ الإضعاف المستهدف، حيث تظهر إسرائيل أنّها تملك حقًّا ضمنيًّا في إعطاب وإضعاف الأجساد والبيئات الفلسطينيّة، كشكل من أشكال السيطرة السياسيّة الحيويّة، وكأساس لاقتصاد إنسانيّ معتمد علميًّا. إنّ كتاب رحاب نزّال «التحرّك في فلسطين»، تصوير بصريّ معبّر عن هذه الرؤية، فهو سرد بصريّ لحالة الاختناق في الضفّة الغربيّة؛ سلسلة الحواجز العسكريّة، جدران (الجدار)، أسوار، يافطات، أسلاك شائكة، بوّابات، شوارع عسكريّة "أمنيّة"، سواتر خرسانية، أبراج مراقبة، جنود-مستوطنون، بالونات مراقبة، كاميرات، مركبات عسكريّة، أبراج سجون متخفّية كأبراج رقابة، حواجز عسكريّة طيّارة، أعلام مستوطنين مثيرة للاشمئزاز، اختناقات مروريّة بسبب الحواجز العسكريّة. لقد قامت نزّال بعناية بتشريح بصريّ لكليشيهات نظام الفصل العنصريّ (الأبارتهايد).

من النظرة الأولى إلى الصور، لا يسع المرء إلّا أن يستذكر عمل إيال وايزمان (2017) الّذي يكشف فيه بعناية، ليس فقط بنية الأنظمة الاستعماريّة الاستيطانيّة، لكن أيضًا أبعادها وسماتها العموديّة. تربطنا صور رحاب باستنتاجات جاسبر بوار بأنّ الاستعمار الاستيطانيّ يسعى لأبعد من إفناء السكّان الأصلانيّين. تتحدّى بوار "الافتراض بأنّ هدف الاستعمار الاستيطانيّ بالضرورة الإفناء"، فهي تقول لنا إنّ هدف الدولة الاستيطانيّة هو إنتاج وإعادة إنتاج السيادة الاستيطانيّة من خلال السياسة-الحيويّة للسيطرة، الحركة، الإعاقة، الإعطاب (2017، ص. 144). وبمعنى آخر، يسعى الاستعمار الاستيطانيّ إلى السيطرة على الأجساد إضافةً إلى اقتلاعها من الأرض. تنظر صور نزّال إلى أسفل فوّهة البندقيّة، لترينا كيف يضطرّ الفلسطينيّون إلى الاصطفاف في طوابير الانتظار، في المكان، يقفون، ساكنين، يقرؤون لافتات، حيث تتجسّد السيطرة الاستيطانيّة الاستعماريّة. يتضمّن الكتاب صورة لواحدة من أكثر إشارات الاحتلال شيوعًا في جميع أنحاء الضفّة الغربيّة المحتلّة (المكان)؛ لافتة حمراء اللون يراها الجميع على امتداد اليوم (الزمان)، تحمل نصًّا مترجمًا إلى ثلاث لغات (العبريّة، الإنجليزيّة، العربيّة) وتنصّ على التالي:

هذه الطريق تؤدّي إلى منطقة «أ» التابعة للسلطة الفلسطينيّة، الدخول للمواطنين الإسرائيليّين ممنوع وخطر على حياتهم، وتشكّل مخالفة جنائيّة في حقّهم.

إنّ مدى انتشار هذه اللافتة في كلّ مكان لهو بقدر سخافتها؛ تحمل الإنجليزيّة المستخدمة فيها بشكل حرفيّ دلالات. يعتمد فهم النص المكتوب على اللافتة بعلامات ترقيم محدودة وأحرف كبيرة غير منتظمة، على القارئ. هي تحمل معنًى لأنّنا نفهم ما تعني، نفهم معنى علامة بدون معنى، مليئة بالأخطاء، عامّيّة وغامضة. لكن على الرغم من ذلك، نفهم هذه العلامة المضطربة ذهنيًّا لأنّ نظام الفصل العنصريّ يعتمد علينا لفهم معناها. هذا هو الحال الدوليّ للاستعمار الاستيطانيّ لفلسطين،

مطلوب منّا أن نفهم ما هو غير منطقيّ ولا عقلانيّ وعنيف، ونترجمه إلى ما هو منطقيّ وطبيعيّ وعاديّ. بالنسبة إلى الفلسطينيّ، الناطق بالعربيّة، هذه اللافتة واضحة؛ إنّها أمر بالسيطرة. إنّها تهديد نابع من سيادة فُرِضَت بالعنف وليس بالشرعيّة.

قد يرى المرء هذه اللافتة الحمراء -بلغتين إمبرياليّتين- كأنّها نمط عقابيّ لسياسة حيويّة، تحذّر الفلسطينيّين الإسرائيليّين من الذهاب إلى أماكنهم تحت حكم الدولة القضائيّ المباشر. ربّما تكون رسالة عنصريّة مشفّرة، تعني أنّه لا يمكن لجيش الاحتلال حماية المرء بمواجهة السكّان الأصلانيّين الهمجيّين. لكن هذا هو احتلال فلسطين، حيث حاجة المستوطنين الدائمة هي السيطرة. في الحديث عن الفرق بين مجتمعات الانضباط لميشيل فوكو والظهور الأخير 'لمجتمعات السيطرة'، يكتب جيلز دولوز (1992):

إنّ أماكن الحبس أو المساحات المحصورة المختلفة الّتي يَعْبُر منها الفرد هي متغيّرات مستقلّة: المفترض أن يبدأ الفرد من الصفر كلّ مرّة، وعلى الرغم من وجود لغة مشتركة لكلّ هذه الأماكن، إلّا أنّها تحليليّة. من ناحية أخرى، إنّ آليّات السيطرة والتحكّم المختلفة هي متغيّرات غير منفصلة، مشكّلة نظام متغيّرات هندسيّ لغته رقميّة (ليست بالضرورة ثنائيّة). التطويقات أو أماكن الحصر قوالب مصبوبة بشكل يجعلها متميّزة، لكنّ عناصر التحكّم تعديلات، مثل قالب مشوّه يتغيّر باستمرار من لحظة إلى أخرى، أو مثل غربال تتحوّر شبكته من نقطه إلى أخرى (ص. 4).

إنّ اللافتات المضطربة الّتي من المفترض أن نقرأها بشكل منطقيّ، تشبه منطق الحواجز العسكريّة الطيّارة والجدران التعسفيّة الّتي تخترق أراضي الفلسطينيّين وحياتهم، والأسوار وكاميرات التجسّس الّتي تبدو كأنّها تركيب يهدف إلى السيطرة وليس الانضباط. "يبدو المرء في المجتمعات الانضباطيّة كأنّه يبدأ دائمًا من جديد (من المدرسة إلى مجمّع السكن، ومن مجمّع السكن إلى المصنع)"، يعلّمنا جيلز دولوز. "ومع ذلك، فإنّ المرء في مجتمعات السيطرة لا ينتهي من أيّ شيء... الحالات غير المستقرّة تتعايش في ذات التشكيل الواحد، حيث يكمن نظام عالميّ للتشويه"(ص. 5). مشروع التشويه هذا يعكس نفسه بصفته رؤية طبيعيّة للمنطق المؤسِّف لاحتلال مستمرّ بلا نهاية. تكشف أرييلا أزولاي في كتابتها عن عمل المصوّر المعادي للصهيونيّة ميكي كراتسمان أنّ هذه الرؤية هي مركز للقوّة؛ كتبت بأنّ صور كراتسمان المكرّرة عمدًا والتي تتعقّب "نظرة المُحتلّ إلى من يحتلهم ونظرة الخاضعين للاحتلال إلى محتلّيهم هي ليست نظرات منفصلة ومتوازية، بل إنها مجالٌ معقّدٌ لعلاقات قوّة حول الحياة والموت" (كراتسمان وأزولاي، 2016، ص. 82).

لا يمكن إنكار أنّ أنظمة السيادة الاستعماريّة الاستيطانيّة هي تفاعل سياسيّ (نيكروبوليتيكال) للعلاقة بين السيادة والقوّة؛ للتحكّم بالحياة والموت، كما يوضح لنا أشيلي مبيمبي (2019)، ومع ذلك فإنّ صور نزّال

المراجع المذكورة:

- أحمد، سارة. 2006. «ظواهر الكوير: توجّهات، أشياء، آخرون». درهام، نورث كارولاينا: مطبعة جامعة ديوك.

- ديلوز، جيلز. 1992. "حاشية عن مجتمعات السيطرة". 59 أكتوبر (شتاء): 7-3.

- حمّامي، ريما. 2015. "حول (عدم) المعاناة عند الحواجز العسكريّة: إستراتيجيّات سرديّة فلسطينيّة للنجاة من جغرافيّة الحصر الجبريّ الإسرائيليّة". Borderlands 14 (1): 1-17.

- حمّامي، ريم 2019. "زعزعة استقرار الآلة: التمثيل الفلسطينيّ والتجسيد الجندريّ عند الحواجز العسكريّة الإسرائيليّة". الأنثروبولوجيا الحاليّة 60 (97-87): S19).

- كاباديا، روناك. 2019. «جماليّات المتمرّدين: الأمن والحياة الكويريّة للحرب الأبديّة». ديوك: مطبعة جامعة ديوك.

- كراتسمان، ميكي وأريلا أزولاي. 2016. «قرار المشتبه به». كامبريدج، ماساتشوستس: راديس بوكس.

- مبيمي. أ. 2019. «السياسة الميّتة». ترجمة ستيفن كركران. درهام، نورث كارولاينا: مطبعة جامعة ديوك.

- بوار، جاسبير ك. 2017. «الحقّ في التشويه: الضعف، القدرة، الإعاقة». درهام، نورث كارولاينا: مطبعة جامعة ديوك.

- شلهوب-كيفوركيان، نادرة. 2014. "الموت الحيّ، استعادة الحياة: المقاومة النفسيّة والاجتماعيّة وقوّة الموت في القدس الشرقيّة". «التدخّل» 12 (1): 29-16.

- شلهوب-كيفوركيان، نادرة. 2020."التحدّث بالحياة، التحدّث بالموت: أطفال مقدسيّون يواجهون تقنيّات العنف الإسرائيليّة". في «دليل إميرالد للنسويّة وعلم الجريمة والتغيير الاجتماعيّ». تحرير: S. Walklate و K. Fitz-Gibbon و J. Maher و 270-253، J. McCulloh. لندن: إميرالد للنشر المحدودة.

- شيحا، اسطفان. 2022 (سيصدر قريبًا). "صورنا الفوتوغرافية: رفض تقسيم المنطقي لعام 1948". في «الكاميرا الفلسطينية: التصوير الفوتوغرافي وتاريخ النازحين في فلسطين». تحرير ستيفن شيحا، وعصام نصار، وسليم تماري، 164-109. بيركلي: مطبعة جامعة كاليفورنيا.

- وايزمان، إيال. 2017. «الأرض المجوفة: عمارة الاحتلال الإسرائيلية». لندن: فيرسو.

للشبكة البائسة المتحكّمة بحياة الفلسطينيّين من قبل دولة الاستعمار تخبرنا بأنّ هناك شيئًا آخر يحدث هنا.

مثل نزّال في تكرارها وتشريحها للبنية التحتيّة للسيطرة البائسة للاحتلال، تكشف عن التناقضات الصارخة، والواضحة للكثيرين فعليًّا، في كيفيّة مطالبتنا بالتواطؤ مع عقلنة الأبارتهايد ومنطق الاستعمار الاستيطانيّ. لم يأتِ تشريح نزّال للبنية التحتيّة للفصل العنصريّ والسيطرة من خلال وهن عيون حرس الحدود (ماجافيم)، الّذين يرتدون صورة مطرّزة لبرج سجن على شاراتهم العسكريّة؛ الصور الفوتوغرافيّة في كتاب «التحرّك في فلسطين» مأخوذة من خلال عيون فلسطينيّة؛ امرأة فلسطينيّة، امرأة من هذا المكان، من هذه الأرض، من هذا الشعب. الصور تحوي، تضمّ، آخرين (ذوات فلسطينيّة) في حافلات متنقّلة. نعم، قد تكون هذه الذوات قلقة أحيانًا. فإرهاب دولة الاستعمار الاستيطانيّ حقيقي، وعواقبه الجسديّة والنفسيّة حقيقية أيضًا. وقد تكون هذه الذوات ضاحكة، وقد تكون صامتة أو متحاورة أو حالمة. لكن هذه الذوات-الماجاف، هي من العالم، من ذلك المجتمع المركّب، من تلك الأرض، من تلك الطرق، من تلك الصخور، من تلك التلال، من تلك السماء، كما تذكر رنا بركات (في كتابٍ سيصدر قريبًا).

لقد قدّمت لنا الباحثة والناشطة ريما حمّامي (2019) مجموعة من الأعمال عن الحاجز العسكريّ، بصفته مكانًا للتحدّي، والرفض، وتأكيد الذات، والحضور. في سلسلة من المقالات تقودنا حمّامي عبر «سرديّات الحاجز العسكريّ»، والتي تُظهر، وبرغم ميوعة وتغيّر تقنيات التحكّم والسيطرة، كيف أنّ نظام الاستعمار الاستيطانيّ يُخْتَزَل حتمًا إلى "نظام فرز متدنّي التقنية"، ويعتمد على "احتكاك متجسّد ومتقارب بين الجنديّ والفلسطينيّ" (ص. 87). في مساحة التقارب الإلزاميّة هذه "يمكن للواقع المادّيّ المتجسّد والأداء الجندريّ أن يرسّخا نظام السلطة السياديّ على الحاجز العسكريّ، وفي الوقت نفسه يمكنهما فتح فجوة مؤقّتة فيه. وكذلك، يمكن للاختلالات نفسها في النوع الاجتماعيّ (الجندر) أن تكون مصدر قوّة للفلسطينيّ وموقع ضعفٍ للجنود الإسرائيليّين" (ص. 89). يصبح الحاجز العسكريّ موقعًا آخر للمقاومة، مكانًا آخر لتأكيد الذات.

هذا لا يعني أنّ الحاجز العسكريّ ليس مكانًا للعنف الاستيطانيّ الاستعماريّ. فتظهر سلسلة صور نزّال الفوتوغرافيّة ذلك أيضًا. تُظهر كيف أنّ نظام الاستيطان يحتاج إلى الفلسطينيّ من أجل تفعيل سيادته. تبيّن لنا أنّه لا يمكن أن يُنظَر إلى الدولة المعروفة الآن بـ«إسرائيل» بصفتها دولةً إلّا بمحاولاتها السيطرة والتحكّم بالفلسطينيّين، الّذين يصطفّون بشكل جماعيّ على الحاجز العسكريّ، في الاختناقات المروريّة وتحت كاميرات المراقبة... إلخ، على أرضٍ هي لهم، ليس بمفهوم الملكيّة الرأسماليّة أو السيادة الاستعماريّة، لكن بمعنى العلائقيّة، الإنسان-الأرض.

تربط الفلسطينيين في تلك الحافلات علاقة بفلسطين تحاول دولة إسرائيل السيطرة عليها، لكنّها لن تستطيع أبدًا أن تكون من تلك الأرض؛ لهذا فإنّه كما تؤكّد حمّامي (2015) يسعى الفلسطينيّون دومًا على الحاجز العسكريّ "إلى إعادة تشكيل ذاتهم القادرة على خلق عالمٍ يصلح للعيش في بنية العنف الاستعماريّ المستمرّ" (ص. 1). يشترك الفلسطينيّون ويتعاونون في بناء اقتصاد سياسيّ أخلاقي لمجتمع يلغي شرذمة الحاجز العسكريّ. تأتي الصور الفوتوغرافيّة لنزّال دومًا عبر عدستها، لكنّنا نشعر بأنّ تلك العدسة امتداد لتجربة تخصّ الفلسطينيّين. صورها تطبع الحياة في عالم غير طبيعيّ، تدجن المنطق التعسّفيّ للعنف الاستعماريّ الّذي يكشف عن اللقاءات المتقاربة والعنيفة على الحاجز العسكريّ.

تأخذنا صور نزّال إلى هذا العالم المُعاش؛ عالم الحياة الّذي ينبعث ليس فقط من داخل السيّارة بالنظر إلى خارجها، ولكنه يصبّ في عدسة الكاميرا: صلوات وخرزات صلاة، الأراضي الزراعيّة، الصخور المخطّطة، الزهور، الشجيرات، أشجار الزيتون والسنديان، السناسل الّتي بُنِيَت بأيدي الفلّاحين الفلسطينيّين، المنازل... بيوت الفلسطينيّين. الشوارع الّتي تَفْصِل الفلسطينيّين تربطهم أيضًا. الأسوار، الجدران، الأسلاك الشائكة، الحواجز العسكريّة... كلّها منفصلة. حاجز الجلمة العسكريّ على مرمى حجر من جنين، لكنّها عقدة توجّه أنظارنا من الضفّة الغربيّة المحتلّة بشكل غير شرعي إلى أراضي مرج ابن عامر المستعمَرة المسروقة، وهي أراضٍ تربط عكّا بحيفا بالناصرة بجنين، جنين بدورها ترتبط بنابلس والقدس وبيت لحم وبيت لحم بالخليل. إذا كان مجتمع السيطرة الاستيطانيّ عبارة عن غربال ميكانيكيّ كما يقترح دولوز، فإنّ كلّ "حاجز خنق" للفلسطينيّين كما تسمّيه بوار (2017، ص. 135) هو أيضًا عقدة تتدفّق وتتوكّد على أنّ هناك كائنا فلسطينيا يحتاج المستوطن إلى السيطرة عليه.

بالنسبة إلى المستوطنين فإنّ كلّ عقدة، كلّ حاجز خنق، يجسّد شهادة على خوفهم وقلقهم. هذا الخوف مقنّع بخوف عنصريّ وعنف وشيك تجاه الفلسطينيّ الأصلانيّ. وفقًا لفرانز فانون، لا يصعب تمييز هذا القلق؛ فهو ناشئ من القوّة المعروفة للذات الفلسطينيّة، فمجرّد الوجود الفلسطينيّ يحفّز اغتراب المستوطن. كلّ عناصر حياة الفلسطينيّ، العلائقيّة الفلسطينيّة لا تكمن في هوامش صور نزّال أو خارج عدستها أو في خلفيّتها، بل إن علامات الحياة الفلسطينيّة في صور رحاب واضحة بشكلٍ صارخ للعين العربيّة (والأمنيّة) سواء من فلسطين، أو لبنان، أو الأردنّ، أو سوريا.

قراءتي لصور نزّال عن الحياة في نظام اختناق ليست قراءة رومانسيّة أو طوباويّة، وهي ليست كقراءة روناك كابوديا الأنيقة الكويريّة الكونيّة لعمل الخيال العلميّ البارع للاريسا صنصور (2019)، على الرغم من وجود عنصر كويريّ ظاهر (ص. 186-151). تعلّمنا سارة أحمد (2006) أنّ "الصورة الغريبة (الكويريّة) على الطاولة" هي صورة قد ننظر إليها بشكل غير مباشر خارج النظرة المعتادة المنضبطة، تتيح لنا التواصل مع الصور – "صور تولّد لحظات من الاحتكاك" (ص. 120 و170، 2022 شيحا). بالأحرى، صور نزّال هي صور احتكاك مع نظام سيطرة وخنق، وأيضًا مع الحياة. تذكّرنا شلهوب-كفوركيان (2014) بأنّ هذه حال الحياة الفلسطينيّة الممارسة عندما تكشف عن "القوّة النفسيّة-السياسيّة الموجودة (والناشئة) من ساحات الموت"، والّتي توفّر وضعًا نفسيًّا-اجتماعيًّا صحّيًّا (ص 16). مثل حمّامي، تطرح شلهوب-كفوركيان بأنّ "عيش الموت" لا يعني احتلال مساحةً من الغياب عن الحياة، بل بذلَ مجهودٍ فاعل وواعٍ لاختراق قوّة مدمّرة من خلال الوجود" (ص. 20).

يذكّرني كتاب نزّال «التحرّك في فلسطين» بالأطفال والنساء والرجال في قصص شلهوب-كيفوركيان، وفي «سرديّات الحواجز العسكريّة» لحمّامي، تكشف صورها الحياة في ظلّ رتابة احتلال منهكة وبلاهة مجتمع سيطرة استعماريّ استيطانيّ. تكشف الصور هذا بدافع المحبّة النابعة من كلّ مركبة وسيّارة وحافلة. وبالاستعارة من شلهوب-كيفوركيان (2020)، صور نزّال الفوتوغرافيّة هي جزء من تلك الممارسات الفنّيّة والاجتماعيّة والثقافيّة "الّتي تحافظ على ارتباط [الفلسطينيّين] بالمكان، وتحوّل ساحة العرض إلى شيء أكبر: إلى مكان يحتضن حياديّة القتل والمقاومة من أجل الحياة، ويحتضن أصوات أولئك الناطقين بالحياة في مواجهة أولئك الناطقين بالموت.

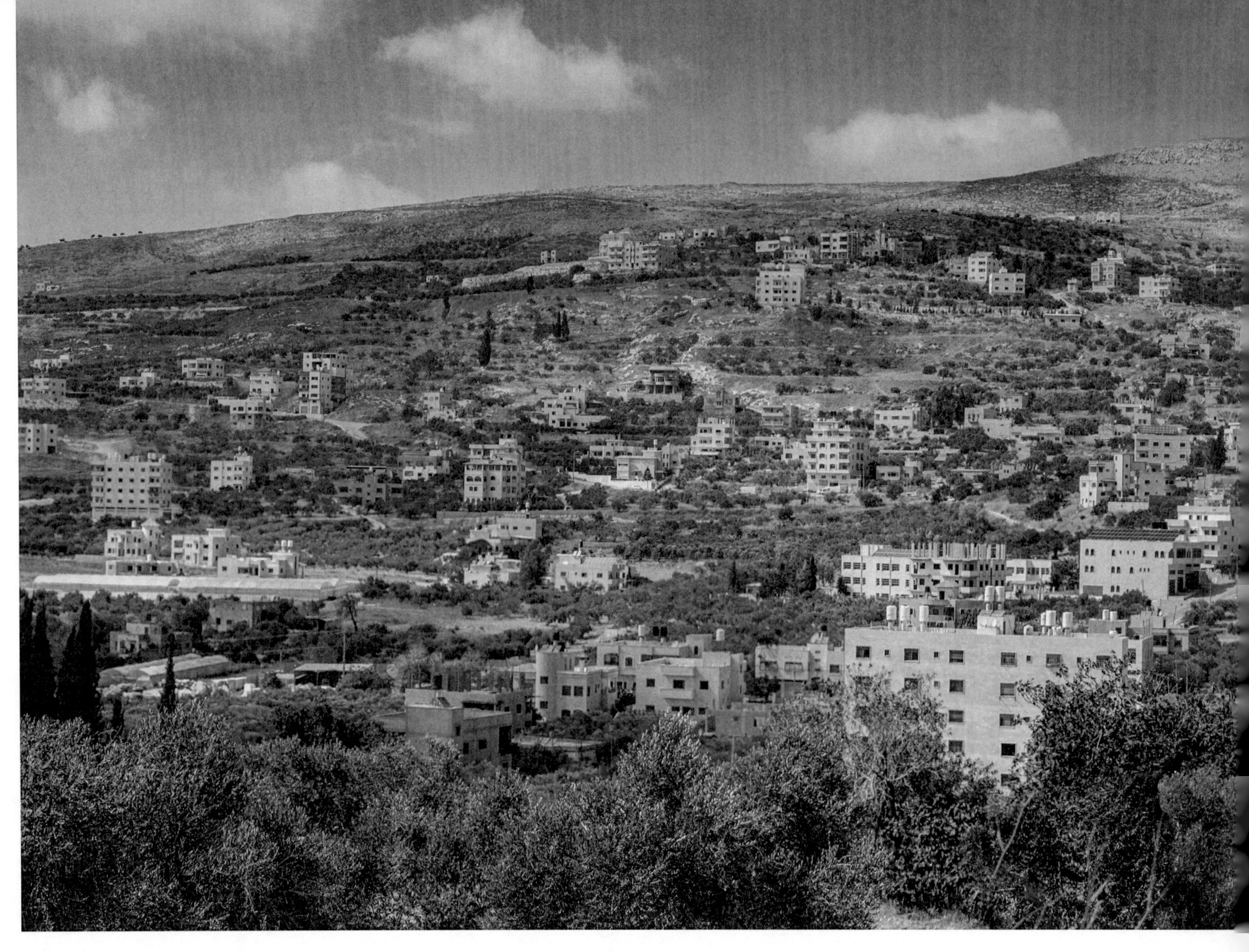

The village of Burin, Nablus district, frequently targeted by armed Jewish settlers, 2020

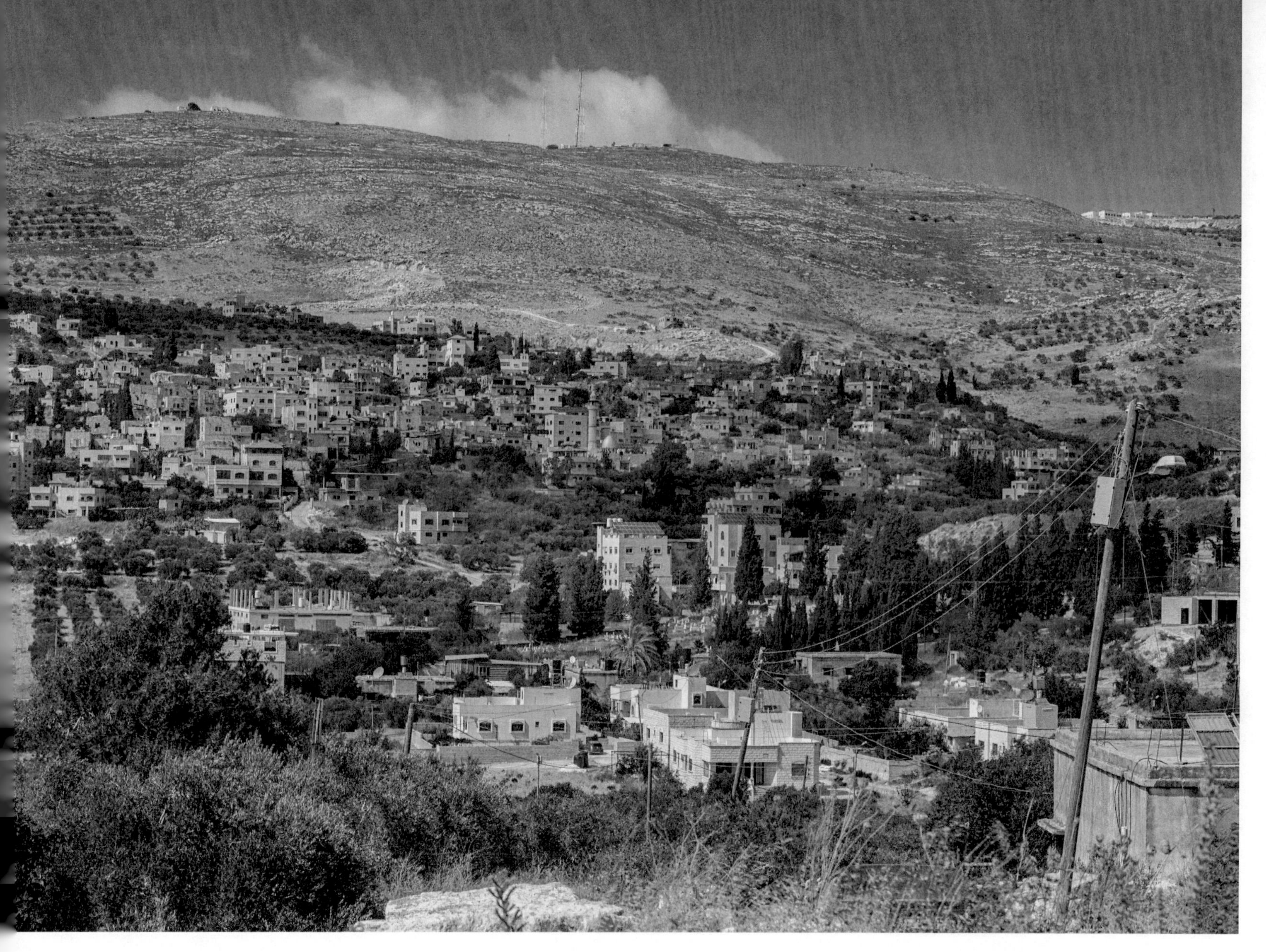

بلدة بورين، محافظة نابلس، التي تُهاجم باستمرار من قبل مستوطنين يهود مُسلّحين، 2020

Contributors' bios

Dr. Yasmeen Abu-Laban

Yasmeen Abu-Laban is a professor of political science and Canada Research Chair in the Politics of Citizenship and Human Rights at the University of Alberta. She is a fellow at the Canadian Institute for Advanced Research. Her published research addresses themes relating to ethnic and gender politics; nationalism, globalization and processes of racialization; immigration policies and politics; surveillance and border control; and multiculturalism and anti-racism. She served as president of the Canadian Political Science Association (2016–17) and is vice-president of the International Political Science Association.

ياسمين أبو لبن

ياسمين أبو لبن أستاذة في العلوم السياسية وتشغل كرسي البحث الكندية في سياسات المواطنة وحقوق الإنسان في جامعة ألبرتا في كندا. هي أيضًا زميلة في «معهد البحث المتقدم الكندي». تتعلق أبحاثها المنشورة بموضوعات مرتبطة بالسياسة العرقية والجندرية؛ والقومية والعولمة؛ وتعدد الثقافات والتمييز العنصري؛ والسياسة وسياسات الهجرة؛ والرصد والتحكم في الحدود؛ والتعددية الثقافية ومكافحة العنصرية. د. أبو لبن شغلت منصب رئيسة «جمعية العلوم السياسية الكندية» (2016-2017)، وتشغل حاليا نائبة رئيس «جمعية العلوم السياسية الدولية».

Dr. Christina Battle

Dr. Christina Battle is an artist based in Amiskwacîwâskahikan (also known as Edmonton, Alberta, Canada), within the Aspen Parkland: the transition zone where prairie and forest meet. Her practice focuses on the concept of disaster: its complexity and the intricacies that are entwined within it. Much of this work extends from her PhD dissertation (2020), which looked closely at community responses to disaster: the ways in which they take shape, and especially how online models might help to frame and strengthen such responses. She is the online editor for *BlackFlash* magazine, dedicated to presenting critical opinions, urgent issues and divergent artistic practices from across the prairies, Canada and beyond.

كريستينا باتل

كريستينا باتل فنانة مقيمة في أميسكواتشيواسكاهيكان (والمعروفة بإدمونتون، ألبرتا)، في منطقة الآسبن حيث تلتقي البرية مع الغابة. تركز أعمالها الفنية والبحثية على مفهوم الكارثة: تعقيداتها، والتشابكات الداخلية فيها. نتج كثير من هذه الأعمال من رسالتها الدكتوراه (2020) والتي تناولت الردود المجتمعية على الكارثة وأشكال هذه الردود، وخصوصًا مساهمة النماذج المتاحة عبر الإنترنت في تأطير وتعزيز هذه الردود. تعمل باتل حاليًا محررة لمجلة «بلاك فلاش» الإلكترونية المكرسة لعرض الآراء النقدية والقضايا الملحة والممارسات الفنية المتنوعة في مقاطعة ألبرتا وكندا عمومًا.

Ahlam Bsharat

Ahlam Bsharat is a Palestinian writer and poet born in Tammun, in the Jordan Valley, Palestine. She is known for her short stories and novels and is considered one of the leading writers in Palestinian literature for young people. Bsharat has published four novels for young readers, dozens of children's stories and two collections of short stories. Her book *My Code Name Is a Butterfly* was included on a list of the 100 most important books for young people in the world in 2012 and has been reprinted in both Arabic and English.

أحلام بشارات

أحلام بشارات كاتبة وشاعرة فلسطينية من مواليد طمون في وادي الأردن في فلسطين. بشارات معروفة برواياتها وقصصها القصيرة وأشعارها وتُعتَبر إحدى أهم الكتاب الفلسطينيين المختصين في أدب الشباب. نُشرت لها أربع روايات للشباب وعشرات قصص الأطفال ومجموعتان من القصص القصيرة. أُدرِج كتابها «اسمي الحركي فراشة» في قائمة أفضل مائة كتاب للقراء اليافعين في العالم عام (2012) وقد تُرجم إلى اللغة الإنجليزية.

Mohammed el-Kurd

Mohammed El-Kurd is a Palestinian writer and poet from Sheikh Jarrah, in East Jerusalem, Palestine. His work deals with dispossession, ethnic cleansing, systemic and structural violence, settler colonialism, Islamophobia and gender roles. His writing has been featured in numerous international outlets. His debut book, a volume of poetry, *Rifqa*, was published 2021. El-Kurd is the Palestine correspondent for *The Nation*.

محمد الكرد

محمد الكرد كاتب وشاعر فلسطيني من حي الشيخ جراح في القدس الشرقية، فلسطين. تتناول أعماله التطهير العرقي والعنف المنظم والبنيوي والاستعمار الاستيطاني والعنصرية الإسلامية وأدوار الجندر. نُشرت كتاباته في عدّة منصات دولية. ونشر كتابه الأول عام (2021) وهو عبارة عن مجموعة شعريّة، تحت عنوان «رفقة»، ويشغل الكرد مراسل فلسطين لصحيفة «ذا نايشن».

Nyla Matuk

Nyla Matuk is an author and editor with a mixed identity, including Palestinian, Afghan and Uzbek roots. She has published two books of poetry, *Sumptuary Laws and Stranger*, and has edited an anthology of poems titled *Resisting Canada*. In 2018, she served as the Mordecai Richler Writer in Residence at McGill University. Matuk's poems have appeared in publications such as *Best Canadian Poetry, New Poetries VI, The New Yorker, PN Review, The Walrus, Poetry Review* and others in Canada and internationally.

نائلة معتوق

نايلة معتوق كاتبة ومحررة من أصول فلسطينية وأفغانية وأوزبكية. نشر لها كتابين من الشعر هما Sumptuary Laws وStranger ومجموعة من القصائد تحمل عنوان «مقاومة كندا». في عام 2018 عملت معتوق كاتبة في إقامة الكاتب الكندي موردخاي ريتشلر في جامعة ميغيل في مونتريال. وردت قصائدها في منشورات متعددة منها «The New Yorker» و «PN Review» و«The Walrus» و«Poetry Review» وغيرها في كندا وحول العالم.

Rana Nazzal Hamadeh

Rana Nazzal Hamadeh is a Palestinian artist and filmmaker living between Ramallah and Ottawa/Toronto. Her work examines the complexity of decolonial disruptions, combining storytelling and critical analysis to draw links between lived experiences and broader systems. She holds an MFA in documentary media from Toronto Metropolitan University and a BA in human rights and law from Carleton University. Her installation, photography and video work has been exhibited widely in Canada and Palestine.

رنا نزال حمادة

رنا نزال حمادة فنانة ومخرجة أفلام فلسطينية تقيم بين رام الله وأوتاوا/تورنتو في كندا. تبحث أعمالها في تعقيدات التحرر من الاستعمار، وتجمع بين النص والتحليل النقدي من اجل الربط بين التجارب الحية والأنظمة الأوسع. حمادة حاصلة على ماجستير في الميديا التوثيقية من جامعة ميتروبوليتان تورنتو وبكالوريوس في حقوق الإنسان والقانون من جامعة كارلتون في أوتاوا. عُرضت أعمالها التركيبية وأفلامها وصورها الفوتوغرافية على نطاق واسع في كندا وفلسطين.

Stephen Sheehi

Stephen Sheehi is a professor and the Sultan Qaboos bin Said Chair of Middle East Studies at the College of William and Mary in Virginia. He is the author of several books, including *Psychoanalysis Under Occupation: Practicing Resistance in Palestine* (co-authored with Dr. Lara Sheehi), *Camera Palaestina: Photography and Displaced Histories of Palestine* (with Salim Tamari and Issam Nassar), *The Arab Imago: A Social History of Indigenous Photography 1860-1910, Islamophobia: The Ideological Campaign Against Muslims* and *Foundations of Modern Arab Identity*.

اسطفان شيحا

اسطفان شيحا أستاذ جامعي ويشغل كرسي السلطان قابوس بن سعيد لدراسات الشرق الأوسط في كلية ويليام وماري في فرجينيا. وهو مؤلف لعدة كتب، بما في ذلك «التحليل النفسي تحت الاحتلال: ممارسة المقاومة في فلسطين» مع الدكتورة لارا شيحا، «كاميرا فلسطينا: التصوير والتواريخ المشرّدة لفلسطين» مع سليم تماري وعصام نصار، «الصورة العربية (إيماجو): التاريخ الاجتماعي للتصوير الأصلاني 1860-1910»، «العنصرية الإسلامية: الحملة الأيديولوجية ضد المسلمين»، و«أصول الهوية العربية الحديثة»..